PEIYANG
JIANGXIN DE
XUEQIAN JIAOYU
MOSHI

培养匠心的学前教育模式

李炳全　张笑春　张旭东　著

吉林大学出版社
·长春·

图书在版编目（ＣＩＰ）数据

培养匠心的学前教育模式 / 李炳全，张笑春，张旭东著 . -- 长春 : 吉林大学出版社，2021.9

ISBN 978-7-5692-9091-2

Ⅰ . ①培… Ⅱ . ①李… ②张… ③张… Ⅲ . ①学前教育－教学研究 Ⅳ . ① G61

中国版本图书馆 CIP 数据核字 (2021) 第 210188 号

书　　名	培养匠心的学前教育模式	
	PEIYANG JIANGXIN DE XUEQIAN JIAOYU MOSHI	
作　　者	李炳全 张笑春 张旭东 著	
策划编辑	李承章	
责任编辑	王凯乐	
责任校对	张驰	
装帧设计	云思博雅	
出版发行	吉林大学出版社	
社　　址	长春市人民大街 4059 号	
邮政编码	130021	
发行电话	0431-89580028/29/21	
网　　址	http://www.jlup.com.cn	
电子邮箱	jdcbs@jlu.edu.cn	
印　　刷	广东虎彩云印刷有限公司	
开　　本	787mm×1092mm　1/16	
印　　张	17	
字　　数	320 千字	
版　　次	2021 年 9 月　第 1 版	
印　　次	2021 年 9 月　第 1 次	
书　　号	ISBN 978-7-5692-9091-2	
定　　价	89.00 元	

自　序

经过几年的努力，终于完成了《培养匠心的学前教育模式》一书的撰写。本书是广东省普通高校特色创新类项目（教育科研项目）"培养幼儿匠心的学前教育模式研究"（2017GXJK191）的最终研究成果。从准备申报该项目之日起，我们就着手准备相关材料，对课题进行设计。获批立项后，笔者对研究计划进行修正并完善，依据课题组成员的特长合理分工，确定每位成员所负责的主要工作，按计划开展研究。具体工作如下：第一，组织课题组成员积极搜集有关资料，并对搜集到的资料进行整理分析；第二，确立研究的出发点和有关研究内容，以幼儿的匠心培养为出发点，层层展开；第三，确立研究分析的重点材料，以"匠心培养"为中心，对资料进行规整；第四，把研究材料加以总结，并在此基础上，进行相关论文写作，期间完成了多篇论文，其中一些已经发表或被录用；第五，通过归纳、整理，把研究成果系统化，通过长时间的研究积淀和多方面努力，如今，这本书终于完稿，可以付梓与读者见面了。之所以开展这方面的研究，主要是应我国社会经济发展之需和学前教育发展之需。

在我国由"制造大国"向"创造大国"发展的过程中，急需大量的名匠式应用型人才。培养名匠型人才，既应"大众创业，万众创新"的时代之需，也是我国社会经济发展的必然要求。名匠型人才，需要从小开始培养。有研究表明，许多方面的名匠型人才大都是从幼儿时期开始培养的。幼儿时期所培养出来的兴趣、习惯、专注等素养，是一个人将来能否成为技艺精湛的名匠乃至大国巨匠的关键性或决定性因素。概言之，名匠式素养要从幼儿时期开始培养。这与党的十八大和党的十九大精神相吻合。党的十八大提出了"办好学前教育"的思想；十九大进一步强调大力发展学前教育，强化基础教育，并拟把学前教育纳入基础教育范畴。之所以重视学前教育发展，是与我国经济社会的发展对学前教育发展的需要分不开的。

纵观世界各国尤其是发达国家的发展史，随着大工业社会的发展，对人的素养的要求越来越高，要培养满足社会需要的人才，就需要延长教育时限，由此，教育开始向前后两个方向延伸，其中向前延伸就是要开展早期教育。正是在这样的背景下，学前教育开始发展起来。学前教育最早在当时最发达的欧洲出现，随后在社会经济快速发展的美国出现并迅猛发展起来。再后来，当一些国家社会经济发展到一定程度，学前教育便开始受到重视。以美国为例，19世纪中末期，随着美国社会经济的快速发展，为了满足社会发展需要，学前教育如雨后春笋般蓬勃发展起来。1870年，全美只有十所幼儿园，到1880年幼儿园猛增，"三十个州有超过四百所幼儿园，在美国的每一个主要城市，都有'幼儿园教师'训练学校"[a]，从而出现了"幼儿园运动"和"福禄贝尔运动"。1885年，美国建立了第一个幼儿园教师工作站。1891年，美国教育协会通过决议，把幼儿教育作为学校教育体制的一部分，从此公立和私立幼儿园都得以大力发展，形成了面向所有儿童的私立、慈善、公立幼儿园，完备了学前教育体系。作为早期教育一部分的游戏运动也在这一背景下应运而生。我国情况也是如此。随着我国经济社会的快速发展，必然要求发展学前教育以满足社会发展需要。

随着学前教育的产生与发展，凸显出教什么和怎么教的问题。传统的福禄贝尔学前教育思想秉承自然主义儿童观，它认为，儿童天生具有某些潜能，发展过程就是简单地利用象征物诱导儿童挖掘其天性中的潜能。由此强调人与自然的统一，认为学前教育的教学方式主要是游戏教学，应该以象征性游戏的方式进行，使学前儿童通过游戏模仿各种社会活动而获得社会的知识技能。"通过游戏，可使儿童变得富有创造力。她首先感觉到自己有一种创造性的冲动；对意识的自由感到兴奋；并且进一步激发她的创造活动……没有这种自我创造力的活动，所有人都会对千篇一律的模式感到厌烦"[b]。受杜威的进步主义思想影响的学前教育思想认为，儿童未成熟的状态是发展的可能，儿童的生长或发展不是激发某些潜能，而在于生活本身。由此，在杜

①HEWES D W. The Froebelian kindergarten as an international movement[C]. In Nehhama Nir-Janiv, Bernard Spodek, etc. Early Childhood Education: An international persperctive. New York: Plenum Press, 1983: 345-349.

② CHRISTENSEN L O, FOLEY W E, KREMER G , WINN K H. Dictionary of missouri biography[M]. Columbia, Missouri: University of Missouri Press, 1999: 87.

威思想影响下的学前教育思想强调儿童的主动性，注重儿童的实际经验与社会发展相结合。这种思想也强调游戏是学前教育的基本和主要方式，不过该思想所提出的游戏与福禄贝尔所说的象征性游戏不同，主要是指仿真的社会环境。例如，"希尔幼儿地板积木（Hill kindergarten floor blocks）游戏"。在该游戏中，儿童通过自己的实际操作，可以真实地建造房屋或搭建各种物品。该游戏接近儿童的真实生活，儿童可以完全进入其中进行游戏，因此学前儿童非常感兴趣，乐于从事这种游戏活动。在游戏中，既可以训练学前儿童的身体运动能力，又可以加强他们的思维和判断能力。后来随着心理学的发展，大量的心理学新理论被运用到学前教育中，幼儿园的教育教学活动更加贴近学前儿童的真实生活，强调学前儿童的自主性和创造性发展，注重学前儿童的个性或人格的全面发展和社会性的发展。但遗憾的是，我国当前的学前教育还存在"小学化"等诸多问题，不利于学前教育的根本任务的实现。正是基于此，本书以符合当代社会需要和个体发展需要的匠心培养为中心，以学前教育模式改革为最终目标，着力于独具匠心的人才培养。

本书以文化心理学、发展心理学和人格心理学为研究视界，以匠心为出发点和归宿，以名匠的培养与发展为主线，由匠心的心理特质分析到匠心的幼年期的萌发研究，到学前教育对幼儿匠心培养的探讨，再到培养匠心的学前教育模式的构建，层层递进。

所有教育所要解决的根本问题都是培养什么人的问题。这一问题体现在社会发展和个人发展两个相互统一的方面。从社会发展的角度讲，是培养满足社会发展需要的人才，包括政治、经济、文化等社会各方面发展所需要的人才。从个体发展的角度讲，是促进个体发展，培养满足个体实现自我价值和获得幸福快乐的美好生活需要的素养。学前教育也是如此。学前教育的好坏，对社会和个体来说都非常重要。对社会来说，学前教育阶段是整个教育的基础，可以说是基础之基础。学前教育进行得好，能够为其后的各级各类学校教育培养社会所需要的人才奠定坚实的基础。对个体的心理发展来说，学前期是人的心理发展的关键期，可以说，学前期儿童心理的形成和发展具有基础性、关键性，优秀的学前教育，会为个体将来的心理发展奠定坚实的基础。

《国家中长期教育改革和发展规划纲要（2010—2020年）》指出，"把促进学生健康成长作为学校一切工作的出发点和落脚点"，教育学生"学会生存生活，学会做人做事，促进学生主动适应社会，开创美好未来"。这样的教育要从学前教育开始。正是基于此，我们确立了本课题，积极开展这方面的研究，以期通过研究找到解决当前我国学前教育存在的问题的方法或路径，从而促进学前教育改革，丰富和深化学前教育理论，并抛砖引玉，激发人们对学前教育研究的兴趣。

本书具有如下突出特点。第一，理论性和实践性相结合。本书既重视学前教育和匠心的理论建构，又注重对实践的指导。理论建构主要是为了澄清一些理论问题，让读者对匠心、学前教育的内容和方法论等有更为清晰的理解；实践指导主要是让读者明了学前教育改革的方法或途径。第二，实操性和启迪性相结合。本书以匠心培养的学前教育模式为中心，注重内容的实操性和启迪性。这主要体现在：书中列举了许多鲜活的、具有启迪作用的案例，并对案例进行了比较细致的、富有启发性的分析，读者可以从中受到启发，明白自己在现实生活中该怎么做。第三，案例分析与理论探讨相结合。本书中的案例是结合理论而列举的，即列举的是有理论证明和诠释的案例，读者可以通过这些案例来理解理论；也有理论具体运用的案例，读者可以通过这些案例明白如何用理论指导实践，从而恰当地开展学前教育。

本书共包括六部分内容：导论部分主要介绍本书的写作背景、缘由、目的、意义和基本框架；第一章主要阐述匠心的概念、结构等基本理论问题；第二章主要阐述在学前阶段培养匠心的重要性、必要性及其原因，以及"三岁看大，七岁看老"的意蕴分析；第三章主要从学前教育的基本特点与匠心培养的关系，匠心培养的学前教育内容和途径、方法进行论述；第四章主要论述匠心培养的中国文化故事教育模式；第五章主要探讨匠心培养的学前艺术教育模式。

在本书中，我们依据研究提出了一些独特的看法：第一，对匠心的概念、结构、心理特征做出了具有一定创新性的、便于在实践中应用的理解和诠释；第二，对学前教育的基本特征做了有自己见解的分析探讨；第三，在研究的基础上，对学前教育的内容和方法途径提出了自己的一些看法；第四，把中国文化故事作为学前教育的重要内容，并对在学前教育中开展中国文化故事教育的价值、方法做了较系统的探讨；第五，对学前艺术教育在培养学前儿童的心理素养方面的作用进行了分析。

能完成本书，应感谢的人很多。第一，感谢参与研究的学生，他们的研究取得了较为丰硕的成果，正是这些成果使本书内容丰富与充实，本书中的部分内容是由这些成果修改完善而来的。第二，感谢书中所参考的许多资料的作者，有些在书中已经注明，有些则由于种种原因在完成书稿时查阅不到。第三，感谢广东省教育厅，肇庆学院教务处、科研处，他们为完成本书所做的研究提供了极大的帮助。第四，感谢阅读本书稿并提出宝贵意见的人，他们为本书稿的修改完善做出了莫大的贡献。第五，感谢广东省普通高校特色创新类项目(教育科研项目)"培养幼儿匠心的学前教育模式研究"(2017GXJK191)课题组所有成员，他们为本书的完成付出了艰辛的劳动。第六，感谢吉林大学出版社及其编辑老师，他们不仅对本书的付梓给予大力支持，而且还提出许多宝贵意见，使本书增色不少。

当然，匠心培养和学前教育改革是一个系统工程，要把它研究清楚，难度相当大，因为需要哲学、社会学、心理学、文化学等多学科协同研究。本书只是依据作者自己的理解和经验述其一隅，希望于今后能进一步完善。另外，由于作者水平和搜集到的资料所限，书中疏漏之处在所难免，恳望各位读者不吝赐教，以便我们今后更好地开展研究。

李炳全于北岭山下

2020 年 11 月 28 日

目 录////

导　论

在我国由"制造大国"向"创造大国"发展的过程中，急需大量的匠心型应用型人才。培养匠心型应用型人才，既应"大众创业，万众创新"的时代之需，也是我国社会经济发展的必然要求。匠心型应用型人才，需要从小就开始培养。有研究表明，许多领域的匠心型人才都是从幼儿时期开始培养的。幼儿时期所培养出来的兴趣、习惯、专注等，是匠心型人才必备的心理素养，是一个人将来能否成为技艺精湛的名匠的关键性或决定性因素。这与党的十七大以来的教育方针相吻合。党的十七、十八、十九大报告中明确提出要大力发展学前教育，强化基础教育，并拟把学前教育纳入基础教育范畴。正因为如此，我们确立本课题，组织研究团队对培养匠心的学前教育模式进行研究，在研究所获取一定的成果的基础上，完成本书的撰写。

第一节　研究背景

本书的研究主题是依据社会经济发展的需要、教育改革发展的需要和学前教育改革发展的需要而确立的。研究背景主要有以下几方面。

一、经济增长方式转变对匠心型人才的需要

新中国成立以来，尤其是改革开放以来，我国制造业持续快速发展，经济发展水平有了长足的进步，人民生活水平有了极大的提高，实现了预定的发展目标，有力推动了工业化和现代化进程。然而，与世界先进水平相比，中国制造业仍然大而不强，在自主创新能力、资源利用效率、产业结构水平、信息化程度、质量效益等方面与发达国家还存在相当的差距，转型升级和跨越发展的任务紧迫而艰巨。当前，新一轮科技革命和产业变革使国际产

业分工格局正在重塑，因此我们必须紧紧抓住这一重大历史机遇，按照"四个全面"战略布局要求，力争通过努力，实现"两个一百年"奋斗目标，为实现中华民族伟大复兴的中国梦打下坚实基础。改革开放初期，中国的经济增长主要是粗放型经济增长。粗放型经济在经济发展水平相对落后之时，会促进经济的快速发展，但当经济发展到一定程度，它对经济发展的贡献率就会受到限制。在这种情况下，我国经济要持续发展，就需要向集约型经济转变。这一转变需要大量的具有匠心的名匠型人才。

集约型经济又可称为内涵型经济或精细化经济，其经济增长方式主要是依靠提高生产要素的质量和利用效率来实现经济增长。由于这种经济增长方式所生产的产品的科技含量高，质量要求高，对人力资源的素养要求高，因此所需要匠心型人才的数量和质量都远远高于粗放型经济，且随着其经济发展水平越来越高，所需要的匠心型人才越来越多，对人才的匠心素养要求也越来越高，越来越全面。

正因急需匠心型人才，培养匠心型人才就被提到我国的议事日程上来。2015年，中央电视台推出《大国工匠》电视系列片，倡导工匠精神；2016年，李克强总理在《政府工作报告》中首次从国家层面提出"工匠精神"，把"培养工匠精神"提升至国家意志。在随后的多个场合，李克强总理多次强调工匠精神。在政府的倡导下，在媒体的宣传下，"工匠精神"逐渐由政府的提倡渗入企业、政务、社会团体、个人等社会生活的各方面，成为全社会的共识和当代人们应当具备的心理素养。

目前，我国经济已由高速增长阶段转向高质量发展阶段，这就需要加大匠心型人才的培养力度。

这充分说明，包括工匠精神在内的匠心无论对于社会发展、经济发展，还是对于企业的生存与发展，以及对于个人适应社会实现自我价值来说，都非常重要。在这方面，德国的经验值得借鉴。由于德国国民的匠心素养高，不仅使得其社会经济稳步发展，而且也实现了个人财富的增长。

德国的人均出口额高达17 000美元，居全球第一。超过99%的德国企业属于中小企业，不求做大，而是努力在细分领域中做到极致，成为最强。这与德国盛行的"手工业者文化"和"工匠精神"密不可分。在德国企业文化中，"差不多"是一个禁忌词，任何行为必须有章可循，杜绝一切随意，甚至愿意为此牺牲灵活性。可以不夸张地说，德国的"工匠精神"已经渗透到整个产业系统、整个社会体系，甚至社会生活的方方面面。德国的"工匠精神"从何而来？一方面源于对职业"一以贯之"的敬畏，对顾客"敬若神明"的尊重，对产品"止于至善"的追求。另一方面，"工匠精神"与其所处的社会文化环境息息相关。工匠的职业行为如果能够不断获得顾客好评、同行推崇、社会认可等正面反馈，并且有稳定而不菲的收入，可以体面生活，那么"工匠精神"一定能够发扬光大。①

德国之所以有众多的匠心型人才，与其从幼儿园开始就注重匠心培养以及具有完备的教育体系是分不开的。

在当下，我国社会经济发展的转型期及转型后的集约型发展阶段，需要越来越多的具有匠心的应用型人才。有了匠心型人才，才能真正构建起"大众创业，万众创新"的社会经济发展模式，才能实现中华民族的强国梦。

为了实现我国社会经济的稳步发展，党和人民政府统筹规划。2015年，经李克强总理签批，国务院印发了部署全面推进实施制造强国的战略文件——《中国制造2025》。在国家政策的鼓励与引导下，在社会经济发展的驱动下，在社会经济发展所带来的竞争压力下，中国的创新创业蓬勃开展起来。创新创业需要匠心，很难想象缺乏匠心的人能够创新创业成功。万科创始人王石于2015年上海的一次大会上说道："中国无论是互联网还是传统企业都缺少一种东西，就是日本的工匠精神。"②"工匠精神本身在中国就有，但是我们缺失了。"③"让一种新的文化，东西文化的结合往前走。④"

既然如此，那么怎样才能培养出大量的、社会所需的匠心型人才呢？依据发达国家的经验，匠心型人才的培养需要从学前期开始。

---

① 新华网.倡导"工匠精神"重塑"做事文化"[EB/OL].[2016-03-29]. http://www.xinhuanet.com/politics/2016-03/29/c_128843979.htm.

② 搜狐财经.工业时代的"匠心"：器物有魂魄，匠人自谦恭[EB/OL].[2015-07-20]. https://business.sohu.com/20150720/n417113439.shtml.

③ 搜狐财经.工业时代的"匠心"：器物有魂魄，匠人自谦恭[EB/OL].[2015-07-20]. https://business.sohu.com/20150720/n417113439.shtml.

④ 搜狐财经.工业时代的"匠心"：器物有魂魄，匠人自谦恭[EB/OL].[2015-07-20]. https://business.sohu.com/20150720/n417113439.shtml.

二、教育发展与改革

(一) 教育与社会发展相适应

教育的一个基本规律是，必须要与社会经济发展相适应。这一规律告诉我们，随着社会经济的发展，教育也必须随之做出相应的改革。这种改革是全方位的，体现在教育的培养目标、教育模式、教育内容等方面。

在教育目标上，应当把培养匠心型人才作为培养目标，各级各类学校都应当以此为培养目标，着力于培养学生的匠心素养。其中包含学前教育。

在教育模式上，随着我国经济由高速增长阶段向高质量发展阶段转向，教育有了不同于以往的新模式，如慕课、翻转课堂等。日本学者村井实曾把教育史上先后出现的教育模式划分为手工模式、农耕模式和生产模式。[①] 手工模式是把孩子比作制作手工艺品的材料，如黏土，可捏造成型；把教育比喻为制作手工作品的过程和技艺，教育最终所培养的人就是把孩子变成"手工作品"。[②] 农耕模式把儿童比作成农作物，把教师比喻成农艺师，农作物有自己的生长规律、生长条件等，农艺师需要根据农作物的生长规律与自然习性进行种植耕作才能获得收成。与之类似，教育要依据儿童的自然天性和生长规律对他们进行培养，才能取得好的教育效果。[③] 该模式是一种自然主义教育模式。生产模式把儿童看作工业生产材料，把教育看作工厂，把教育培养的人才视为产品，教育过程实际上是通过一定的生产技术和方法把学生培养成社会所需要的"产品"的过程。[④] 历史上的这三种教育模式虽然各不相同，但它们有一个共同点——没有把儿童当"人"看待。村井实认为，现代教育应该是人类模式，即把儿童当"人"看待。当代社会，随着互联网、高科技的出现，教育模式也应做出相应的改革。学前教育模式也是如此。《国家中长期教育改革和发展规划纲要 (2010—2020 年)》把教育信息化纳入国家信息化发展整体战略，提出促进教育内容、教学手段和方法现代化；创新运行机制和管理模式，整合现有资源，构建先进、高效、实用的数字化教育基础设

---

① 顾明远 . 教育大辞典 (1) [K]. 上海：上海教育出版社，1990：23-24.
② 顾明远 . 教育大辞典 (1) [K]. 上海：上海教育出版社，1990：23-24.
③ 顾明远 . 教育大辞典 (1) [K]. 上海：上海教育出版社，1990：23-24.
④ 顾明远 . 教育大辞典 (1) [K]. 上海：上海教育出版社，1990：23-24.

施；推进数字化校园建设，实现多种方式接入互联网；制定教育信息化基本标准，促进信息系统互联互通。

在教育内容上，既然社会需要匠心型人才，匠心又是人适应当代社会发展所应具备的素养，因此，各级各类教育都应当融入培养匠心的内容，根据儿童的不同身心发展水平培养他们的匠心。学前教育也是如此。这就是说，学前教育要依据社会对匠心型人才的需要和人的发展需要进行改革，把培养儿童的匠心作为重要的教育任务，依据培养儿童的匠心需要改革教育内容、方法、方式等。

(二) 改革开放以来我国的教育改革与发展

随着改革开放以来我国社会经济的快速发展，我国的教育进行了持续深入的改革。1985年5月，邓小平在第一次全国教育工作会议上指出："我们国家，国力的强弱，经济发展后劲的大小，越来越取决于劳动者的素质，取决于知识分子的数量和质量。一个十亿人口的大国，教育搞上去了，人才资源的巨大优势是任何国家比不了的。有了人才优势，再加上先进的社会主义制度，我们的目标就有把握达到。"[1]1985年国务院出台的《中共中央关于教育体制改革的决定》[2][3]明确把素质教育作为教育改革的方向。1986年的《中华人民共和国义务教育法》《中共中央关于社会主义精神文明建设指导方针的决议》、1987年的《中国共产党第十三次全国代表大会报告》等都强调提升国民素质。1993年出台的《中国教育改革和发展纲要》明确要求"中小学要从'应试教育'转向全面提高国民素质的轨道，面向全体学生，全面提高学生的思想道德、文化科学、劳动技能和身体心理素质，促进学生生动活泼地发展，办出各自的特色"[4]。1994年，第二次全国教育工作会议明确提出要开展素质教育试验区，由此素质教育由理论探讨开始转向实践。1999年中共中央、国务院做出的《关于深化教育改革全面推进素质教育的决定》更

---

① 360百科．素质教育 [EB/OL].[2020-08-11]. https://baike.so.com/doc/5381204-5617514.html.

② 中国高校网．《中共中央关于教育体制改革的决定》[EB/OL].[2020-08-12].http://www.huaue.com/fg/fg14.htm.

③ 中国政府网．中共中央关于教育体制改革的决定 [EB/OL].[2020-07-07]. http://old.moe.gov.cn/publicfiles/business/htmlfiles/moe/moe_177/200407/2482.html.

④ 中华人民共和国教育部门户网站．中国教育改革和发展纲要 [EB/OL]. [1990-02-13]. http://old.moe.gov.cn/publicfiles/business/htmlfiles/moe/moe_177/200407/2482.html.

是把教育改革推向深入。2010 年，我国在对以往的教育改革进行总结的基础上，出台了《国家中长期教育改革和发展规划纲要（2010—2020 年)》(以下简称《纲要》)。《纲要》进一步加速了我国教育教学改革的步伐，把教育目的确定为"培养德智体美全面发展的社会主义建设者和接班人"①②。《纲要》提出了"立足社会主义初级阶段基本国情，把握教育发展阶段性特征，坚持以人为本，遵循教育规律，面向社会需求，优化结构布局，提高教育现代化水平"③④。社会中的各行各业都需要匠心型人才，因此，各级各类学校都应承担起培养学生的匠心的责任或任务。《纲要》明确要求教育应以培养或提升学生的能力为重，着力提高学生的学习能力、实践能力、创新能力，而这些能力是匠心的核心——工匠精神的重要构件。为了完成这一使命，《纲要》要求学思结合，"倡导启发式、探究式、讨论式、参与式教学，帮助学生学会学习。激发学生的好奇心，培养学生的兴趣爱好，营造独立思考、自由探索、勇于创新的良好环境"⑤⑥；知行合一，"坚持教育教学与生产劳动、社会实践相结合。开发实践课程和活动课程，增强学生科学实验、生产实习和技能实训的成效"；因材施教，"关注学生不同特点和个性差异，发展每一个学生的优势潜能"⑦⑧。

---

① 中华人民共和国教育部门户网站. 国家中长期教育改革和发展规划纲要（2010—2020 年）[EB/OL]. [2010-07-29]. http://www.moe.gov.cn/srcsite/A01/s7048/201007/t20100729_171904.html.

② 中央政府门户网站. 国家中长期教育改革和发展规划纲要（2010—2020 年）[EB/OL]. [2010-07-29]. http://www.gov.cn/jrzg/2010-07/29/content_1667143.htm.

③ 中华人民共和国教育部门户网站. 国家中长期教育改革和发展规划纲要（2010—2020 年）[EB/OL]. [2010-07-29]. http://www.moe.gov.cn/srcsite/A01/s7048/201007/t20100729_171904.html.

④ 中央政府门户网站. 国家中长期教育改革和发展规划纲要（2010—2020 年）[EB/OL]. [2010-07-29]. http://www.gov.cn/jrzg/2010-07/29/content_1667143.htm.

⑤ 中华人民共和国教育部门户网站. 国家中长期教育改革和发展规划纲要（2010—2020 年）[EB/OL]. [2010-07-29]. http://www.moe.gov.cn/srcsite/A01/s7048/201007/t20100729_171904.html.

⑥ 中央政府门户网站. 国家中长期教育改革和发展规划纲要（2010—2020 年）[EB/OL]. [2010-07-29]. http://www.gov.cn/jrzg/2010-07/29/content_1667143.htm.

⑦ 中华人民共和国教育部门户网站. 国家中长期教育改革和发展规划纲要（2010—2020 年）[EB/OL]. [2010-07-29]. http://www.moe.gov.cn/srcsite/A01/s7048/201007/t20100729_171904.html.

⑧ 中央政府门户网站. 国家中长期教育改革和发展规划纲要（2010—2020 年）[EB/OL]. [2010-07-29]. http://www.gov.cn/jrzg/2010-07/29/content_1667143.htm.

1986 年颁布，经由 2006 年第十届全国人民代表大会常务委员会第二十二次会议、2015 年第十二届全国人民代表大会常务委员会第十四次会议、2018 年第十三届全国人民代表大会常务委员会第七次会议修订的《中华人民共和国义务教育法》明确要求实施素质教育，提高教育质量，为培养社会主义建设者和接班人奠定基础；教育教学工作应注重培养学生独立思考能力、创新能力和实践能力，促进学生全面发展。[①] 这里的独立思考能力、创新能力和实践能力是匠心的主要特质。这说明，《中华人民共和国义务教育法》把培养匠心作为当代中国教育的重要内容。

学前教育也不例外。由于学前教育主要是促进学生身心发展的教育，而不像中小学那样以知识技能教学为主，因此，更应该把匠心培养作为重要任务或教育目标，根据培养匠心的需要做出改革。

三、学前教育发展与改革

随着我国教育的改革与发展，教育的起始阶段也在改革中不断发展。《国家中长期教育改革和发展规划纲要 (2010—2020 年)》用专章 (第三章) 专门论述学前教育。把学前教育作为从 2010 年到 2020 年的重点发展对象。提出到 2020 年：

基本普及学前教育。学前教育对幼儿身心健康、习惯养成、智力发展具有重要意义。遵循幼儿身心发展规律，坚持科学保教方法，保障幼儿快乐健康成长。积极发展学前教育，到 2020 年，普及学前一年教育，基本普及学前两年教育，有条件的地区普及学前三年教育。重视 0 至 3 岁婴幼儿教育。

明确政府职责。把发展学前教育纳入城镇、社会主义新农村建设规划。建立政府主导、社会参与、公办民办并举的办园体制。大力发展公办幼儿园，积极扶持民办幼儿园。加大政府投入，完善成本合理分担机制，对家庭经济困难幼儿入园给予补助。加强学前教育管理，规范办园行为。制定学前教育办园标准，建立幼儿园准入制度。完善幼儿园收费管理办法。严格执行幼儿教师资格标准，切实加强幼儿教师培养培训，提高幼儿教师队伍整体素质，依法落实幼儿教师地位和待遇。教育行政部门加强对学前教育的宏观指

---

① 中国政府网.中华人民共和国义务教育法 [EB/OL].[2019-01-07]. http://www.npc.gov.cn/npc/c30834/201901/21b0be5b97e54c5088bff17903853a0d.shtml.

导和管理，相关部门履行各自职责，充分调动各方面力量发展学前教育。

重点发展农村学前教育。努力提高农村学前教育普及程度。着力保证留守儿童入园。采取多种形式扩大农村学前教育资源，改扩建、新建幼儿园，充分利用中小学布局调整富余的校舍和教师举办幼儿园（班）。发挥乡镇中心幼儿园对村幼儿园的示范指导作用。支持贫困地区发展学前教育。[①]

对《纲要》的内容进行解读，可以看出学前教育表述是其一个重要亮点。[②]学前教育发展的具体指标如表 0-1 所示。

表 0-1 《纲要》中的学前教育发展目标 [③]

指标	2009 年	2015 年	2020 年
幼儿在园人数（万人）	2 658	3 400	4 000
一年毛入园率（%）	74.0	85.0	95.0
两年毛入园率（%）	65.0	70.0	80.0
三年毛入园率（%）	50.9	60.0	70.0

2007 年，胡锦涛在党的十七大报告中专门指示要重视学前教育。2013 年，他在党的十八大报告中又提出"办好学前教育"[④]。2017 年，习近平总书记在党的十九大报告中再次强调"办好学前教育"[⑤]。可见，党和人民政府非常重视学前教育的发展。之所以重视学前教育，主要是因为学前教育在人才培养中的作用日益凸显。

常言道："三岁看大，七岁看老。""三岁看大"是说从孩子三周岁时的心理

① 中华人民共和国教育部网. 国家中长期教育改革和发展规划纲要（2010—2020 年）[EB/OL].[2010-07-29]. http://www.moe.gov.cn/srcsite/A01/s7048/201007/t20100729_171904.html？gs_ws=tqq_635879677144434007.

② 中华人民共和国教育部网. 国家中长期教育改革和发展规划纲要（2010—2020 年）[EB/OL].[2010-07-29]. http://www.moe.gov.cn/srcsite/A01/s7048/201007/t20100729_171904.html?gs_ws=tqq_635879677144434007.

③ 中华人民共和国教育部网. 国家中长期教育改革和发展规划纲要（2010—2020 年）[EB/OL].[2010-07-29]. http://www.moe.gov.cn/srcsite/A01/s7048/201007/t20100729_171904.html?gs_ws=tqq_635879677144434007.

④ 中国时政网. 胡锦涛十八大报告（全文）[EB/OL].[2010-07-29].http://news.china.com.cn/politics/2012-11/20/content_27165856_7.htm.

⑤ 中国政府网. 习近平：决胜全面建成小康社会 夺取新时代中国特色社会主义伟大胜利——在中国共产党第十九次全国代表大会上的报告 [EB/OL].[2017-10-27]. http://www.gov.cn/zhuanti/2017-10/27/content_5234876.htm.

特征、行为习惯、个性特点等，可以看出孩子长大后的品性、个性等发展状况。换言之，个体三岁时的心理发展水平预示着人的心理发展趋向，在一定程度上制约着他长大后将成为什么样的人，可见三岁以前的人的发展的重要性。[①]"七岁看老"与"三岁看大"一样，只不过其描述的是对人的终生影响，即七岁时的心理发展在很大程度上制约人的终身发展。七岁以前是学前教育时期，三岁到七岁是学前教育的幼儿教育时期即狭义的学前教育阶段。[②]由此表明学前教育在人的发展中处于十分重要的地位。七岁以前，是个体的心理和生理（身体）发展发育最为快速的时期，这一时期个体的生理心理发展如何，直接影响乃至在一定程度上决定其一生的发展。若这一时期发展好，就能为个体今后的发展奠定坚实的基础。倘若这一时期发展不好，对其今后的发展可能会产生极大的消极影响。倘若在幼儿时期形成不良的品性，改起来就非常困难。常言道，"江山易改，本性难移"，"少成若天性，习惯成自然"。把二者结合起来可以清楚地看出学前期个体心理发展的重要性。现有研究表明，学前期是培养匠心的关键期，许多匠心品质都是在学前期形成与发展起来的。

从智力发展来看，美国心理学家、教育家本杰明·布鲁姆（Benjamin Bloom，1913—1999年）的研究表明，个体从出生开始，随其年龄增长，智力发展速度日趋缓慢。其中个体出生的前4年智力水平发展迅速，4～5岁时，个体的智力发展水平达到成人水平的50%；7～8岁时，其智力发展水平达到成人智力水平的80%；剩余的20%是在7～8岁以后发展起来的。智力发展与年龄的关系曲线如图0-1所示。

① LI BING-QUAN, YANG WEI. What does "seeing one's grow-up from his three-years-old, seeing the old from his seven-years-old" tell us[J]. International Journal of Latest Research in Humanities and Social Science (IJLRHSS), 2021,4(01): 41-47.

② LI BING-QUAN, YANG WEI. What does "seeing one's grow-up from his three-years-old, seeing the old from his seven-years-old" tell us[J]. International Journal of Latest Research in Humanities and Social Science (IJLRHSS), 2021,4(01): 41-47.

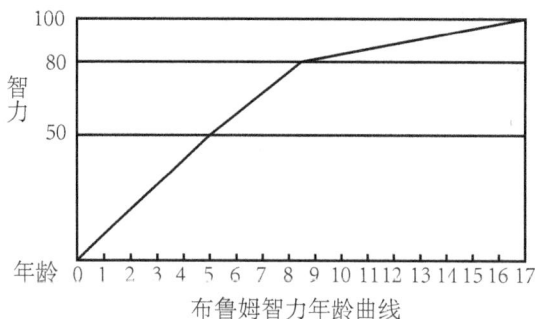

图 0-1　布鲁姆智力年龄曲线

从大脑的发育来看，学前期是脑发育的关键期，在这一时期，脑的重量增加很快，神经联系建立的速度也很快。正常成年人的脑重一般为 1.4 千克左右。新生儿的脑重一般为 0.39 千克左右；9 个月大时，婴儿的脑重增加到 0.66 千克左右；1 岁时脑重达到新生儿的 2 倍，接近成人脑重的一半；2 岁时脑重增加到 1.05 ～ 1.15 千克，约占成人脑重的 75%；4 岁时，脑重约达到 1.26 千克左右，达到成人脑重水平的 90%；7 岁时，脑重基本接近成人的水平。

从神经联系来看，新生儿的大脑大约有 1 000 亿个脑细胞 (神经元)，但这些脑细胞之间很少建立神经联系。在婴幼儿期，随着儿童与环境及其周边的人的相互作用，以及神经细胞的生长，在外界各种刺激的作用下，神经元之间会通过持续相互作用，使树突与树突、树突与轴突、树突与胞体、轴突与轴突等之间逐渐形成突触，通过突触建立起神经联系，形成神经网络系统。神经细胞之间建立的联系越多，形成的神经网络越复杂，大脑的功能就越强，智力发展水平相对来说就越高。这是因为，任何心理活动都是多个神经细胞相互联系所形成的网络的整体活动的结果。心理活动实际上是神经细胞变化矩阵中的"神经交往"；神经细胞相互联系形成相互交叉与关联的神经网络，该网络在力的作用下会产生许多"弥漫性的局部变化"[1][2]。美国本土心理学创始人威廉·詹姆斯 (William James,1842—1910 年) 用"脑道"和"挂钩"来说明神经联系对人的聪明才智的影响。他认为，人的聪明程度尤其是记忆力与其大脑中的"脑道"或"挂钩"的数量有密切关系。"一人记忆来得强，一半是因为他所有的这些脑道比别人多，一半是因为他的脑道比别人能

---

[1] 贾林祥.联结主义认知心理学 [M].上海：上海教育出版社，2006：17.
[2] 李炳全.认知心理学 [M].武汉：武汉大学出版社，2016：53.

持久。"① 詹姆斯在这里所说的"脑道"实际上就是暂时神经联系，"脑道"多是指暂时神经联系数目多，"脑道"持久是指暂时神经联系比较巩固。脑道的数目和持久性，取决于个体的心灵经验的事实。② "一件事实在心灵里所联结的其他事实越来得多，就越容易为我们的记忆所好好保留。每个联项变成一种钩，好让该事实挂在上头。等到该事实沉到表面以下，就好凭一个个钩，把它钩上来。这许多钩，总和起来，做成一种相互联系的网状构造。靠着这张网，该事实就可以编织在我们的思想的全部脑组织里。"③ 神经科学的研究表明，人的智力水平更多的是由神经联系的多寡决定的，因此，要使人聪明，就必须采取措施增加人的头脑中的神经联系，并使其稳固化。学前期恰恰是人的神经联系建立的关键期。这一时期，婴幼儿的脑的神经联系建立得越多、越牢固，就越聪明，并为以后的发展奠定坚实牢固的基础。④

从个体的心理发展来看，随着神经系统的发育生长，9 个月大的婴儿逐渐与父母之间建立起言语、情绪、行为等较复杂的心理联系。2.5 ~ 3 岁时，婴儿的心理活动发展迅速，他们的行动有了随意性，除了正常的情绪反应外，开始产生较为复杂的情感体验，自我意识开始出现与发展。7 岁时，儿童的自我意识得到发展，形象思维开始占据主导地位，想象力丰富，情绪体验比较深刻。这就凸显了学前教育对个体心理发展的重要性。学前教育搞得好，就会为婴幼儿将来的心理发展奠定坚实的基础。反之，学前教育搞得不好，就会严重影响孩子的发展。⑤ 既然如此，学前教育主要应当教什么呢？学前教育不是像小学、中学那样着重于培养孩子的知识和技能，它要做的更多的是培养婴幼儿具有良好的性格或健康的人格、良好的行为习惯，开发智力，培养他们的积极心理品质，尤其是中华文化心理品质。⑥ 换言之，良

① 詹姆斯. 心理学简编：第 5 册 [M]. 北京：商务印书馆，1930：10.

② 李炳全. 认知心理学 [M]. 武汉：武汉大学出版社，2016：54.

③ 詹姆斯. 心理学简编：第 5 册 [M]. 北京：商务印书馆，1930：13.

④ LI BING-QUAN. YANG WEI. What does "seeing one's grow-up from his three-years-old, seeing the old from his seven-years-old" tell us[J]. International Journal of Latest Research in Humanities and Social Science (IJLRHSS), 2021,4(01): 41-47.

⑤ LI BING-QUAN. The significance of the cultivation of craftsman's psyches in the preschool stage[J]. SSRG International Journal of Humanities and Social Science, 2021,8(01): 8-15.

⑥ LI BING-QUAN. What to teach: the content of preschool education in the horizon of the cultivation of craftsman's psyches[J]. International Journal of Arts, Humanities and Social Studies, 2021,3(01): 12-18.

好的学前教育，应该养成婴幼儿的自信、快乐的良好性格，显著提升他们的人际交往能力，培养他们的责任心，使婴幼儿在以后的人生发展中能够有担当、有勇气、有能力、有强大的容忍力和化功，有强大的抗挫折心理能力等，但这些恰恰是当前我国的学前教育所欠缺的。要想改变这种状况，就需要对学前教育进行改革，把学前教育真正转向塑造婴幼儿的基础性格，激发婴幼儿的各项潜能，培养、开发婴幼儿的语言、空间、音乐、运动、认知、数学逻辑等智能上。其中，培养匠心是一个非常重要的方面。唯有如此，才能使幼儿教育真正适应社会发展的需要，为培养具有匠心的各行各业人才打下坚实的基础，从教育的初始阶段或源头上推动整个教育的改革与发展。[①]

拓展阅读材料0-1：国外的学前教育都是干什么？ [②]

澳大利亚：孩子最重要的就是玩好

澳大利亚幼儿园对儿童的培养非常人性化，也非常自由。幼儿教师的主要工作就是让孩子在幼儿园里玩得开心，从而培养他独立的人格，帮助他们更好地与同龄人建立伙伴关系。除了教师之外，还有幼儿护理助理来协助教师的工作，负责照顾幼儿的饮食起居。幼儿通过游戏和寓教于乐的方式来认知这个世界。

日本：培养孩子兴趣

日本幼儿园的一大特点就是进行各种各样的户外活动，让孩子们亲近大自然，通过玩乐来培养他们健康的身心和与人相处的能力。日本的幼儿园也比较注重对父母的教育方式的指导，比如开办母亲班、双亲班等。学习班分为两种：一种是以婴幼儿的父母为对象的学习班，另一种是以即将做父母的人为对象的学习班。学习内容一般是幼儿心理学、生理卫生、家庭教育原理等。

美国：练习孩子动手能力

美国幼儿园给孩子设置的学习课程不多，而以手工和户外活动居多。在9月份新学年开始之前的夏令营期，增加了比平时多得多的集体户外活动。

---

① LI BING-QUAn. The significance of the cultivation of craftsman's psyches in the preschool stage[J]. SSRG International Journal of Humanities and Social Science, 2021,8(01): 8–15.
② 许鑫. 幼儿园应该教会孩子什么 [J]. 新课程（下），2018(11)：99.

　　这则材料说明，尽管各国的学前教育在培养学前儿童品质的方法上有一定差异，但培养的都是良好的人格、良好的行为习惯、适应社会并能在社会中有用武之地的能力与技能。

第二节　研究目的

一、研究目的

　　本书是广东省普通高校特色创新类项目（教育科研）"基于匠心培养的学前教育模式研究"（项目编号：2017GXJK191）的研究成果，其根本目的是构建培养匠心的学前教育模式，其终极目的是促进学前儿童的匠心发展，为把学前儿童最终培养成独具匠心的名匠型人才奠定坚实的基础。这一目的符合当前我国社会发展对学前教育的要求，是我国的学前教育目标在当代的具体化。

（一）我国社会发展对学前教育的要求

　　如前所述，我国经济已由高速增长阶段转向高质量发展阶段。随着这一转变的逐渐深入，需要大量的具有匠心的应用型人才。匠心的培养需要从学前教育开始。

　　《国家中长期教育改革和发展规划纲要（2010—2020年）》指出："百年大计，教育为本。教育是民族振兴、社会进步的基石，是提高国民素质、促进人的全面发展的根本途径，寄托着亿万家庭对美好生活的期盼。强国必先强教。优先发展教育、提高教育现代化水平，对实现全面建设小康社会奋斗目标、建设富强民主文明和谐的社会主义现代化国家具有决定性意义。"[1]"从世界学前教育目标的发展趋势看，20世纪60年代着重智力开发，70年代强调创造力的培养，80年代重视个性、情感和社会性的发展。人们越来越发现，儿童的发展应该是全方位的。90年代以来，世界各国逐渐开

---

　　① 中国政府网.国家中长期教育改革和发展规划纲要（2010—2020年）[EB/OL].[2010—07—29].http://www.gov.cn/jrzg/2010—07/29/content_1667143.htm.

始认识到，学前教育的根本目的在于促进幼儿全面和谐发展。"①

学前教育目标是教育目的在学前教育中的具体化体现或表现。目前，我国学前教育目标是"对幼儿实施体、智、德、美等方面全面发展的教育，促进其身心和谐发展"。匠心是这一目标中的心理发展目标的重要方面。学前教育目标可具体表述为："促进幼儿身体正常发育和机能的协调发展，增强体质，培养良好的生活习惯、卫生习惯和参加体育活动的兴趣。发展幼儿智力、培养他们正确运用感官和运用语言交往的基本能力，增进对环境的认识，培养有益的兴趣和求知欲，培养初步的动手能力。萌发幼儿爱家乡、爱祖国、爱集体、爱劳动、爱科学的情感，培养诚实、自信、好问、友爱、勇敢、爱护公物、克服困难、讲礼貌、守纪律等良好的品德行为和习惯，以及活泼、开朗的性格。培养幼儿初步的感受美和表现美的情趣和能力。"② 其中的习惯、兴趣、求知欲、动手能力、自信、克服困难等方面都与匠心有关，可以说匠心中包含这些良好的心理品性和行为品质。

(二) 我国教育改革与发展对学前教育的要求

前已有述，教育的一个基本规律是教育必须与社会发展相适应。由于自改革开放特别是进入21世纪以来，我国社会经济发展迅猛，为与之相适应，我国的教育也在不断进行改革，在改革中谋发展，在改革中满足社会发展需要。随着教育改革不断深入，学前教育在整个教育体系中的作用日益凸显，其地位日渐重要。正因为如此，党和人民政府对学前教育给予高度关注，重视学前教育的发展，自党的十七大开始，学前教育被写入了党的全国代表大会报告。《国家中长期教育改革和发展规划纲要（2010—2020 年）》提出，把学前教育纳入城乡建设发展的规划之中，把发展学前教育纳入政府的职责，建立由政府主导的幼儿园建设与发展体制。国家对学前教育的重视，既是学前教育发展的机遇，也是对学前教育发展提出的要求。国家之所以重视学前教育，是因为学前教育在培养当代社会发展所需要的人才，尤其是匠心型人才中发挥着越来越重要的作用，这就赋予学前教育非常重要的任务或

---

① 360 百科. 学前教育 [EB/OL].[2019–07–12] .https: //baike.so.com/doc/6222208–6435515. html.

② 360 问答. 我国学前教育的目标是什么？ [EB/OL].[2014–10–23]. https: //wenda. so.com/q/1468015325723363.

使命，要求学前教育应当且必须承担起这样的使命。但是，现在我国的学前教育在质与量上都还达不到这样的要求，因此有必要对其进行改革。正因为如此，我们将培养匠心的学前教育模式作为研究课题，积极探讨培养匠心的学前教育模式的方法，力图为学前教育的改革提供有价值的参考，使学前教育的发展顺应整个教育发展和社会发展的要求。

二、主要目标

为实现上述根本目标，又将上述研究目的细分为以下几个主要目标。

(一) 阐明匠心的实质、内涵与特质

既然要构建培养匠心的学前教育模式，那就需要厘清匠心是什么，即厘清匠心的实质、内涵及其特质。为此，本书在综合工匠精神、匠心等多个概念以及以往人们的研究的基础上，对匠心给予符合本书内容的界定，明晰匠心的内涵与外延，阐明匠心的基本心理特征。

(二) 明确匠心发展的历程尤其是早期的形成与发展

要真正厘清匠心的概念，需要明确匠心形成与发展的历程，尤其是匠心的原初含义，从匠心概念的内涵与外延的演进过程中梳理其性质及其基本特征。唯有如此，才能知其然并知其所以然，对匠心做出符合时代要求的框定。

(三) 探明学前期匠心萌发与发展的影响因素

尽管匠心的培养应从学前期开始，学前教育应当培养学前儿童的匠心，前述的"三岁看大，七岁看老"充分说明了这一点，但要真正有效地培养学前儿童的匠心，有必要厘清学前儿童的匠心形成和发展的规律及其影响因素。唯有如此，才能根据匠心形成与发展的规律和学前儿童的身心发展规律培养他们的匠心。

(四) 建构培养匠心的学前教育模式

要行之有效地培养学前儿童的匠心，需要建构起科学的培养匠心的学

前教育模式，包括培养匠心的学前教育目标、教育内容、教育方法和途径、教师的教育素养如教育理念等。所有这些都是本书要阐述的内容。

第三节　研究意义

如前所述，名匠的心理特质和行为品质肇始于学前期。例如，发明了航海精密计时器的英国钟表巨匠约翰·哈里森（John Harrison，1693—1776年）对钟表的兴趣始于幼年；苹果公司创始人史蒂夫·乔布斯（Steve Jobs，1955—2011年）的匠心起始于幼年时期其养父精湛的技艺对他的吸引。这些例子都说明了在学前教育阶段培养儿童匠心的重要性和必要性。正因为如此，培养具有匠心的应用型人才，需要从学前教育开始。基于此，我们确立了研究课题，把研究成果加以整理总结，形成了本书。据此可以说，本书具有较高的实践应用价值和学术价值。

一、应用价值

本书的应用价值主要体现在以下几个方面。

（一）促进学前教育的改革

当前，我国学前教育存在"小学化"、学科化、知识化倾向，这不利于学前教育的发展。如何才能避免这些倾向？学前教育该教什么？该怎么教？是值得深思的问题。本书以匠心培养为中心，着眼于对学前教育模式的探讨，因此研究成果对学前教育的改革有所裨益。

学前教育的"小学化"是把小学教育向前延伸到学前教育，把学前教育作为小学教育的初级阶段，学前教育的内容、方法、模式与管理等都像小学教育那样，没有按照学前儿童的身心发展特点开展学前教育活动，而注重小学阶段才应掌握的知识传授，如拼音、识字、数数与计算、英语单词与语句等。[1] 概言之，是用小学的教育模式取代学前教育模式，在学前教育中渗

---

[1] 潘艳霞.回归儿童生活的儿童教育——基于幼儿园教育"小学化"现象的审视 [J].教育观察，2021，10（16）：135–137.

透乃至贯穿使用小学的办学理念、管理模式、课程资源、教学规范、教学方法、价值方式等。这种"小学化"的学前教育模式违背学前儿童的身心发展规律和学前教育规律，不利于学前儿童的身心全面发展。① 为纠正这一违背学前教育规律的现象，教育部办公厅于 2018 年 7 月专门出台《关于开展幼儿园"小学化"专项治理工作的通知》(教基厅函〔2018〕57 号，下文简称《通知》)，要求全面治理这种"剥夺幼儿童年的快乐，更挫伤幼儿的学习兴趣，影响幼儿身心健康发展"② 的学前教育"小学化"倾向，以便"全面贯彻党的教育方针，落实立德树人根本任务，遵循幼儿年龄特点和身心发展规律，建立完善科学保教的长效机制……促进幼儿园树立科学保教观念，落实以游戏为基本活动……切实提高幼儿园科学保教水平，促进幼儿身心健康发展"③。《通知》要求：在学前教育中，严禁教授小学课程内容，纠正"小学化"教育方式，整治"小学化"教育环境，解决教师资质能力不合格问题。④ 如前所述，"三岁看大，七岁看老"，主要看的是学前儿童的心理品质和行为品质，这就要求学前教育切实把培养学前儿童的心理素养和行为品质，促进学前儿童的身心全面发展作为教育目标和任务。其中就包含匠心的形成与发展。因此，本书把建构培养匠心的学前教育模式作为研究内容，以期为学前教育改革提供可借鉴的材料和思想。

拓展阅读材料0-2：学前教育"小学化"的危害⑤

1. 孩子还未上学，就已厌学

处在学龄前阶段的孩子，其大脑以及身体的各个器官和组织的发育还不完善，决定了他们还不能像小学生那样坐下来正规地学习。作为孩子的教

① LI BING-QUAN. What to teach:the content of Preschool education in the horizon of the cultivation of craftsman's Psyches[J].International Journal of Arts .Humanities and Social Studies, 2021, 3(01):12-18.

② 中华人民共和国教育部网．教育部办公厅关于开展幼儿园"小学化"专项治理工作的通知 [EB/OL].[2018-07-05].http：//www.moe.gov.cn/srcsite/A06/s3327/201807/t20180713_342997.html.

③ 中华人民共和国教育部网．教育部办公厅关于开展幼儿园"小学化"专项治理工作的通知 [EB/OL].[2018-07-05].http：//www.moe.gov.cn/srcsite/A06/s3327/201807/t20180713_342997.html.

④ 王妤，唐海康，张鹏程．幼儿园"小学化"治理：发展历程、现实问题与对策建议 [J]．教育与教学研究，2021，35(03)：115-128.

⑤ 叶平枝，赵南．学前教育"小学化"的危害、原因及对策 [J]．广州大学学报(社会科学版)，2013，12(08)，70-74.

育者——家长和老师，非要像对待小学生一样要求他们，这好比非要让还没有长出牙齿的婴儿吃坚硬的食物一样。这种违背规律的做法对孩子的危害是非常严重的。

不管孩子年龄有多小，一律要求他们写字、算数，如果写不好（这是必然的，因为他们还没有到能写好的年龄），家长呵斥、打骂，老师批评，孩子在这种"小学化"的教育过程中，得不到快乐，而获得的常常是消极的情绪体验，自然会认为学习是一件痛苦的事情，由此对学习产生恐惧和厌恶的心理，结果使孩子还未正式开始学习，就已产生了厌学情绪。

2. 扼杀了幼儿的天性，剥夺了幼儿的快乐

幼儿天性是爱游戏的，幼儿在成人意义上的"玩"，其实就是在学习。游戏是幼儿学习的最基本形式，这是由幼儿的心理年龄特点决定的。因此，幼儿园应该顺应幼儿天性，一切活动都以游戏的方式进行。否则，就会违背幼儿教育规律。"小学化"了的幼儿教育不顾幼儿的心理年龄特点，只是简单地让孩子写字、算数，剥夺幼儿游戏的机会，泯灭了幼儿活泼好动的天性，剥夺了幼儿的快乐，使幼儿失去了学习、创造和探索的机会，幼儿的才能被扼杀在摇篮之中。

3. 不利于幼儿身体的正常发育，危害了幼儿的身体健康

幼儿正处于身心生长发育阶段，其机体和神经系统都还比较弱，如果强制他们长时间集中注意，大脑容易疲劳，会给他们的神经系统造成伤害，使他们变得表情呆板；过早过多地进行规范性学习，不利于孩子肌肉、骨骼发育，导致他们近视、驼背、消瘦等不良症状，对他们的身体健康造成严重伤害。

4. 不利于幼儿健全人格的形成，危害了幼儿心理健康

过早对幼儿实施小学教育，按照小学生的标准要求幼儿学习、完成作业的做法违背了幼儿的认知水平、认知能力和认知规律，超越了幼儿心理发展水平。强制性要求幼儿学习，剥夺他们"玩"的时间，会影响幼儿的主动性、积极性、创造性的发展，把孩子变成"小大人"，使他们过早"成熟"。

幼儿过早背上沉重的课业负担，在成人的责备甚至打骂声中强制学习，活泼好动的个性受到压抑、摧残，心灵遭受创伤，难以形成开朗、积极、乐观、自强、自信、自尊等健全人格特征，严重危害他们的心理健康。

5.遏制幼儿智力的全面发展，错过了幼儿教育的"关键期"

学前教育"小学化"强调向幼儿"灌输"知识，忽视幼儿在游戏中主动探索性学习，忽视幼儿的语言能力、数理逻辑能力、初步的音乐欣赏能力、身体各部位的运动协调能力、人际交往能力、自我评价能力、空间想象能力、自然观察能力等多方面发展。

因此，有必要改变这一状况，使幼儿教育走向正轨。为此，学前教师设计的游戏活动应能够训练幼儿的多方面素养。这种以游戏为主的教育活动会把学生培养得越来越健康、活泼、聪明，比那些会写多少字、会算多少数的孩子在正式上学以后更有潜力。

学前教育的学科化、知识化是其"小学化"的表现。学前教育的学科化是指，在学前教育中开展像小学教育那样的学科教育，把小学教育的学科知识教给学前儿童。这种做法背离了学前教育的目标和方向，违背学前教育规律和学前儿童的身心发展规律，无益于学前教育目标的实现。学前教育的知识化是指，把学前教育视为知识的传授教育，把知识教育作为学前教育的中心任务。这种做法偏离本应促进学前儿童身心全面发展的学前教育目标，用非学前教育的内容和方法取代学前教育本应有的教育内容和方法，致使学前教育目标难以实现。本书力图通过研究提出解决这一问题的方法或途径。因此，本书能够在消除学前教育学科化、知识化方面发挥积极作用。

拓展阅读材料0-3：幼教"去小学化"难在哪？ ①②

甜甜5周岁，在一所私立幼儿园上学。上小班时，甜甜就开始学习简单的拼音和10以内的加减法；上中班时，开始学习20以内的加减法和乘除运算以及认字。甜甜妈妈赵女士还在课外给孩子报了英语班。赵女士说："我们家孩子上的是私立幼儿园，会学一些拼音、英语。好多家长都反映说，现在孩子上了小学以后，汉语拼音还要学，但进度特别快，导致好多孩子根本跟不上，那用什么方法解决呢？只能去外面的培训机构报班。所以我愿意让她早一点接触，以便她以后上小学更顺利一点。"

———————————

① 新浪网.幼教"去小学化"难在哪 [EB/OL]. [2018-08-02]. http://news.sina.com.cn/c/2018-08-02/doc-ihhehtqf3950868.shtml.引用时根据情况做了修改。
② 刘志娟.幼教"去小学化"难在哪 [N].阳泉日报，2018-07-31.

彤彤今年6周岁，9月份即将升一年级。彤彤妈妈孙女士了解到，孩子将进入的小学学习进度快、学习压力大，如果不让孩子提前学习，很有可能上学后跟不上小学老师讲课的进度。所以，去年彤彤就从幼儿园退学，转到了将要上的小学的学前班。孙女士说："刚上学的时候，孩子不适应作息时间，经常因为睡不醒而哭闹。可是没有办法啊，老师说过，学前班不是幼儿园，要严格按照课程表的时间上课。"

王女士的儿子今年上小学，她介绍，孩子在公立幼儿园上学，老师只教授简单的拼音和10以内的加减法。孩子不识字更不会写字，让一家人都很着急。幼儿园一个班的家长还专门建了一个群，大家分享交流应该报什么班、哪个幼小衔接机构好等内容。王女士说："我也想让孩子快快乐乐地玩，可周围人都在学，如果孩子真的零基础上小学，肯定会跟不上。"她担心，孩子跟不上教学进度会影响其学习积极性。"如果孩子在上小学前能提前学一点，进入小学后他就有可能感到容易一点，这样有助于提升他的学习信心。"正是基于此，在朋友的介绍下，王女士给孩子报了一个暑假短期的幼小衔接班。"上午学习数学和拼音，下午学习识字，周一到周五上课，周六周日休息。平常孩子在学校，好不容易有个暑假也要每天学习，感觉孩子很辛苦，可是没有办法。"王女士无奈地说。

"家长的焦虑导致幼儿教育'小学化'严重，但是家长的焦虑也是有原因的。"某小学王老师说。她认为，幼儿教育"小学化"的根源与我国教育评价方式有关。高考压力一直往下压，高考压到中考，中考压到小学，现在小学又压到了幼儿园。纵向教育评价体系导致评价学生成绩主要看学生的分数。那么，无论是家长还是学校，都会想尽办法提高孩子们的分数。除此之外，王老师还认为，各种培训机构为了迎合市场，推出名目繁多的学习内容，这也是一个催热幼儿教育"小学化"的原因。记者了解到，在我市的幼儿培训市场，教授英语、逻辑思维、珠心算、识字的培训机构层出不穷。

幼儿教育"去小学化"之后，什么样的教育才符合幼儿呢？许多专家和一线教师认为，幼儿教育的主要方式是游戏活动，因此应该把游戏贯穿到幼儿园整个教学活动中，把幼儿教育的目标、内容、要求、任务隐藏并融于各种游戏中，让幼儿在愉快的游戏中掌握知识、习得技能，让幼儿成为学习和发展的主体。

有位高女士带着孩子到海边度假半个多月，让孩子感受大自然的魅力。她带孩子参观博物馆、天文馆、海底世界，使孩子在实践中获得成长。她说："孩子从幼儿园到小学确实需要过渡，比如养成良好的学习习惯、会简单的拼音和识字等，但不能操之过急，揠苗助长。"

这则材料说明：第一，当前我国学前教育的"小学化"现象较为普遍，还存在诸多问题。这些问题严重影响我国学前教育的发展，进而影响学前教育对社会经济发展的作用的发挥。因此，为使我国学前教育健康发展，急需解决当前存在的学前教育"小学化"现象。第二，导致学前教育"小学化"的原因是多方面的，涉及社会、幼儿园和家庭。从社会方面来说，缺乏正确的学前教育理念，会对学前教育产生不利影响；从幼儿园方面来说，幼儿园教职员工尤其是教师缺乏科学的理论和方法指导，不知道到底应该如何开展学前教育，不知道该教什么、怎样教，只好按照小学教育模式来进行，把幼儿教育当成是小学教育的提前进行或简单地为小学教育做准备；从家庭方面来说，幼儿家长缺乏恰当的教育意识，不懂得学前教育规律，片面地认为孩子学到越多的小学学段才要学的知识技能才是越好的，没有认识到学前教育"小学化"的危害，反而助长这种倾向和做法。[1][2]第三，解决学前教育"小学化"的根本方法或途径是回归学前儿童的天性和学前教育规律，真正按规律办事，用学前教育特有的方式开展学前教育，依据学前儿童的身心发展规律采取科学的学前教育方法培养和不断增强他们积极的心理品质，尤其是匠心、良好的行为习惯、适应社会的能力或技能、强健的身体以及强健身体的科学方法。

(二) 有助于匠心型人才培养

本书的中心是匠心培养，对学前教育阶段培养儿童的匠心进行了较为全面、系统的阐述，能够对培养当代社会所需要的匠心型人才有所启迪。

(三) 有助于社会经济发展

如前所述，进入 21 世纪后，我国社会经济发展急需大量的技艺精湛的

---

① 刘梅. 幼儿园教育小学化的弊端及对策 [J]. 教育观察，2020，9(28)：111-112.
② 党志强. 幼儿园教育小学化现象的分析和思考 [J]. 文化创新比较研究，2019，3(31)，141-142.

匠心型人才。由于本书研究的正是培养具有匠心的人才问题，因此必然会通过对培养人才模式的改革的影响来促进经济社会发展。

(四) 对各级各类学校教育有所启迪

虽然本书主要研究学前教育，但当代社会所需要的人才的匠心培养是长期的、一贯的，需要各级各类学校协同一致。学前教育是教育中的基础之基础，研究它对匠心型人才的培养，既为其后的各级各类学校的匠心培养奠定基础，又会对其后的各级各类学校的匠心培养提供启迪与借鉴参考价值，对各级各类学校教育的发展产生积极影响。

二、学术价值

本书的学术价值主要体现在以下几个方面。

(一) 丰富和深化教育教学理论尤其是学前教育理论

本书对教育问题尤其是学前教育问题进行思考与反思，力图通过思考和反思建构相应的思想理论，并把理论创新作为研究的一项重要任务。因此，本书中所提出的思想和建构的理论对于丰富和深化教育教学理论尤其是学前教育理论有一定裨益。

(二) 丰富深化心理学理论，促进心理学理论的应用研究

本书探讨的是匠心。迄今为止，心理学界对匠心的研究并不多见，对匠心的性质、结构与特征、种类及其培养尚未完全弄清楚。即使是对匠心的核心组成部分名匠精神[①]也未完全厘清。本书力图在研究的基础上依据已有

[①] 名匠精神通常被称为工匠精神。自 2016 年李克强总理提出工匠精神以来，对工匠精神的研究蓬勃开展起来。在中国期刊网 (知网) 上输入关键词"工匠精神"进行查询，截至 2020 年 10 月 5 日搜索到的结果有 2 万多条。绝大多数成果都是近两三年的。这些研究成果集中体现在以下几个方面：(1) 工匠精神的内涵；(2) 工匠精神的价值；(3) 工匠精神培养的方法或路径。教育方面的都涉及高等教育和职业教育。不过，即便有这么多的研究文献，但对工匠精神的概念、特征以及培养措施或途径并未完全厘清。由于"工匠精神"中的"工匠"一词涵盖所有的工匠，而"工匠精神"指的是技术精湛、影响巨大的著名工匠即名匠所具有的心理品质，故本书统一称为"名匠精神"，以免引起歧义或理解偏差。本书中所说的匠心，也是指名匠所具有的心理品质或心理特征。

的多学科心理学理论建构匠心理论。该理论构建涉及人格心理学、文化心理学、心理学研究方法论、理论心理学等多方面，因此它对人格理论、心理学研究方法论、心理学研究理念等都会有一定影响。

（三）对建构科学的儿童观、人的发展观、教育理念等有一定裨益

本书从当代社会发展所需要的匠心型人才的成长历程和匠心形成与发展的过程动态研究学前期儿童的匠心培养，为研究人的发展及其教育提供了一个新的视角，因此必然会在儿童观、人的发展观、教育理念等方面提出一些自己的理解和看法，这些看法对构建科学的儿童观、人的发展观、教育理念等有一定价值。

（四）对学前教育研究具有借鉴价值或启迪作用

如前所述，随着社会的发展，学前教育在培养社会所需要的人才中的作用愈来愈凸显。正因为如此，学前教育愈来愈得到重视。在党和人民政府的重视下，我国的学前教育迎来了大发展的春天，如雨后春笋般蓬勃发展起来。表0-2所示数据表明，我国学前教育行业发展很快，公办园在加速兴建，民办园也在迅速扩张，入园率年年攀升。幼儿园总量持续增加，每年新建幼儿园连续多年超过10 000所。其中公办幼儿园的总量持续增加，占总量的比重持续提高，从最低点的30.79%上升到37.83%。公办幼儿园每年的新增量持续保持在高位，平均每年新增6 500所；从2011年到2018年，公办幼儿园数量总体增加了52 759所，总体增长率为91.23%。与此同时，民办幼儿园的总量也持续增加，每年的新增量持续保持在高位，平均每年新增7 900所；从2011年到2018年，民办幼儿园数量总体增加了63 490所，总体增长率为62.07%。

表0-2 2010—2018年全国学前教育数据统计 ①

年度	2010	2011	2012	2013	2014	2015	2016	2017	2018
园数 (万所)	15.04	16.68	18.13	19.8	20.02	21.33	23.98	25.495	26.67
增长率 (%)	8.80	10.86	8.69	9.55	5.71	6.58	7.12	6.31	4.60
公办园 数(万所)	4.813 1	5.134 6	5.661 3	6.510 2	7.059 9	7.730 7	8.560 9	9.457 8	10.089 0
增长率 (%)		6.68	10.26	14.99	8.44	9.50	10.74	10.48	6.67
占比(%)	32.00	30.79	31.23	32.79	33.64	34.56	35.70	37.10	37.83
民办幼 儿园数 (万所)	10.228 9	11.540 4	12.463 8	13.345 1	13.928 2	14.637 6	15.420 3	16.037 2	16.577 9
增长率 (%)		12.82	8.00	7.07	4.37	5.09	5.35	4.00	3.37
占比(%)	68.00	69.21	68.77	67.21	66.36	65.44	64.30	62.90	62.16
在园幼 儿数 (亿人)	0.297 7	0.342 4	0.368 6	0.389 5	0.405 1	0.426 4	0.441 3	0.460 0	0.465 6
增长率 (%)	12.00	15.00	7.63	5.68	4.01	10.10	3.49	4.24	1.22
新出生 人口 (亿人)	0.159 6	0.160 4	0.163 5	0.164 0	0.168 7	0.178 7	0.184 6	0.172 3	0.152 3
增长率 (%)	−1.18	0.50	1.93	0.31	2.87	5.93	3.30	−6.60	−11.60
入园率 (%)	56.56	62.0	64.5	67.5	70.5	75.0	77.4	79.6	81.7
在园数 (万人)	2 976.67	3 376.67	3 685.76	3 894.69	4 050.71	4 264.83	4 413.86	4 600.14	4 656.00
增速(%)	12	13.4	9.2	5.7	4.0	5.3	3.5	4.2	1.2

① 注：表中数据引自搜狐网的《中国幼儿园教职工配备及结构分析（2019年数据）》（https://www.sohu.com/a/394875796_120119221），《2018年中国幼儿园数量、在园幼儿人数及师资配备情况分析》（https://www.sohu.com/a/322117984_120113054），《2020年中国幼儿园教育发展现状入学率不断提升民办幼儿园占比不断扩大》（https://www.sohu.com/a/378033919_120560166）等网站资料。

续　表

年度	2010	2011	2012	2013	2014	2015	2016	2017	2018
园教职工（万人）		220.4	249	282.7	314.2	349.6	381.8	419.3	
园长（万人）		18.035 7	19.823 8	22.160 6	23.616 9	25.211 3	26.671 6	27.992 7	
专任教师（万人）		131.56	147.92	166.35	184.41	205.10	223.21	243.21	285.14
增长率（%）		19.2	12.4	12.5	10.9	11.2	8.8	9.0	6.1
经费投入（亿元）		1 019	1 504	1 758	2 049	2 366	2 802	3 255	

　　尽管在党和人民政府的重视和支持下，我国学前教育发展很快，不过，那只是量上或规模上的扩大，至于学前教育该怎么实施，还是有待进一步深入研究的问题。现如今我国学前教育发展过程中之所以出现前述问题，其中一个很重要的原因就是学前教育开展不当。因此，为了使学前教育真正满足社会经济发展的需要，就必须加强对学前教育的研究。正因为如此，随着国家对学前教育的日益重视，学前教育研究也迅速开展起来。在中国期刊网（知网）上输入关键词"学前教育"进行查询，发现进入21世纪以来，尤其是2010年以后，研究文献逐年增加。2011年文献数量达2 300多条，2012年文献数量达2 900多条，2013年文献数量达3 200多条，2014年文献数量达3 700多条，2015年文献数量达4 000余条，2016年超出4 100条，2017年文献数量达4 000多条，2018年文献数量达4 200多条，2019年文献数量达5 300多条。这些成果涉及面很广，既有理论方面的，也有实践方面的，包括学前教育理念、内容、方法、教学手段、政府政策、管理、专业建设等诸多方面。但所有文献都没有涉及学前儿童的匠心培养，也没有做各行各业人才在幼儿发展期的溯源研究，这在一定程度上影响了学前教育研究的有效开展。

　　由于学前教育研究相对滞后，对一些关键问题，如学前教育该教什么、怎么教等，尚未探讨清楚，致使学前教育出现了一些问题。如前述的学前教育"小学化"脱离了学前教育的本质，偏离了学前教育的目标，这在一定程度上影响了我国学前教育的发展及其在社会经济发展中的作用发挥。有研究指出，由于"学前教师工作任务重、待遇低、科研能力有限，国家对学前教育投入不足、科研支持力度不大等，主客观因素导致幼教研发成为短板。在课程设计上，幼教课程具有高度可复制性，高研发投入难以带来壁垒性竞争优势，导致园所研发积极性不足，课程同质化严重"[1]。

因此，本书把匠心研究与学前教育结合起来，探讨在幼儿阶段培养儿童匠心的内容、方法和途径，力图通过这样的培养，使孩子们将来能够更有可能发展为名匠甚至大国工匠。这一研究涉及学前教育的目标、教育内容、教育方法、教育途径等方方面面，既有应用研究，也有理论研究，因此，研究成果将能够促进学前教育研究，对学前教育研究有启迪作用和借鉴价值。

第四节　研究的总体框架和基本内容

一、总体框架

本书以发展心理学、文化心理学和人格心理学为研究视界，以匠心为出发点和归宿，以名匠的培养与发展为主线，从匠心的心理特质分析到匠心的幼年期的萌发研究，到学前教育对幼儿匠心培养的探讨，再到培养匠心的学前教育模式的构建，层层递进。具体研究过程为：①制订研究规划，选取研究方法，确定研究目标，依据目标确定研究方法，制订研究步骤、阶段及其任务；②搜集与分析资料，并结合研究内容对资料加以归纳概括；③挖掘、建构理论；④建构培养匠心的学前教育模式；⑤实验性探索；⑥把研究结果整理、概括、系统化，完成本研究。

二、基本内容

本书依据当代社会需求和人的发展需要，运用教育学、心理学、社会学的理论与方法，对培养幼儿匠心进行研究，旨在建构培养匠心的学前教育模式。研究内容包括以下几方面。

---

[1] 华经情报网.2018 年中国幼儿园数量、在园幼儿人数及师资配置情况分析「图」[EB/OL].[2019-06-21]. https://www.sohu.com/a/322117984_120113054.

(一) 匠心的实质、内涵与心理特征研究

要培养匠心，首先要厘清匠心的实质、内涵与心理特征。为此，本书综合已有的研究成果，厘清匠心的概念及其心理特征，为本书的理论建构打下基础。

(二) 匠心的源起及其发展历程研究

主要探讨匠心在个体发展中从什么时间开始萌发、发展过程如何，以厘清匠心培养的最佳时机或关键期。这一研究主要采用案例分析的方法。如假定匠心起源于学前期，学前期儿童心理发展的一个重要方面就是匠心的萌发与发展，因此，必须在学前教育阶段培养学前儿童的匠心。倘若在这一阶段儿童的匠心没有被培养起来或未奠定坚实的基础，就会对匠心未来的发展产生消极影响。

(三) 匠心在幼儿阶段的发展研究

主要探讨幼儿阶段逐渐形成或发展起来的匠心的内容、影响因素等。目的是正确认识匠心发展的规律，依据该规律开展学前教育，充分发挥学前教育在培养匠心型人才中的作用，进而对其后的各级各类学校教育产生积极影响，形成培养社会发展所需要的匠心的教育系统。

(四) 培养匠心的学前教育模式探究

主要研究能够有效培养幼儿匠心的学前教育模式，包括学前教育内容、方法或途径、日常生活的安排、环境的布置、活动的组织等，力图解决当前我国学前教育所存在的问题，如学前教育的"小学化"等，为学前教育的健康顺利发展提供依据。

拓展阅读材料0-4：德国的成功，从幼儿园就开始了 [①]

为什么德国的国家形象全球第一？为什么德国经济发展在欧洲一枝独

---

① 新华网. 德国的成功，从幼儿园就开始了 [EB/OL].[2016-06-01].http://www.xinhuanet.com//world/2016-06-01/c_129034010_3.htm. 引用时做了适当改动。

秀，"德国制造"的质量享誉世界？为什么德国失业率在欧洲国家最低？要了解德国成功的关键所在，需要走入他们的幼儿园和中小学，仔细观察德国教育界做了什么。

幼儿园：三年里学会认识社会

室外的"危险设施"。德国许多幼儿园并没有高档的建筑，室外却有大片的活动场地，草地、沙地、石头地……但没有看到国内常见的塑胶地。孩子们在"危险设施"上活动时胆子很大，登梯爬高一点都不含糊。

两三岁到六周岁一个班。室内布置与外面一样一点不奢华，但每个班的教室就像一个"大家庭"。里面放置着书柜、玩具柜等，还有植物角、电脑等设施。地面上铺上大地毯，孩子可以在上面坐着看书，甚至打滚。每个班级还有有趣的班级名字，比如向日葵班、小象班、小鱼班、小鹿班、斑马班、星星月亮班，等等。

德国的孩子们一般三岁可上幼儿园，为期三年。其幼儿园一般采用混龄制。年龄大的孩子都会扮演好"大哥哥大姐姐"的角色，"小弟弟小妹妹"则会虚心向他们学习。这样可以充分发挥大孩子带小孩子的作用，既培养孩子的独立能力和自我管理能力，又克服教师管理范围有限，无法照顾到所有孩子的问题。一个班除了配备两个班主任老师以外，还有一个实习老师。此外，幼儿园会统一配备营养师和心理辅导师等。

玩就是教学内容。与中国不同，德国幼儿园没有全国统一的教学大纲和教科书，甚至连州一级的也没有。每个幼儿园的教学目标与方案都由幼儿园老师们自主决定。德国幼儿园的孩子主要的任务是玩耍，在玩耍中，学习各种知识，锻炼各种能力。老师是一个观察者、帮助者，要充分发掘孩子的天性，引导孩子一个个取得成功。

但在玩中也要学会各种能力。自理能力，如饮食、睡眠、排泄安排、穿衣穿鞋等能力；规则意识，盛入自己盘中的食物一定要吃光；尊重，告诉孩子要尊重别人的隐私；爱心，饲养小动物，如小狗、小猫，让孩子们在亲自照料小动物的过程中，懂得体贴入微地照顾弱小生命；坚强，孩子摔倒后，只要不是很严重，不会马上去帮忙，而是让他们学会自己站起来；礼貌，孩子在寻求帮忙时会说 bitte（请），别人帮了自己之后会说 danke（谢谢）；诚信，要遵守约定，不能轻易许诺，答应过的事情，要在规定的时间内做到；合作，有意识地为孩子们组织一些集体活动等。

三年学会初步认识社会。除在幼儿园里边玩边学外，孩子们还得走出幼儿园认识社会。他们参观警察局，学习如何报警，遇到坏人该怎么办，了解警察的职责是什么；参观消防局，跟消防警察们一起学习灭火知识、躲避火灾等常识；参观邮局，看看一封信是如何从家里到达邮局，又被投递出去的；参观市政府，认识市长，看看这个为他们服务的市长是什么样子的……

孩子们在"社会大家庭"里训练各种能力：去超市和菜市场，练习用钱买东西；去花圃，认识花草树木，学种植物；参观图书馆，学会借书、还书；坐有轨电车，记住回家的路线；还去看马戏、儿童歌剧和魔术；等等。幼儿园老师还特别唤起孩子环境保护的初步意识。通过去森林漫步，让孩子接触大自然；到垃圾处理厂参观，懂得垃圾分类和垃圾处理的意义，参与分拣垃圾；等等。

难怪，一位德国家长说，三年过去了，孩子学会了自己修理玩具，自己管理时间，自己约会，自己制订计划，自己搭配衣服，自己整理东西，自己找警察。孩子们在活动中，一天天长大，一天天成长。

从上述材料可以看出，德国的学前教育表面上是让儿童玩游戏，但实际上是通过游戏玩耍培养孩子们良好的心理品质、社会礼仪、生活技能与常识、社交能力等。这些都是他们将来进入学龄期的学习以及将来走向社会所必备的品质。其中与匠心密切相关的心理和行为品质有独立自主能力（自理能力、自我规划、时间管理等）、规则意识、坚强、责任心等。正是这种从小对儿童进行的匠心培养，使名匠精神渗透到德国社会生活的方方面面，匠心才成为德国人较为普遍具备的心理品质。这样我们就很容易理解为什么"德国制造"成为世界名品的标志和质量保证了。从上述材料中，我们可以看到优秀的学前教育模式，可以作为我们构建培养匠心的学前教育模式的有益参考。

第一章　匠心

如导论所述，随着社会经济的稳步发展，匠心对于个体和社会的重要性日益凸显出来。对于社会来说，需要大量的匠心型人才；对于个体而言，只有不断培养和强化自己的匠心，才能顺应社会的发展，拥有在社会中发挥自己作用的舞台。既然如此，那究竟什么是匠心呢？匠心包括哪些特征或品质呢？本章力图阐明这些问题。

第一节　匠心的概念

在《现代汉语词典》中，有许多与"匠心"有关的词语，如别具匠心、独具匠心、匠心独运、独运匠心、匠心独妙、匠心独具等。从这些词语含义来看，匠心是人获得成功必备的素养，是当代人应当且必须具备的核心素养的重要组成部分。正因为如此，培养匠心素养应当成为各级各类学校的重要任务。学前教育也不例外。这是因为：许多匠心品质是在人的学前儿童时期形成和发展起来的，学前期是匠心形成的关键期；匠心培养越早越容易。为培养学前儿童的匠心，首先要厘清匠心的概念。

一、"匠心"中"匠"的概念

"匠"可称为工匠或匠人，是指专注于某一领域、针对这一领域的产品研发或加工过程而全身心投入，精益求精、一丝不苟地完成整个工序的每一个环节的人。匠人最早出现在人类社会发展史上的原始社会末期。随着人类社会的发展，到原始社会末期，第二次社会大分工开始出现，手工业从农业中分离出来，出现了专门从事手工业生产的人员。他们有某种手艺或技术，这些人员被称为"匠"。他们所从事的职业种类繁多，囊括人类生活的各个方面。如鞋匠、木匠、泥水匠、石匠、做衣匠（裁缝）、皮匠、剃头匠、造船匠、铁匠、染匠、画匠、雕刻匠、做饭匠（厨师）、教书匠（教师）等。在现代社会，匠通常指那些掌握一定技艺，有一定专长，并靠专长或技艺养家糊口，实现自我价值的人，一般被称为大师傅、技术员。概言之，匠是有一技之长之人。

不过，本书所研究的"匠心"中的"匠"，不是一般的工匠或匠人，而是指能工巧匠、著名的工匠，即技艺精湛、专长突出、工艺技术高明、成就显著的工匠。如中国战国时代的公输般（鲁班），他被称为我国土木工匠的鼻祖，曾制造了舟战用的"勾强"、"机关备制"的木马车、飞鹞等，发明了曲尺、墨斗、刨子、凿子、锯子等各种实用的木作工具，发明了磨、碾、锁、伞等在日常生活中广泛使用的日常用品。中国墨家思想的创始人墨子是器械制造方面的专家，最早制造出风筝，是世界上最早研究小孔成像的人。除他们之外，中国历史上的名匠还有很多。如中国古代四大发明的发明者等。国外的名匠包括爱迪生、哈里森、瓦特等人。这些人都具有一般匠人所不具有的心理品质，正是这些心理品质使他们获得了一般匠人难以获得的成就，而这些心理品质就可以被统称为匠心。

在现代社会，匠和名匠的概念都得以拓展。匠泛指那些各行各业中的技艺精湛之人。名匠则是指在各行各业因技艺精湛而获得了一般匠人难以获得的成就之人。如福建省总工会兼职副主席、中华技能大奖得主冯鸿昌，因技术精湛，他在平凡的工作岗位上做出了不平凡的事。"工人院士"李万君在焊接技术上精益求精，终于成为焊接名匠，在"不起眼"的焊接工作岗位上做出了巨大成就。"状元技工"许启金虽然文化程度不高，没有受过高等教育，未受到专业训练，但刻苦学习、爱岗敬业、不断创新，最终成为电力行业技术能手和技能专家。

拓展阅读材料1-1：当代中国名匠

高级钳工冯鸿昌 [①]

2002年，冯鸿昌参加了厦门市第七届职工技术竞赛，一举获得"技术状元"。工会组织的岗位练兵和技术比武，给了许多像冯鸿昌一样的来厦员

---

① 中国共产党新闻网. 冯鸿昌当选福建省总工会兼职副主席 [EB/OL]. [2015-06-11]. http://renshi.people.com.cn/n/2015/0611/c139617-27139034.html.

工成长的平台，让他们依靠技术也能成才。多年来，冯鸿昌刻苦学习，相继获得电大自考大专文凭，取得高级钳工、计算机操作员等数十个职业资格证书。2007年，他通过厦门市高级技能人才认定，被确认为高级技师。2010年，他还被评为"全国劳动模范"。2014年，他荣获"中华技能大奖"，并享受国务院特殊津贴。此奖项被誉为我国产业工人的"诺贝尔奖"。

"高铁焊接大师""工人院士"李万君[①]

在具有世界顶级技术的高速动车组生产中，作为长春轨道客车股份有限公司（简称长客股份）的一名产业工人，李万君展现出了过人的才华和技能，他凭借精湛的焊接技术和敬业精神，为我国高铁事业的发展做出了重要贡献，先后获得"全国技术能手""火车头奖章""中华技能大奖"等荣誉，时任国务院副总理的李克强盛赞他为"高铁焊接大师"。

在长客股份，每当在生产中遇到焊接难题，李万君都会挺身而出，全力攻关。他摸索出"拽枪式右焊法"等20余项转向架焊接操作方法，累计为企业节资创效近千万元。2011年2月22日，李万君登上了"中华技能大奖"的领奖台，这一大奖是我国对一线技术工人的最高褒奖，李万君也被誉为"工人院士"。

"状元技工"许启金[②]

许启金，中共十九大代表，十三届全国政协委员。他工作36年来，足迹踏遍宿州电网2 140千米的输电线路，先后参加和组织完成1 000多项带电作业任务，参与消除各类缺陷3 100余处，实现了零差错。作为新时期产业工人的优秀代表，以许启金名字命名的"启金工作室"是"全国示范性劳模创新工作室"。

他虽然只有高中文化水平，但他刻苦学习和钻研，日积月累，终于成为"电力专家"。2010年，以许启金名字命名的"启金工作室"成立，许启金把自己在实践中获得的经验、掌握的技能毫无保留地与大家分享。"启金工作室"先后被授予"国家电网公司劳模创新工作室示范点""全国示范性劳模创

---

① 中国文明网.副总理曾赞他是"高铁焊接大师"[EB/OL].[2012-04-08]. http://www.wenming.cn/sbhr_pd/hrhs/201409/t20140926_2202075.shtml.

② 央广网.许启金|安徽宿州供电公司输电带电作业班副班长[EB/OL].[2018-03-09]. http://news.cnr.cn/2018zt/qglh/pplanmu/ygyjt/yjt_504117170/jb/20180309/t20180309_524159278.shtml.

新工作室""国家级技能大师工作室"等称号。他的徒弟中有 7 人成为"全国电力行业技术能手""国家电网公司生产技能专家"。2016 年 4 月 26 日,在合肥召开的知识分子、劳动模范、青年代表座谈会上,许启金向习近平总书记汇报了创新工作成果。他 30 多年坚守一线的"钉子"精神得到了总书记的肯定。

许启金曾先后荣获"全国五一劳动奖章""全国劳动模范""第六届全国敬业奉献道德模范""送电线路工高级技师""国家电网公司生产技能专家""全国技术能手"等称号。他不是学者,却是广受赞誉的"状元技工",国家电网安徽省宿州市供电公司运维检修部带电作业班副班长。

在中国,像冯鸿昌、李万君、许启金等这样的名匠还有很多。他们既没有显赫的背景,也没有高学历,可能还没有经过专业训练,他们只是坚守在平凡的工作岗位上。那他们靠什么成为名匠?靠的是他们具有名匠的心理品质。在他们身上,我们可以发现他们都具有刻苦钻研精神、拼搏进取精神、精益求精精神、埋头苦干精神、努力学习精神、乐于教人品质、勇于创新精神、攻坚克难精神。正是这些心理品质使他们不断前行,最终取得一般人难以取得的成就。这说明,一个人能否成为名匠,并不取决于其工作岗位或所从事的职业,是否受过高等教育,是否受过专门训练等,而主要取决于他是否具有成为名匠的心理品质。这也告诉我们,任何人都能够成为名匠,只要他具有名匠品质。从众多名匠的经历来看,名匠是后天造就的,造就名匠的过程是自身的培养和训练与他人的教导和培养以及社会发展所提供的机遇等多重因素交互作用的结果。既然是后天造就的,那么说明名匠是可以培养的。培养名匠的过程是一个教育过程,这一过程越早越好,最好在早期教育中就开始实施。在学前阶段培养儿童的匠心时,可以模仿名匠们在所从事的工作中成为名匠的历程创建象征性游戏或仿真游戏,即通过游戏来培养儿童。

二、"匠心"中"心"的概念

"匠心"中的"心"指的是心理品质。不过,这种心理品质不是一般的心理品质,而是积极的心理品质,尤其是那些能使人不断超越的心理品质。不断超越主要表现在以下两个方面:第一,不断克服或消除自身的不足或缺陷；第二，不断提升自己的能力、技艺、知识等素养。这两个方面在人的一生中是一个持续的过程，没有终点。

心理学、社会学、人类学、文化学等多学科的研究表明，积极心理品质是人生存和发展乃至获取成功所需要的心理品质。积极的心理品质包括积极的体验、积极的人格特质、积极的反应三个方面。

积极的体验是指个体对任何事情特别是挫折、失败等看似消极的事情能够产生积极的感受或体认。积极体验包括升华、控制或削弱消极影响的范围和持续时间、爬起来从头再来等心理特征和行为品质。升华是指个体把遭遇失败或挫折时所产生的痛苦体验转化为激励自己进步或发展的积极力量，如前进的斗志、增长智慧的动力等。控制或削弱消极影响的范围和持续时间是指人们把挫折或失败导致的忧愁、痛苦等消极影响限制在一定的范围或时间内，不让它对自己产生广泛持续的消极影响。爬起来从头再来是指遭遇挫折或失败时，不气馁、不言弃、不颓废、不绝望，勇敢地爬起来继续前行，在不断总结经验教训的基础上走得更稳更好。积极的体验应当且必须从学前期开始培养。这是因为，随着学前儿童运动能力的增强和自我意识的形成与发展，他们开始积极主动地探究世界。但由于他们的知识、方法和技能等的匮乏，使他们在探究世界的过程中容易遭遇失败或挫折，这正是培养他们积极体验的好时机。

积极的人格特质是人们做好事情，不断超越的前提。它包括自信心、坚韧性、乐观、开放与冒险、乐于接受他人意见、积极组织系统等心理特征。自信心是相信自己的能力，相信自己能够把事情做好，相信自己会不断进步，最终能够成就一番事业。坚韧性是指持之以恒，坚持下去，哪怕遇到任何艰难困苦。坚韧性是个体获得成功的一个重要条件和必备的心理素养。人们常说，"坚持不一定会成功，但是不坚持肯定没有结果"。另外，倘若人们坚持了，即使事情没有做成，也无须遗憾后悔。乐观是指乐观地迎接挑战，乐观地面对挫折或失败，乐观地展望人生等。开放是指始终保持一种开放的心态，不墨守成规，积极并乐于接受新思想、新变化、新观念、新方法、新技术等。冒险是指敢于冒险，不保守，不"前怕狼后怕虎"。在面对危险时，敢于大胆去尝试。即使冒险失败了，也会因为自己敢于冒险而感到很自豪。乐于接受他人意见是指遇到与自己不同的意见或看法时，能够积极主动地接受，而不是在心理上抵触甚至排斥。很多时候，接受别人的意见对个体获得成功也十分重要。之所以如此，是因为每个人看问题的角度都有局限性，就像《盲人摸象》故事中所讲的六个盲人那样。那怎样来避免不足，消除自己的局限呢？最好的方法就是接受别人的意见。一个人的成功在很大程度上取决于是否善于接受别人的意见。所以，不管作为领导者或管理者，还是想要创新创业的普通人，都要广开言路，让别人积极地给自己提意见。但是，听从别人意见不是毫无分析、毫无思考地听从，而是要分析他错在哪里、对在哪里。日常生活实践表明，接受别人的意见可以改变自己认识的局限性和片面性，可以使自己看问题更加全面。积极地组织系统是指，个体能够把自己的能力、积极的心理品质组织起来，形成一个比较好的系统。该系统能够充分发挥系统效应。由于幼儿期是个体人格形成和发展的初始阶段，这一时期已逐渐形成人格雏形，因此，学前期是培养积极的人格特质的关键期和基础时期。这一时期，基础打得坚实，就会为学前儿童将来的人格发展提供更为有利的条件。

积极的反应是指个体对刺激或事件，尤其是挫折或失败做出积极的反应。它包括寻找问题的原因、获得积极体验等心理特征和行为品质。寻找问题的原因是指在遇到问题尤其是遇到挫折或失败时，积极分析原因，总结经验教训，增长智慧。要分析到底是什么原因使自己跌倒、失败，是努力不够、方法不当，还是其他问题。对原因进行分析，可以避免再犯同样的错误。获得积极体验是指对事情特别是消极事件能够有一种乐观的积极体验。任何事情都存在积极和消极的一面。就好像硬币一样，看到不同方面，会有不同的心理和行为反应。如果看到的是消极的一面，那得到的体验就是消极的；如果看到的是积极的一面，得到的体验就会是积极的。就像人们常说的"把脸朝向阳光，就不会有阴影"。如前所述，由于学前儿童在探索世界的过程中会遭遇各种各样的挫折或失败，他们对这些挫折或失败的反应如何，将影响他们的健康成长，因此，要充分利用这些挫折或失败来引导、训练他们的积极反应。

三、匠心的概念

(一) 已有的匠心概念分析

对于匠心，有许多不同的解释。为了明确匠心的实质与内涵，有必要对这些概念加以分析，以厘清它们的共同性与特异性。在此基础上，抽出它们的共同特征，再对这些特征加以概括形成本书所指的匠心的概念。不过，由于匠心的概念众多，在这里不能一一列举分析，下面主要分析一些有代表性的概念。

1. "匠心" 的解释

《现代汉语词典》将 "匠心" 解释为 "巧妙的心思"[①]。这个概念里的关键词是 "心思"，要理解《现代汉语词典》所解释的 "匠心"，就必须厘清 "心思" 的含义。

依据词典的解释，"心思" 解释为以下几个含义[②]。①愿望，想做某事的心境。②人的思考能力或才思。孟子说："(圣人) 既竭心思焉，继之以不忍人之政，而仁覆天下矣。"③思想。康有为指出："今有办事之官，而无议论之宫，譬有手足，而无心思，又以鼻口而兼耳目。不学问思辨，而徒为笃行，夜行无烛，瞎马临池，宜其从胜也。"④想法或念头。⑤人的心事。⑥人的心情。⑦人的心神或精力。⑧计谋、谋算、想办法。

在这些解释中，真正与匠心有关的含义主要是 "思考能力或才思" 和 "计谋、谋算、想办法"。如果按这样理解，就把 "匠心" 狭隘化了，使我们无法对 "匠心" 做出最恰当的理解，无法涵盖名匠所具备的心理素养的全部内涵。

2. 匠心是工匠们所具有的精益求精、专注、谦恭自省、实事求是、入魂、传承等心理素养[③]

韶涵通过对日本民间艺人的走访和对位于日本九州的雷克萨斯汽车公

---

① 孟子 . 孟子・离娄上 [EB/OL]. [2021-07-05]. https://so.gushiwen.cn/guwen/book_11.aspx.

② 康有为 . 上清帝第六书 (应诏统筹全局折) [EB/OL]. [2014-02-12]. https://www.doc88.com/p-1317109169052.html?r=1.

③ 搜狐财经 . 工业时代的 "匠心"：器物有魂魄，匠人自谦恭 [EB/OL].[2015-07-20]. https://business.sohu.com/20150720/n417113439.shtml.

司的访问，把匠心定义为：工匠们所具有的精益求精、专注、谦恭自省、实事求是、入魂等心理素养。

他认为，精益求精是工匠们做好自己的工作所必备的最基本素养和基本态度，是工匠们终生坚持的信仰和追求。尽管工匠们所从事的工作皆是普普通通的，但无论从事什么工作，他们力求把自己所做的产品和工艺做到极致，把产品和工艺不断精致化、精巧化。唯有如此，他们才能在自己的工艺或技术上不断超越。

专注是指对自己所从事的工作执着，专心于并全身心地投入自己的工作中。正因为他们具有这样的素养，才能避免浮躁，抵御住外界的各种诱惑，坚守自己的工作而不动摇。无论社会环境如何变化，行业职业如何变化，所从事的工作的收入如何变化，他们都坚守自己的事业。从所有的名匠的表现来看，他们之所以能够在自己的工作上不断精进，与他们长期专注与勤奋地工作是分不开的。

谦恭是指谦虚低调。名匠们通常都非常谦虚低调，无论他们做得多好，也从不骄傲自满，而总是认为自己做得还不够，低调做人，认真做事。正是因为他们谦虚低调，所以他们从不满足于自己的成就、技艺和工作效率，总是追求更高的技艺、更大的成就、更高的效率，由此不断地超越自我，改进自己的工艺或方法，把事情做得越来越好。由此看来，谦恭与工匠的精益求精和专注的心理素养是密切相连的。

自省是指自我省察或自我反省，即不断查找自己的问题或不足，不断地总结经验教训。该心理特征与谦恭是密切相关的。正是因为谦恭，他们总觉得自己做得还很不够，技艺远远未达到最高水平，制作的产品还存在诸多不足，需要不断改进完善。所以，韶涵把谦恭和自省放在一起作为工匠的心理品质之一。

入魂是指工匠们把自己积极的精神品质融入所从事的工作和制作的产品中，赋予它们以精神或灵魂。简单通俗地说，即是用心做事，给予器物以精神或灵魂。一个工匠之所以能够成为名匠，是因为他们是用心在做工，是把自己的良好精神品质赋予他们所制作的产品，使产品有了魂。而产品中所蕴含的这种魂或精神是无法被取代的。这就是为什么名匠制作的产品独一无二。

传承是名匠们把自己的手艺或技艺教授给别人，以把手艺或技艺传承下来，使之不断发扬光大，不至于失传的优良品质。"在雷克萨斯九州工厂的员工培训中心的展板上写着：'匠人'是具有'指'（以匠为目标的技能提升）、'体'（身体是一切的根本）、'心'（不轻易妥协）外加'指导力'的受到尊敬的人。意思是说除了技艺高超、有强健的体魄和专注用心的毅力之外，还要能够将手艺传承下来，教给别人。"① 这即是说，名匠应该有传承、弘扬自己掌握的技艺的责任心，不能在自己这里使技艺失传。所以，名匠们一般都很重视徒弟的选择和培养，力图在自己手里能培养出一些能够继承甚至能将技艺发扬光大的徒弟，对于可锻造的徒弟，他们通常十分有奉献精神，无偿地、毫无保留地把自己的技艺、自己的所思所想和经验教训传授给徒弟。前述的李万君、许启金等名匠都具有这一品质。

这一概念恰当地列出了匠心所具有的几个重要特征，其中有些特征与其他的概念相同，但也有一些特征是其他的匠心概念所不具备的，显示出对匠心的独特的看法。这对我们理解把握匠心的概念有启迪作用和借鉴价值。不过，把这些特征作为匠人们或工匠们都具有的品质，有一定的偏颇。其实，这些特征只是那些名匠们所具有的，而不是所有的工匠都具有的。韶涵只是列举了自己所观察到的名匠所表现出来的特征，并未描述出具有匠心工匠所具有的全部心理品质特征。而且其只是对匠心所包含的特征加以罗列，未能对匠心进行更高层次的抽象概括，做出一个更具包容性的、能涵盖所有匠心品质的上位概念。②

3. 匠心是一种态度和精神

有人把匠心视为工匠精神，而把工匠精神界定为"一丝不苟、精益求精、追求极致的态度，对职业敬畏、对工作执着、对产品负责的精神"③。该概念实际上把匠心界定为一种态度和精神。

---

① 搜狐财经．工业时代的"匠心"：器物有魂魄，匠人自谦恭 [EB/OL].[2015-07-20]. https: //business.sohu.com/20150720/n417113439.shtml.

② 上位概念是相对于下位概念而言的，它是一种"属概念"，是高阶概念，其内涵比下位概念小，而外延则比下位概念大，一个上位概念通常包括多个下位概念。比如，鸟是上位概念，各种各样的鸟则是下位概念；鸟相对于动物来说则是下位概念，而动物则是上位概念，它除包含鸟类外，还包含各种各样的飞鸟类动物，即它是包含所有动物在内的上位概念。在这里，匠心是一个上位概念，匠心所包含的各种心理特征或心理品质则是下位概念。

③ 搜狐网．唯有匠心，方能至善 [EB/OL].[2017-05-31].https://www.sohu.com/a/144749461_651565.

匠心是一种态度，主要是指爱岗敬业的态度，这种态度"源自于对事业的热爱，基于对人生价值的冷静思考"①，它"以理想为基，久久为功而不改初衷，精益求精而臻于至善"②。正是因为有了这种态度，才使人们工作有热情，满怀浓厚兴趣地固守自己的工作而不动摇，从而有了一份坚守工作的定力。有了这种态度，工匠们才能"耐得住寂寞，坐得住冷板凳，下得了苦功夫，形成一种宁静致远，潜心于事的定力，方能"精益求精而臻于至善"。"专于自己的本职，下得了苦功夫，耐得住寂寞，抵得了诱惑。"③只有具备这种态度，工匠们才能摒弃浮躁，抛却速成，踏实做事，努力付出，由此在平凡的岗位上取得不平凡的成就。

匠心是一种精神，是指匠心是一种不断超越、不断进取的创新精神，即"追求卓越不断超越之心，是破除成见不断创新之心"④。专注于本职工作，并不是一成不变，而是在工作中求创新，在创新中获成效。依据该概念，"匠心不仅仅是日复一日的重复，也需要拒绝墨守成规，要有自己独到的想法，精益求精。以思考为底，无思考则无变化，无变化则无创新"⑤。

这一概念富有特色地把匠心界定为工匠或匠人们所应具有的一种态度或精神，对我们理解匠心具有一定的借鉴价值或启发作用。不过，把匠心理解为工匠精神，在一定程度上窄化了匠心的概念。从概念的内涵和外延上分析，相对而言，匠心是上位概念，而工匠精神是下位概念，匠心包含工匠精神。虽然工匠精神是匠心的核心成分，最能代表匠心，不过其外延比匠心小，而内涵却比匠心大。正因为如此，它只是包含匠心的部分特征或属性，尽管它们是匠心的最主要最核心的特征和属性，但并无法涵盖匠心概念所包含的全部内容。

(二) 本书的解读

依据古今中外的名匠的表现和上述对"匠"和"心"的概念分析，可以将匠心界定为名匠共有的心理品质，其核心是名匠精神。对这一概念可从以

---

① 搜狐网. 唯有匠心，方能至善 [EB/OL].[2017-05-31].https://www.sohu.com/a/144749461_651565.
② 搜狐网. 唯有匠心，方能至善 [EB/OL].[2017-05-31].https://www.sohu.com/a/144749461_651565.
③ 搜狐网. 唯有匠心，方能至善 [EB/OL].[2017-05-31].https://www.sohu.com/a/144749461_651565.
④ 搜狐网. 唯有匠心，方能至善 [EB/OL].[2017-05-31].https://www.sohu.com/a/144749461_651565.
⑤ 搜狐网. 唯有匠心，方能至善 [EB/OL].[2017-05-31].https://www.sohu.com/a/144749461_651565.

下几个方面理解。

1. 匠心是名匠具备的心理品质

匠心是名匠具备的心理品质。名匠是有名的工匠，即在自己的工作岗位上做出显著成就的、有影响力的工匠。他们之所以能够获得一般的工匠或匠人难以获得的成就，就是因为他们具有一般工匠所不具备的优秀心理品质。换言之，他们所具有的优秀心理品质是他们获得成就的即实现自我价值也实现个人的社会价值的不可或缺的前提条件或心理根源。

名匠所具有的心理品质既有所有名匠都具有的心理品质，即名匠共有的心理品质，亦有不同的名匠所具有的与其他名匠有差异的心理品质，即借以把不同行业、不同职业、不同类型的名匠区别开来的心理素养。名匠共有的心理品质是名匠的定义性特征（defining features），它是在每个名匠身上都必然出现的特征。不同类型或职业乃至不同的名匠个体所具有的特征称为名匠的个性（描述性）特征（characteristic features），又可称为特异性特征，它们是在具体的名匠样例中时常出现，但并非在所有名匠身上出现的特征。[1]名匠的定义性特征是名匠的本质属性或特征，是对名匠的概念所做出的本质性规定。用函数式可表示概念和定义性特征及其规则的关系：$C=R(X, Y, Z, \cdots)$。即 C 是 X，Y，Z，$\cdots$ 的函数，C 是概念（concept），X，Y，Z，$\cdots$ 是定义性特征，R 是整合这些特征的规则（rule）。其中，定义性特征是构成概念的必要条件，但在缺乏规则的情况下，它们如同流沙一般，是分散的，无法形成概念。规则是对特征关系的抽象，抽象程度更高。[2][3]名匠的概念也是如此，它不同于一般的工匠，具有它自身应当且必须具有的本质属性或定义性特征。名匠的本质属性或定义性特征相对于其上位概念工匠来说又是名匠所具有的区别于一般的工匠的特异性特征或个性（描述性）特征。

2. 匠心是名匠共有的心理品质

任何人都有自己的个性，名匠也是如此，每位名匠都有自己的个性心理特征。不过，既然都是名匠，名匠就是一个整体性概念，所以，所有名匠都具有共同特征。按照前述的名匠心理特征，名匠的这些共同特征是名匠的

[1] 李炳全. 认知心理学 [M]. 武汉：武汉大学出版社，2016：136.

[2] 王恩国. 认知心理学 [M]. 北京：中国科学技术出版社，2014：269—270.

[3] 李炳全. 认知心理学 [M]. 武汉：武汉大学出版社，2016：153.

定义性特征或本质属性或特征。匠心是指名匠所共同具有的心理素养，实际上就是名匠所共同具有的心理品质，它是对所有名匠的心理素养的分析、综合与概括的结果。

3. 匠心是名匠取得成就的必要条件

如前所述，名匠是在各自工作岗位上取得成就的工匠，他们之所以能够取得成就，是因为他们具有匠心。不过，匠心不一定是工匠取得成就的充分条件，但却是工匠取得成就的必要条件。所有工匠要成为有成就的名匠，必须具备匠心。由于名匠存在于各行各业，当代社会发展又需要各行各业的人才具有匠心，因此可以说，匠心是人们在各自行业上做出突出贡献所必须具备的心理素养，是当今社会想要成就一番事业的人才应该具备的心理素养。

这就是说，匠心无论对于社会还是对于个人来说都是非常重要和必要的。每一个人要想适应快速发展的社会，有立足和用武之地，拥有实现自我价值和社会价值的平台，实现自我和社会的协同发展，就必须具有匠心品质。因此，有必要对学生开展匠心教育，以培养他们的匠心素养。而匠心的培养应当越早越好，越早培养越容易培养出来。因此可以说，匠心应当成为早期教育，特别是学前教育的内容。

四、匠心与名匠精神

名匠精神实际上就是人们通常所说的工匠精神，有时又被称为匠人精神。既然如此，为什么不直接用工匠精神？这是因为，它不是所有的工匠所具有的精神品质，而是名匠所具有的精神品格或精神特质。不过，在我国，由于人们普遍采用"工匠精神"这一说法，因此，本书也采用这一概念。另外，关于工匠精神和名匠精神，本书则根据人们的习惯使用工匠精神，介绍概念的本质时使用名匠精神。

（一）名匠精神

1. "360百科"对名匠精神的界定

"360百科"将名匠精神定义为：名匠们"对自己的产品精雕细琢、精益

求精、更完美的精神理念"①。它包括追求卓越的创造精神、精益求精的品质精神、用户至上的服务精神。

对这一概念可以做这样的理解：名匠们一般乐于不断雕琢自己的产品，不断改善自己的工艺，享受产品在双手中升华的过程。名匠的目标是打造本行业最优质的、其他同行无法匹敌的卓越产品。为实现这一目标，需要名匠们不断创造新的工具、方法、技艺或工艺（创新精神），精雕细琢，不断提升自己的技艺水平（精益求精），把产品做得越来越完美，使产品越来越能满足产品使用者日益增长的需要（用户至上的服务精神）。所有的名匠都具有这种精神。中央电视台在其系列片《大国工匠》中介绍的包括高凤林在内的众多大国工匠都具有这种工匠精神。

拓展阅读材料1-2："神技焊工"高凤林 ②

高凤林曾荣获国家科学技术进步二等奖、全国劳动模范、全国五一劳动奖章、全国道德模范、最美职工等奖项。在他的手中，焊枪是针，弧光是线，他追寻着焊光，在火箭发动机的"金缕玉衣"上焊出了一片天。正因为如此，他被称为"金手天焊"。之所以能拥有这样的称号，不仅是因为早期人们把用比金子还贵的氩气培养出来的焊工称为"金手"；还因为他焊接的对象十分金贵，是有火箭"心脏"之称的火箭发动机；更因为他在火箭发动机焊接专业领域达到了常人难以企及的高度。

高凤林在工作中敢闯敢试，坚持创新突破，将无数次"不可能"变为"可能"。20世纪90年代，在焊接我国主力火箭"长三甲"系列运载火箭的新型大推力氢氧发动机的大喷管时，高凤林和同事经过不断摸索，凭借高超的技艺攻克了烧穿和焊漏两大难关，把我国第一台大喷管成功送上了试车台；在某型号引射筒的焊接攻关中，他大胆改进，解决了近一年半没有解决的难题，保证了近1亿产值的产品交付；国家某潜艇重点型号临近试水的

---

① 360百科.工匠精神 [EB/OL].[2020-05-09].https: //baike.so.com/doc/7022611-7245514. html.

② 改编自"央视网"的《高凤林》http://news.cctv.com/2019/01/12/ARTINkJN1Dncqu3bl1 PXUW8F190112_2.shtml？ spm=C73544894212.P9moqzeXHoOr.0.0)、"搜狐网"的《高凤林》（https://www.sohu.com/a/288422810_428290）和"中工网"的《高凤林 全国总工会副主席（兼）》（http://acftu.workercn.cn/26/201810/26/181026074358472.shtml）。

关键时刻，艇上的发动系统出现故障，高凤林采用特殊技法，连夜排除了故障，保证该型产品如期下水；在用软钎焊加工的某型号发动机组件过程中，专业是熔焊的高凤林进行了一次跨专业攻关，他从理论层面认清机理，在技术层面把握关键，有针对性地在环境、温度、操作控制等方面反复改进，最终形成的加工工艺使该产品的合格率达到90%（原来的合格率只有35%，且工期长）。2006年，由16个国家和地区参与的反物质探测器项目，因为低温超导磁铁的制造难题陷入了困境。此时，诺贝尔奖获得者丁肇中教授请高凤林出手相助。高凤林通过现场基础性调研考证，提出了自己的设计方案，并最终获得美国宇航局和国际联盟的认可。

"不仅会干，还要能写出来指导别人干。"高凤林一直这样要求自己。他主编了首部型号发动机焊接技术操作手册等行业规范，多次被指定参加相关航天标准的制定。在技术传承上，高凤林毫无保留地把自己积累的丰富经验传授给年轻人。他摸索总结出一套人才培养和管理的方法，他所倡导的"师带徒""一带一""焊接育人法"，在实践中得到广泛认同和应用。先后培育出五名全国技术能手和一名央企技术能手。他所在的班组被命名为"高凤林班组"，成为航天一院首个以劳模名字命名的班组。作为班组建设示范基地，"高凤林班组"在出模式、出成果、出人才、出经验方面充分发挥了典型示范和辐射带动作用。班组与航天系统内外30余个班组结对共建，开展多种交流和合作。通过技术合作解决航天发动机焊接研制等20多项重大科研课题。在高凤林的带领下，"高凤林班组"凭借骄人的业绩相继荣获"全国工人先锋号"、全国学习型优秀班组、全国安全生产示范班组、中央国有企业学习型红旗班组"标杆"等多项荣誉称号。2011年，人力资源和社会保障部授予高凤林班组"国家级技能大师工作室"称号。2017年，中华全国总工会授予高凤林班组"全国示范性劳模"和"工匠人才创新工作室"称号。

在上述材料中，高凤林勇于攻关，创新性地解决了许多难以解决的技术难题，是其创新精神的体现；在他的焊接技术已经是行业的最高水平时，他仍然不满足，仍不断提高自己的技术或技艺，是对精益求精精神的最为生动的注解；他为了满足我国火箭发动机发展的需要，积极思考自己的焊接技艺对造出高水平火箭的适合性，以及其对高性能火箭使用者的负责任的态度，是对顾客至上精神的体现和最佳解读。他不满足于自己的水平，不断学习和钻研，是强烈的求知欲的体现；他不私藏自己的技艺，把技艺和经验传给他人，是无私奉献精神和传承精神的体现；他不图名不图利，只为把工作做好，是敬业精神的体现。

2. 其他各种工匠精神的定义

王利中、魏顺庆把工匠精神定义为"严谨认真、精益求精、追求完美的精神"[①]。他们认为，"树匠心是弘扬工匠精神的根本，育匠人是传承工匠精神的基础，出精品是践行工匠精神的目的"[②]，其中树匠心就是树"坚守初心、执着专注，秉持赤子之心"[③]。这一定义也是列举了工匠精神的三个基本特征或构成要素，与"360百科"中对工匠精神的定义相似，只是表述不同而已。另外，其中描述的精益求精与追求完美无本质差异，缺乏创造精神和顾客至上的服务精神。

陈昊武将名匠精神定义为"一种严谨认真、精益求精、追求完美、勇于创新的精神"[④]。这一概念与前述概念一样，也是对工匠精神所包含的心理特征的罗列，缺乏对工匠精神的综合概括；其中也没有顾客至上的服务精神。

徐耀强将名匠精神界定为"一种职业精神，它是职业道德、职业能力、职业品质的体现，是从业者的一种职业价值取向和行为表现"，包括"敬业、精益、专注、创新等"[⑤]。与"360百科"中工匠精神的概念相比，该概念增加了敬业、专注，但却没有顾客至上的服务精神。由于顾客至上的服务精神体现出名匠的责任心，是名匠应具备的为顾客着想的基本品质属性，因此可以说，该界定也存在一定的不足。

郑大发认为，名匠精神包括爱岗敬业的职业精神、精益求精的品质精神、

① 人民网. 人民日报新知新觉：大力弘扬工匠精神 [EB/OL].[2018-08-07].http: // opinion.people.com.cn/n1/2017/0807/c1003-29452612.html.

② 中国共产党新闻网. 新知新觉：在新时代大力弘扬工匠精神 [EB/OL].[2020-04-20]. http: //theory.people.com.cn/n1/2020/0420/c40531-31679527.html.

③ 中国共产党新闻网. 新知新觉：在新时代大力弘扬工匠精神 [EB/OL].[2020-04-20]. http: //theory.people.com.cn/n1/2020/0420/c40531-31679527.html.

④ 中国共产党新闻网. 新知新觉：在新时代大力弘扬工匠精神 [EB/OL].[2020-04-20]. http: //theory.people.com.cn/n1/2020/0420/c40531-31679527.html.

⑤ 中国共产党新闻网. 论"工匠精神" [EB/OL].[2017-05-25]. http: //theory.people. com.cn/n1/2017/0525/c143843-29299459.html.

协作共进的团队精神、追求卓越的创新精神四个方面。[1]与"360百科"中查询到的定义相比，这一概念的合理之处是提出了爱岗敬业的职业精神和团队精神，丰富了工匠精神的内涵，使该概念与当代社会的实际更加契合，但与前述概念一样，缺乏顾客至上的服务精神。

3. 本书的看法

对名匠精神的界定，既要对已有的概念进行分析综合，又要分析综合名匠们所具有的基本精神品性。只有把二者结合起来，才能对名匠精神有一个准确的把握和界定。

根据对前述的高凤林、许启金、李万君、冯鸿昌、乔布斯等名匠们所体现出的精神和各种工匠精神的整合概括，笔者将名匠精神定义为"名匠们共同具有的、最为基本的、最为关键的核心心理素养或中心性素养，是所有想成为名匠的工匠们必须具备的基本心理素养"，具体包括敬业精神、创新精神、精益求精精神、责任心、争一流心态、奉献与传承精神等方面。

敬业是社会主义核心价值观的重要组成部分，也是中华民族的传统美德。敬业精神是人们基于对事业、职业的热爱而全身心投入、竭尽全力做好工作的精神。敬业精神是人们建功立业的基础，是各行各业优秀员工或工匠应具备的职业标准和基本素养，是通过获得工作绩效而实现自我价值的前提条件和有力保障，是各行各业员工事业成长和成功的根基。具有敬业精神的人，非常热爱自己的职业，把职业作为自己喜欢的和实现自我价值的事业，具有认真负责、一丝不苟的工作态度，积极主动地努力克服各种艰难险阻以完成自己的本职工作，并能做到善始善终。敬业精神又包括事业理想、立业意识、事业态度、事业情感、事业道德等。敬业精神萌芽于幼儿开始探索世界并做一些事情之时，到幼儿期结束时，基本形成敬业精神的雏形，因此，应当在学前期就开始培养儿童的敬业精神。

创新精神是所有名匠都具有的品质，也是他们不断提升自己技艺和取得成就不可或缺的条件，是当代社会发展需要的品质。无论是社会还是个人，只有具备创新精神，才能不断进步前行。社会在发展，时代在进步，每个人都需要不断进步和发展。要想发展，就必须具备创新精神，创新是社

---

① 光明网.什么是"工匠精神"[EB/OL].[2018-08-30]. https://dangjian.gmw.cn/2018-08/30/content_30879356.htm.

会、个人等发展的前提和有力保障。对于个人来说，只有具备创新精神，才能跟上时代步伐，在社会中找到自身的用武之地。创新精神是指具有能够综合运用已有的知识、信息、技能和方法，提出新方法、新观点的思维能力和进行发明创造、改革、革新的意志、信心、勇气和智慧。它是继承和改进的并重、借鉴与独创的并存、学习与创新的统一。创新精神包括创新意识、创新兴趣、创新胆量、创新决心、创新思维等方面。创新精神在学前期开始萌发，学前期儿童的好奇心和探新求异的心理倾向就是创新精神的雏形或原始形态。因此，应当充分利用学前儿童的好奇心和探新求异倾向，培养他们的创新精神。

精益求精精神是把事情做到极致的精神，是没有最好只有更好地不断改进自己技艺水平，在好的基础上追求更好并不断超越自己的精神。无论古今中外，任何一个人想把事情做好，想成就一番事业，都必须具有精益求精的精神。唯有如此，才能不断追求完美，把事情做到极致。当代信息社会更是如此。只有具有精益求精精神，才能避免浮夸、粗制滥造、得过且过。精益求精精神包括超越精神、至善意识、补短板意识、改进与进取精神。精益求精应该从孩子开始学做事情时就开始培养，越早培养，越容易培养出其精益求精精神。现如今，一些小学生、中学生、大学生甚至研究生做事马虎，得过且过，究其原因，与学前期没有形成精益求精的品质有很大关系。

责任是指人应当承担的职责和任务、使命。[①] 责任心是人具有责任的心态和意识，即做好自己分内之事的自觉性或承担责任的心理倾向。详言之，责任心是指个体积极主动地承担起自己对自己、他人、家庭、群体和社会的责任的意识、情感和信念以及与之相应地遵守规范、履行义务的自觉态度；是人必须且应当承担的对社会或他人责任的心态、意识和积极主动性，是个体在社会中生活必须具有的积极心理品质。有责任心的人，会自觉考虑他对他人和社会的责任，按照这种责任的要求去做，自觉主动地践行自己对他人或社会的责任与义务，时时、事事、处处为他人着想，在表现出某种行为或采取某种行动时，首先想到的是自己的责任。在产品上，主要表现为对产品的使用者负责的态度；在教育上，主要表现为对学生负责、对学生的家庭负

---

① 中国社会科学院语言研究所词典编辑室 . 现代汉语词典 .5 版 [K]. 北京：商务印书馆，2005：1702.

责、对社会需要与发展负责的自觉态度。它包括责任意识、担当意识、完成意识等方面。中国公安大学李玫瑾教授依据自己的经验指出，"责任感是孩子要承担的东西，没有分担，就不会有担当。孩子只有体会到肩膀上的压力和重量，才能真正担起责任"[①]。丹尼斯·威特利（Denis Waitley）博士曾说："只有从小就具有责任意识，孩子将来才会成为一个对自己行为负责，对组织、社群尽职的人。"[②] 在这些专家看来，责任心对人的成功来说很重要，因此家庭和幼儿园、学校必须要培养孩子的责任心，父母不教会孩子为小事负责，孩子就学不会为自己的未来负责。[③] 但遗憾的是，现在一部分家长和学前教师不注意在学前期培养儿童的责任心，错失了培养儿童责任心的基础性时期，对儿童的责任心的形成和发展造成了一定的困难，致使一些儿童连对自己的责任都承担不起来。

争一流心态是指不甘人后，争第一或一流的心态，即做自己要做的事情、所从事的职业或行业的第一的心态。概言之，争一流就是"要做就做最好"。这种心态实际上是一种"会当凌绝顶，一览众山小"并为之不断拼搏进取的精神理念，要求人们不断确立越来越大的"第一"目标，并努力实现成为第一的目标。只有具有争一流心态，才能不断给人们提供不竭的前进动力。[④]

争一流心态与精益求精精神类似，但二者的偏重点不同。精益求精着眼于自我的不断提升，而争一流心态着眼于与他人的比较或自己在群体中的位置。争一流心态应从学前期开始培养。

（二）名匠精神与匠心的关系

匠心与名匠精神的关系是上位概念与下位概念的关系，即包含与被包含的关系，匠心的概念相对来说比较宽泛。名匠精神是匠心的核心和关键，其他匠心品质是名匠精神的扩展或具体化表现。匠心是名匠们共同具有的素

---

① 李玫瑾. 心理抚养 [M]. 上海：上海三联书店，2021：1-3.

② 丹尼斯·韦特利. 成功心理学：发现工作与生活的意义. 5 版 [M]. 顾肃，刘森林译，北京：中国人民大学出版社，2009：268-269.

③ 新东方网. 李玫瑾：这四个能力孩子受益一生，12 岁前必须学会 [EB/OL].[2020-09-10]. http://xiaoxue.xdf.cn/202009/11106216.html.

④ 李炳全. 积极心理学：打开幸福与成功之门的金钥匙 [M]. 北京：科学出版社，2017：27.

养，是任何工匠或匠人想要成为名匠所必须具备的前提素养；名匠精神则是名匠们所必须具备的最基本素养、中心素养或主要素养，而不是所有匠心素养。如果说匠心像一座房子一样，那么名匠精神就是这座房子的根基，展示着名匠们的精神实质，是名匠们的灵魂。

第二节 匠心人格特征的人物分析法分析①

一、引言

匠心在我国具有悠久的历史，"百工之事，皆圣人之作也"②，可见工匠的地位非常重要。迄今，我国已是世界上的"制造大国"，但并不是"制造强国"，更没有转型成为"智造大国"。造成这个问题的原因之一是我国缺乏高技术人才，而人才的培养需要匠心的注入，因此匠心培养显得尤为重要。③由此匠心成为社会关注的焦点，成为教育不得不重视的内容。学前教育也不例外。

世界上的制造业强国都非常重视匠心，日本提出与匠心相似的概念——"职人精神"或"职人气质"，它是指从业人员身上具备的一切敬岗爱业、专注极致等的态度与品质。④日本经营超200年的企业数量居世界之首，这些老店的经营模式都不注重"做大做全"，而是专注于一种产品或技艺的不断提升。盐野米松认为，"匠"是比"职人"有更高技法与优秀品德的人。⑤在德国，"匠心"来源于新教伦理之"天职"观，认为勤奋敬业、严谨认真地履行世俗活动的责任是个人道德活动所能采取的最高形式，由此形成了德国具有浓厚的宗教特征的匠人精神⑥。匠心是德国制造业成功的法宝，

---

① 本部分主要引自：邓玉婷，马塘生，李颖雯等．匠心视域下的名匠特质探析 [J]．教育教学论坛，2020(14)：93-98．

② 肖群忠，刘永春．工匠精神及其当代价值 [J]．湖南社会科学，2015(06)：6-10．

③ 李克强总理在今年政府工作报告中聚焦：创新引领发展培育工匠精神 [J]．中国培训，2017(07)：4．

④ 王妍．日本社会"职人精神"培育研究 [D]．天津：天津大学，2018．

⑤ 盐野米松．职人气质是日本人的国民性 [J]．张韵薇，译．中华手工，2016(4)：36-39．

⑥ 杜连森．转向背后：对德日两国"工匠精神"的文化审视及借鉴 [J]．中国职业技术教育，2016(21)：13-17．

它让"德国制造"声名显赫，让德国的百年工业品牌扎堆出现，使德国经济在欧洲经济困顿时仍能保持一枝独秀。在我国，近些年来，随着国家对匠心的提倡、重视，对匠心尤其是工匠精神的研究逐渐增多。有学者认为，工匠是掌握较高技能、技术和技艺的专门人才。[①] 匠人精神是对自我的极致要求，对作品质量的决不妥协。[②] 随着研究深入，有学者对不同领域的匠心进行研究，总结出这些领域的匠心特点。李梦等人对扬州美食的文化进行研究，总结出厨师的匠心体现在精湛的刀工、制作菜品的耐心和细心上。[③] 张怡通过对儿童文学大师方卫平、赵霞等人的分析，总结出匠心的特征主要有细致、严谨、勤奋自觉。[④] 祁占勇、任雪园通过对《大国工匠》《我在故宫修文物》等纪录片所播放的内容进行分析，归纳出匠心特质并建立工匠核心素养模型，将工匠核心素养分为匠技、匠心、匠魂三大维度。[⑤] 这些研究都对我们了解匠心很有帮助。为了更全面深入地了解匠心，有必要用人物分析法对历史上和现今社会中的名匠们的心理特质进行研究。

麦尔斯－布瑞格斯类型指标（MBTI）的人格特质理论指出，不同的人格特质匹配不同的工作。[⑥] 基于此理论，可以做出如下假设：不同领域名匠的人格特质会有所不同。根据前面的一些论述，名匠的心理特质可分为共同特质和特异性特质，共同特质是指在不同领域活动中的名匠都会表现出来的人格特质；特异性特质是指在特定专业领域活动中的名匠表现出来的人格特质。到底是否如此？如果真是这样，名匠的共同特质有哪些？不同领域的名匠各自又有哪些特异性特质？为了弄清这些问题，笔者采用人物分析方法，搜集国内外著名的人物资料，对他们的共同特征和特异性特征进行分析、归纳和概括。

---

① 李小鲁. 对工匠精神庸俗化和表浅化理解的批判及正读 [J]. 当代职业教育，2016（05）：4-5.

② 王浩宇. 奇幻世界的童稚匠心——解读动画电影《熊出没·变形记》[J]. 电影评介，2018，584（6）：95-97.

③ 李梦，侯兵，徐悠然. 漫游背景下淮扬饮食文化的匠心精神及其旅游价值 [J]. 美食研究，2019，36（01）：27-32.

④ 张怡. 儿童文学理论研究的"匠人匠心"——《儿童文学的中国想象——新世纪儿童文学艺术发展论》编辑手记 [J]. 出版广角，2019（03）：61-63.

⑤ 祁占勇，任雪园. 扎根理论视域下工匠核心素养的理论模型与实践逻辑 [J]. 教育研究，2018，39（03）：70-76.

⑥ 叶卫华. 人格特质理论的探讨与运用 [J]. 江西社会科学，2004（10）：200-202.

二、研究设计

(一) 对象

从艺术家、企业家和科学家这三个领域中筛选出具有代表性的30位名匠作为研究对象。其中，艺术家选取了梅兰芳、查理·卓别林、达·芬奇等；企业家选取了乔布斯、贝索斯、华特·迪士尼、雷军、巴菲特等；科学家选了莱特兄弟、钱学森、邓稼先、居里夫人、屠呦呦、袁隆平、爱因斯坦、贝聿铭、霍金等。其中，中国名匠有14位，外国名匠有16位；科学家10位，企业家10位，艺术家10位。

(二) 工具

人物传记、CNKI数据库文献、《了不起的匠人》纪录片、BBC纪录片。

(三) 方法

运用人物分析法对世界上一些名匠的心理特征进行分析。人物分析法是对典型的有代表性的人物进行分析、归纳、概括，以厘清某类人员应具备的心理品质或特质的一种研究方法。[①] 这种方法可以对单个人物进行分析和对多个人物进行比较分析。马斯洛选取了历史上最具影响力、最备受称赞的一些人，从而概括出了能够自我实现的人身上具备的14种人格特征，提出了自我实现的概念。[②] 这说明，人物分析法是研究人的心理和行为特征的有效方法。据此，可以采用人物分析法研究匠心。

(四) 过程

阅读相关人物传记以及CNKI数据库相关文献和观看《了不起的匠人》及BBC纪录片，对所选取的名匠进行分析、归纳，概括出每一位名匠身上所具备的积极的心理品质，并将这些品质进行初步归类。在此基础上，将不

[①] 李炳全，张品芳.基于彼得原理的领导者特质探析——成功领导者特质的人物分析法研究 [J].技术经济与管理研究，2012(09)：44-48.

[②] 马斯洛.动机与人格 [M].许金声，等，译.北京：华夏出版社，1987.

同领域的名匠所具备的积极心理品质进行比较，总结出名匠身上所具备的共同特质以及每个领域的名匠所具备的特异性特质。

三、研究结果

通过人物分析法，笔者共归纳出 20 种特质。根据王登峰等学者构建的中国人的人格七因素特质模型，[①] 把 20 种特质归入外向性、行事风格、处事态度和才干四个类别。如表 1-1 所示，其中属于外向性因素的有 3 个；属于行事风格因素的词语有 9 个；属于处事态度因素的词语有 3 个；属于才干因素的词语有 5 个。坚毅、敬业、精益求精、创新这四种特质为各领域的名匠所具有，因此，可把它们归类为共同特质。

表 1-1 30 位名匠特质分析结果

外向性			行事风格			处事态度			才干		
项目	人数	百分比	项目	人数	百分比	项目	人数	百分比	项目	人数	百分比
敢于冒险	10	33.33%	敬业	30	100%	淡泊名利	6	20%	创新	30	100%
自信	4	13.33%	执行力	13	43.33%	献身精神	5	16.67%	精益求精	30	100%
幽默	2	6.67%	细心	12	40%	诚实	4	13.33%	坚毅	30	100%
			勤奋	12	40%				精湛专业技能	23	76.67%
			耐心	11	36.67%				钻研	15	50%
			洞察力	11	36.67%						
			专注	10	33.33%						
			严谨	10	33.33%						
			虚心	7	23.33%						

① 王登峰，崔红.中国人人格七因素量表（QZPS-SF）的信度与效度 [J].心理科学，2005(04)：944-945，925.

由表1-2可知，在外向性维度中，有80%的企业家、20%的科学家具备敢于冒险特质。由此可见，敢于冒险是企业家的特异性特质。

表1-2　30位名匠外向性的分析结果

	科学家		企业家		艺术家	
	人数	百分比	人数	百分比	人数	百分比
敢于冒险	2	20%	8	80%		
自信	2	20%	1	10%	1	10%
幽默	1	10%	1	10%		

由表1-3可知，在行事风格维度中，有70%的科学家、10%的企业家、20%的艺术家具备严谨特质。由此可见，严谨特质是科学家相对于其他行业的名匠来说比较独特的特质。有80%的企业家、30%的科学家具备洞察力特质。这说明，洞察力特质在企业家中比较突出。有70%的艺术家、20%的企业家和30%的科学家具备细心特质，有20%的科学家和企业家具备耐心特质，有20%的科学家和10%的企业家具备专注特质。由此可见，细心、耐心、专注是艺术家相对于其他领域的名匠来说所具有的特异性特质。

表1-3　30位名匠行事风格的分析结果

项目	科学家		企业家		艺术家	
	人数	百分比	人数	百分比	人数	百分比
敬业	10	100%	10	100%	10	100%
执行力	4	40%	5	50%	4	40%
细心	3	30%	2	20%	7	70%
勤奋	2	20%	4	40%	6	60%
耐心	2	20%	2	20%	7	70%
洞察力	3	30%	8	80%	0	0%
专注	2	20%	1	10%	7	70%
严谨	7	70%	1	10%	2	20%
虚心	2	20%	2	20%	3	30%

如表 1-4 所示，在处事态度维度中，有 50% 的科学家具备献身精神。

表 1-4　30 位名匠处事态度的分析结果

项目	科学家		企业家		艺术家	
	人数	百分比	人数	百分比	人数	百分比
淡泊名利	2	20%	1	10%	3	30%
诚实	2	20%	1	10%	1	10%
献身精神	5	50%				

如表 1-5 所示，在才干维度中，有 90% 的科学家、20% 的企业家和 40% 的艺术家具备钻研特质。这说明，钻研特质在科学家身上较为突出。

表 1-5　30 位名匠才干的分析结果

项目	科学家		企业家		艺术家	
	人数	百分比	人数	百分比	人数	百分比
精益求精	10	100%	10	100%	10	100%
创新	10	100%	10	100%	10	100%
坚毅	10	100%	10	100%	10	100%
精湛的专业技能	10	100%	3	30%	10	100%
钻研	9	90%	2	20%	4	40%

四、讨论

(一) 共同特质

研究发现，三个领域中的名匠都具备的共同特质为：敬业、精益求精、创新和坚毅。

所谓敬业，就是敬重、认同、珍惜、热爱自己所从事的职业。它集中表现为人们对自己所从事的职业的态度。[①] 敬业精神体现的价值主要包括个人

---

① 杨业华，于雨晴. 论大学生敬业价值观的培育和践行 [J]. 思想教育研究，2015 (02)：82-86.

价值与社会价值两方面。对于个人来说，敬业是获得事业成功的内在动力，也是追求自我价值感、寻找人生意义的重要途径。有了敬业特质，从业者才会干一行爱一行，尽职尽责做好自己的工作，并把职业作为生命信仰，把事业化为生命的内在要求，从而在追求成功的道路上获得幸福感。对社会来说，敬业是当今社会主义核心价值观的重要内容，承载着行业角色与职业行为，对社会有着非常积极的价值。袁隆平研究杂交水稻是一个从无到有的过程，这其中缺不了敬业精神为其保驾护航；袁老在年纪很大时依然奔波于田间地头，为世界水稻事业努力奋斗。艺术家卓别林在拍摄电影的时候为了凸显真实的喜剧效果，他每天都要练习从楼梯上摔下来、掉进湖水里、坐在一个放满糨糊的木桶上，可见他对工作的认真与负责。从他们身上可以发现，敬业是事业成功的重要因素，是匠人们内在的职业信仰，也是人们具有的匠心与积极的人生态度的必要条件。

精益求精在态度上是高标准、严要求，在行动上是反复制作、反复检查，永不止步。在研究中发现，精益求精的匠人大都表现出适应性完美主义，主要表现为他们能够在所从事的领域中体验到满足感与自我效能感，将注意力集中在把事情做好上；在每次失败后都能重新站起来继续甚至加倍努力，从失败中总结经验，从而把作品完成得更好。精神分析大师阿弗雷德·阿德勒（Alfred Adler）认为，人类最根本的目的就是不断地适应他所处的生存环境，促使人类不断改变自己、发展自己的内在动力就是追求完美。[①]钱学森认为，科学没有最后，只有不断地修改、完善，才能做出令自己满意的研究。因此，他的研究从来都是反复演算、反复验证之后才展示在世人面前。正是凭着精益求精精神，钱学森带领团队在条件极其艰难的情况下为"两弹一星"事业做出突出贡献，后又征服航天技术。有学者对德国、日本的百年企业研究发现，想要制作精良，必须要慢工细活、精益求精。[②]

创新是名匠成就事业必不可少的精神驱动力。名匠大都有很强的创新意识，并在成果转化过程中斟酌每一个细节，最终完成创作。在创新的过程中，学习能力是不可忽视的因素，个体的持续学习能力使个体不断吸收周围

---

① 孙颖，廖星. 国内外完美主义研究综述 [J]. 沧州师范专科学校学报，2010，26（03）：78-80.

② 张孝评. 德日"工匠精神"中国怎么学——坚持"慢工细活"不浮躁推崇"精益求精"加创新 [J]. 农机质量与监督，2016（05）：40-41.

环境的新知识、独特观点以及他人的相关经验，并把它们内化为自己的资源，使自己的思维更加灵活，从而为创新打下夯实的基础。[1] 艺术家王羲之学习百家书法之长，形成了自成一家的、洒脱自然的王氏书法。[2] 心理学研究表明，个体的创造自我效能感越强，会更加有信心研究所从事领域中的尚未被研究的未知部分。[3] 一般而言，创新行为充满不确定性和挑战性，当名匠在创新的过程中遇到了挫折和瓶颈时，其创造效能感会让他们调动自身的优势资源去突破当前所遇到的困境，从而产生创造性行为及新产品。白学军、姚海娟的研究表明，高创造性思维水平者在有时间压力条件下的干扰效应量显著小于无时间压力条件下的干扰效应量；[4] 在有时间压力条件下，个体创造性思维的流畅性会增加。

坚毅表现为个体对目标坚持不懈地努力和具有持久的热情。[5] 达科沃斯（Duckworth）等人的研究表明，不管在哪一领域，但凡获得巨大成就的人，都具备坚毅这一人格特质。[6] 不管是谁，实现自我目标尤其是重大目标的过程都不是一帆风顺的，总会遇到各种困难和挫折，只有坚毅的个体能够坚持不懈地追求自己的目标，敢于面对和克服各种困难，所以其才能最终取得成功；而不坚毅的人恰恰相反，他们容易屈服于逆境和瓶颈。卢卡斯（Lucas）等人研究表明，坚毅能使个体产生积极的情绪体验，[7] 由于困境往往容易给人造成挫败感，不坚毅的个体往往会因挫败感造成的消极情绪影响而陷入其中无法自拔；相反，坚毅的个体在面对挫败时常常愈挫愈勇，善于从失败

① 刘镜，赵晓康，马书玲，等．我国知识型员工创新能力感知的多维度量表开发 [J]．科技进步与对策，2019，36（09）：143-150．

② 张金梁．不断创新成就王羲之书法 [N]．辽宁日报，2015-12-18．

③ 黄庆，张梓暖，蒋春燕．有激情的员工更能创新吗——基于认知视角的调节中介模型 [J]．科技进步与对策，2019（12）：1-7．

④ 白学军，姚海娟．高低创造性思维水平者的认知抑制能力：行为和生理的证据 [J]．心理学报，2018，50（11）：1197-1211．

⑤ DUCKWORTH A L，PETERSON C，MATTHEWS M D，et al. Grit: Perseverance and passion for long-term goals[J]. JOURNAL OF PERSONALITY AND SOCIAL PSYCHOLOGY, 2007, 92（6）: 1087-1101.

⑥ DUCKWORTH A L，PETERSON C，MATTHEWS M D，et al. Grit: Perseverance and passion for long-term goals[J]. Journal Of Personality And Social Psycholocy, 2007, 92（6）: 1087-1101.

⑦ LUCAS G M，GRALCH J，CHENG L，et al. When the Going Gets Tough: Grit Predicts Costly Perseverance[J]. Journal of Research in Personality, 2015, 59: 15-22.

中总结经验教训，让自己更有信心。心理学研究表明，个体的唤醒水平会随着时间的推移而逐渐下降，不坚毅的个体往往是"三分钟热度"，无法坚持。而坚毅的个体尽管在低唤醒水平下，依然会坚守自己的目标，直到取得成功。如果个体的目标得以实现，其唤醒水平会再次上升，进而产生自我实现的积极的情绪体验，形成良性循环。例如，贝聿铭花费13年设计修复罗浮宫、花费12年设计林肯博物馆，数张设计稿，数次推倒重来，从选址到修建，他始终坚持不懈，若是没有坚毅性，肯定是做不到的。

（二）科学家的特异性品质

笔者研究发现，有七位科学家具备严谨特质、九位科学家具备钻研特质、五位科学家具备献身精神特质。

严谨指严肃谨慎的态度，在对待事情上具有细致、周全的考虑和完备的计划。有研究指出，"两弹一星"科学家具有严谨诚实、勤奋刻苦的素养。[①] 在科学研究中，缺乏严谨求实的态度，就很有可能出现数据造假、抄袭等学术行为不端行为，会对学术研究和科技发展造成恶劣影响。钱学森在原子弹设计过程中谨慎细致，对每一道数学公式都进行反复运算检验，数据结果从不出错，将严谨的科学态度贯穿于科学研究全过程；莱特兄弟为了调查研究"从前缘到后缘的机翼翘曲的比率"，连续三个月夜以继日地在一间小房子里运算直至得到结果，严谨的科学态度使他们对彼此的要求近乎严苛。

钻研精神是指深入地、费尽心思地研究问题的品质。钻研对于科学家来说是职业所需。[②] 这是因为，科学的浩瀚往往需要探索精神，科学问题的无限性势必要求研究者具备持久不息的、顽强的探索精神和刻苦钻研精神[③]。只有有钻研精神，才能使得科学家从问题的表象剥离出问题的本质。科学研究没有止境，需要静心钻研才能探索得更深更远。屠呦呦为了研究治疗疟疾

---

① 牛健，王哲."两弹一星"功勋科学家的人文素养探析 [J].科技创业月刊，2014，27(11)：155–156.

② 王泉泉，魏铭，刘霞.核心素养框架下科学素养的内涵与结构 [J].北京师范大学学报 (社会科学版)，2019(02)：52–58.

③ 郭继民.科学家的品质、开拓的境界及可能的责任 [J].江南大学学报 (人文社会科学版)，2016，15(02)：27–32.

的药方，先后调查了 2 000 多种中草药制剂，在实验结果不理想后，又一头扎进了文献堆钻研分析，最终找到提取青蒿素的方法。

忘我献身是科学家成功的人文成因之一。[①]对科学家来说，献身精神是一种由内向外展现出来的科学素养。科学家的自我实现需要的满足是通过完成科研目标，并由此获得社会认同和体现自己对社会的价值而实现的。[②]因此，可以说献身精神是科学家的自我价值实现的体现。研究表明，科学研究要取得成就，研究人员就不能有功利主义思想。唯有如此，他们才能摆脱各种干扰，专注于科学研究。否则，就会被内心所生起的名利扰乱，不能静下心来专心研究。对于科学家而言，追求真理的过程既是美妙的，同时也是寂寞甚至残酷的，只有那些勇于奉献、醉心于研究过程的科研人员，才更有可能揭开科学一层又一层的神秘面纱。像居里夫人、屠呦呦这样的科学家之所以能够做出巨大成就，其中很重要的原因就是他们具有奉献精神，甘于寂寞，醉心于科学研究本身。

(三) 企业家的特异性品质

研究发现，共有八名企业家具备洞察力特质和敢于冒险特质。

优秀的企业家大都高瞻远瞩，也就是具有洞察力。在企业发展过程中，能否成功地抓住机遇，很大程度上取决于企业掌舵人的洞察力水平。从企业发展的角度看，如果企业负责人能够对市场动态精准把握和及时观察，那么他就能够敏锐捕捉到投资方向，发现竞争的突破点，从而一击即中。这在当代社会尤为重要。当代社会是信息爆炸的社会，人们的需求日趋多元化。如果企业负责人把目光放到某一未凸显的潜在领域并从中捕捉到商机，那他就有可能从这方面入手，注重企业研发团队的建设和专利技术方面的投入，从而实现产品的研发和创新，为企业的成长积蓄能量。这说明，企业家的洞察力是企业家带领整个企业在商海中拼搏的重要能力。[③]例如，石油大王洛克菲勒看到宾夕法尼亚州出现许多疯狂采集原油的企业，就敏锐地预见到原油市场将出现供过于求的局面，于是他抓住了机遇投资石油，从而一跃成了石油

① 李忆华，刘慧玲 . 科学家成功的人文动因 [J]. 卫生职业教育，2007，25（15）：150–152.

② 陈楚伟 . 满足科学家需求的心理机制浅析 [D]. 长沙：中南大学，2004.

③ 陈伟钢 . 中国企业走出去战略领导力研究 [D]. 上海：上海交通大学，2014.

大王。

敢于冒险是许多企业家具有的特质之一。企业家作为公司的领导者，其行为必定会影响企业的发展。有研究表明，在内隐冒险倾向水平偏低的企业负责人的领导下，企业更加倾向于维持或满足现状，而这样的只求维持或满足于现状的企业很有可能错过发展的重要机遇。[①]有研究者通过对上市公司的研究发现，企业家冒险倾向同公司业绩呈显著正相关。[②]之所以出现这样的结果，是因为企业家所具有的敏锐的洞察力，使他能预见市场未来的走向、企业当前和未来所处的市场环境，从而采取恰当的冒险行为。这种冒险行为不是冲动行为，而是在综合研判的基础上表现出的冒险行为，尽管有可能会失败，但失败的概率相对较小。这种冒险行为在一定程度上能够促进企业加快创新速度，从而有助于该企业在未来的潜在市场中获取先机。例如，苹果公司文化的核心是鼓励创新、勇于冒险的理念。当乔布斯宣告进入平板电脑市场时，没有人看好这个产品，但乔布斯坚持开拓 iPad 市场。这个冒险而大胆的决策最终引领世界走向一个更方便的信息化时代。[③]

(四) 艺术家的特异性品质

研究发现，共有七位艺术家具备专注、耐心和细心等特质。

艺术家的专注主要体现在其对专业技能的锻造和对其专业领域的热爱。艺术家的专注状态是一种心流（mental folw）体验，心流在艺术家创作过程中起着重要作用。米哈里·契克森米哈（Mihaly Csikszentmihalyi）认为，心流是一种人们因为过于沉浸在一项活动中而忽略身边一切事物的状态。人们在心流状态下最为快乐，这是一种对正在进行的活动和所在情境的完全投入和集中。心流使个体体验到成就感和幸福感，[④]是人的行为的非常重要的激励因素。就艺术家而言，在专注的状态下，能一直保持对艺术创作的热忱，

---

① 尹俊，裴学成，李冬昕. 领导者的内隐成就动机、冒险倾向与企业国际化的关系 [J]. 南京师范大学学报 (社会科学版)，2013(02)：53-59.

② 王素莲，赵弈超. R&D 投资、企业家冒险倾向与企业创新绩效——基于不同产权性质上市公司的实证研究 [J]. 经济与管理，2018，32(06)：45-50.

③ Drew Hendricks. 七位敢于冒险并取得成功的首席执行官 [J]. 中国外资，2014(17)：52-53.

④ Kasa M, Hassan Z. Antecedent and Consequences of Flow: Lessons for Developing Human Resources[J].Procedia-Social and Behavioral Sciences, 2013, 97：209-213.

不会随着时间的流逝，减少对艺术创作的投入。心流容易使人取得成就，获得成就感，而成就感会让艺术家有更强烈的内在成就动机，此时他们不需要来自外界的奖赏与强化，为了持续地体验心流，艺术家会挑战更复杂的艺术创作。随着艺术家不断地应对创作过程中的挑战，他们的技能水平也得到了提高。有研究发现，心流与工作满意度成正相关，[①]个体在工作满意度高的条件下会更愿意在这个工作岗位上有所作为。专注状态会使艺术家更加忘我地投入到他们的创作过程中，同时也会更加满意他们的作品，不断地创作也使得他们在艺术造诣上"更上一层楼"。同时，心流使个体把注意力高度集中于当前所从事的活动，[②]自动排除和过滤那些与艺术创作无关的各种因素，这样他们就能更好地完成艺术创作。例如，錾刻工匠孟剑锋在工作时仿佛进入了一个让其忘记时间存在的世界，长时间不抬头，忘我地工作。正因为如此，他在自己的錾刻事业上取得了巨大成就。

耐心是指不急躁、不厌烦地完成自己工作的人所表现出来的积极的心理品质。耐心不仅是当今社会的一种稀缺品，更是艺术家身上难能可贵的品质。艺术家的耐心表现为对生活的细致观察。艺术源于生活又高于生活，艺术家通过在生活实践中直接或间接地观察，调动自身创作的积极性，诱发自身的创作灵感。[③]艺术家的耐心也体现在艺术的创作上。艺术品是一种情感表达方式，[④]也是艺术家个人精神的象征。由于艺术家在艺术品上耐心雕琢，因此，细心的人们在艺术品的每一个微小细节上都能体会到艺术家情感的表达。反之，每一个缺乏耐心的艺术品缺失的不仅仅是细节的美感，更是艺术的完整性和艺术本身的内涵及核心要素。例如，书法大师王羲之自幼喜爱书法，不断钻研与学习，不厌其烦地一笔一画临摹，使他的书法成为其表达自己灵魂的艺术形式。可见，他之所以在书法艺术领域有巨大的影响力，不仅是因为其高超的书法水平，还因为他在书法上具有沉淀下来的耐心。在时间的历练下，耐心成了艺术家攻克难关的利刃。

① 常瑞华，王苗苗，相青，等.人格对工作满意度的影响：心流的中介效应和调节效应 [J]. 中国健康心理学杂志，2016，24(03)：393-396.

② 任俊，施静，马甜语 . Flow 研究概述 [J]. 心理科学进展，2009，17(1)：210-217.

③ 宋伟，李硕 . 浅谈艺术创作与艺术灵感 [J]. 艺术教育，2018(21)：57-58.

④ 于永顺，刘雪清 . 情感——审美想像的动力 [J]. 沈阳师范大学学报 (社会科学版)，2003(05)：58-61.

细心在艺术家创作的过程中起到了极大的作用，也是大多数成功者所具有的人格特质之一。[①]对艺术家来说，细心的意义体现在他们对自身作品轮廓的整体把握，关注到作品中他人未注意到的细节。艺术家的灵感来之不易，这要求他们细心留意生活中的每一处细节，结合自身的思想和经历将其转化为创作素材。由此，他们努力捕捉生活细节，通过加工、提炼、充实，使生活本身具有的色彩、光泽和情调显现出来。[②]例如，喜剧大师查理·卓别林凭借细致的心思，在表演中把握自身神态和肢体动作，从而在全世界赢得了非凡的声誉；旗袍大师褚宏生除了根据客人的身形尺寸来定制旗袍，他还通过了解客人的喜好、经常出席的场合、气质等，制作出凸显客人韵致的旗袍。常言道，"细节决定成败"，倘若艺术家做事粗枝大叶，工作态度不端正，自然就无法创造出表达感情的伟大作品，这样的作品也不会得到世人的重视。反观那些对每个细节反复推敲的艺术家，他们都因其细心而创作出了令人叹为观止的作品。

第三节　匠心的特征

结构是指事物的构成要素及其相互联系或联结和相互作用的方式。依据这一概念，在对结构进行分析时，首先要清楚结构的构成要素，在此基础上再厘清事物的各构成要素之间的关系和它们相互作用的方式。这就是说，结构分析要先确定系统由哪些基本要素组成，然后分析要素之间的某种稳定联系和组织方式，从而从整体上把握系统行为。结构分析具有一般方法论意义。"最著名的把握结构的数学方法是群论……它把结构分析法作为一种把握事物整体特征的一般方法，迅速引进各研究领域。"[③]对匠心结构的分析也是如此。依据前文对匠心概念的分析，匠心可分为名匠精神和名匠人格特质两方面。名匠精神前已有述，在此主要对名匠的特质加以分析。

依据对古今中外的名匠们的心理特征分析，可以看出拥有匠心的人主

---

① 铃木秀子. 走向成功的九种性格 [M]. 杭州：浙江人民出版社，2003.
② 王连山. 论细节的艺术魅力 [J]. 辽宁大学学报 (哲学社会科学版)，1984(4)：92-96.
③ MBA 智库百科. 结构 [EB/OL].[2017-01-06]https://wiki.mbalib.com/wiki/%E7%BB%93%E6%9E%84.

要具备如下相互联系的几个心理品质。

一、驭心力

驭心力是指驾驭或掌控自己的心的能力，它是避免外部诱惑、内心不平衡以及抵御外部各种诱干扰所必须具备的心理素养。

一个人究竟会成为什么样的人，取决于他对自己的心的掌控或驾驭。能够驾驭自己的心，使之不被外界各种人、物、事干扰或诱惑，就可成为自己想成为的人；否则，驾驭不了自己的心，使之被外界各种人、物、事干扰，就会被烦恼所困扰。

对成败而言，有较强的驭心力，能够驾驭自己的心，就很容易排除外界干扰，不受别人的成败与言语等影响，不跟风，始终把握自己的方向，按自己的"道"走，做自己该做的能做的，这样就容易成功。否则，驾驭不了自己的心，容易受外界事物或他人的影响，缺乏自己的主见，就很容易失败。可见驭心力对人的重要性，它决定着人的命运是否掌握在自己的手里。驾驭住自己的心，命运就掌握自己手里；反之，若驾驭不了自己的心，命运就可能被交给他人或外物。

对于心理健康而言，造成人们心理不健康的一个重要方面是因驭心力差而伤我、失我，即因与别人比较，羡慕甚至嫉妒别人而迷失自我。驭心力强的人，对他人不盲从，他们相信自己的能力，尊重自己的选择并有勇气捍卫自己的观点，即使是众人对他不理解、质疑乃至指责，也毫不动摇、勇往直前。他们能够使自己不追求自己力所不及的事情；不为自己做不到的事情而懊悔、遗憾；不嫉妒别人取得的而自己无力取得的成就；量己之力而行，保持一种平和之心；不迷失自我，能够发现自己独特的价值、生命意义以及"用武之地"，能够找准自己的特点，走自己的独特之路；相信自己，不断给自己以鼓励，坚信自己能够克服任何艰难险阻；瞅准方向，坚定地走下去。这些都是保持心理健康，走向成功的必备条件。[①]

驭心力的培养应该从学前儿童发展出自我意识时就开始。学前儿童有了自我意识，就可以对自己的行为及其结果进行认知，依据活动的目标对自己的行为加以控制，这就为培养他们的驭心力提供了心理条件。

① 李炳全，张丽玲 . 人际关系心理学 [M]. 北京：科学出版社，2017：158.

二、定力

定力是心不为任何外部干扰所扰乱的能力，即正念坚固，不随物流、不为境转，心地清净，不被假象所迷惑，不为功名利禄而动心，不为他人的言行而迷失自我的能力。

定力对于任何人来说都非常重要。不受诱惑靠定力，成就大事获取成功靠定力，保持心理健康仍然需要定力。无论做什么事情，从事哪个行业，都需要定力。有定力，才能耐得住寂寞，经得起失败或挫折，不畏惧困难；才能有所成就。反之，缺乏定力，就容易急功近利，为浮名近利所诱惑，被外物搅扰得心神不宁，被困难所吓倒，半途而废，吃不得苦，耐不得劳，心猿意马，心神慌乱。在某地曾经发生过这样的事：一些参加高考的考生的家长怕树上的知了鸣叫、考场旁的街道上的汽车轰鸣声等影响孩子考试，把树上的知了赶跑，拦阻街道不让汽车过。但他们没有想过，孩子参加高考这样的重大考试，如果毫无定力，还被知了鸣叫、汽车路过的声音影响，那这样的孩子即使能考出好成绩，也不一定会在将来取得成功。这即是说，定力对于人来说十分重要，即使是非常聪明的人，若没有定力，一样会因心有所乱而一事无成。

正是由于定力如此重要，人要成为名匠，必须具备定力；定力的培养，应当从学前儿童具有意识和自我意识时开始培养，这时培养定力，相对来说更容易、更稳固。

三、自强不息

自强不息是中国文化精神之一（张岱年先生等许多大家认为中华民族精神是自强不息和厚德载物 ①②③）。自强不息主要表现为，无论遇到任何艰难险阻，都毫不畏惧和退缩，而是想办法解决问题，在解决问题中不断成长，不断战胜并超越自我。钻木取火、愚公移山、大禹治水等都是自强不息的体现。自强不息中包含着自我超越、刚毅坚卓、发愤图强、拼搏进取、勇于克

---

① 张岱年.《周易》与传统文化 [J]. 周易研究，1991（01）：5-7.
② 张岱年. 中国传统文化的分析 [J]. 理论月刊，1986（07）：34-39.
③ 张岱年. 中国传统文化之我见 [J]. 人民论坛，1998（06）：50.

服艰难困苦、迎难而上等文化心理特征。[1]前述的许多名匠都有自强不息的内在动机，正因为如此，他们不懈地追求更高目标，不断实现自我超越[2]。

自强不息精神应当在个体的幼儿阶段就开始培养。这是因为，随着幼儿活动能力的增强，他们开始探索世界，但由于他们能力、知识经验等有限，会遇到各种各样的问题和困难。当幼儿遇到问题和困难时，教师和家长要鼓励他们想办法解决，这样他们的自强不息精神就会被逐渐培养出来。

四、厚德载物

厚德载物与自强不息一样也是中国文化精神，它主要表现为对艰难困苦和外部压力的承受力和转化力，即化功（把压力转化为动力，把消极转化为积极，把"危"转化为"机"的能力），是指人们无论遇到任何困境和巨大压力，都能够去承担，并把它转化为自身成长与发展的动力。就像厚实的大地一样能够承受和容养万事万物，在受到任何压力时都能提供抗衡压力的反作用力，压力越大，战胜压力的反作用力越大。

厚德载物是每一个想要取得成就的人都必须具备的心理素养。因为没有厚德载物，就无法承受巨大的艰难困苦和挫折失败，会被它们所击倒，就更谈不上战胜它们并前进发展。比如，在成为名匠的过程中会遭遇到众多且沉重的压力，在面对这些压力时，能否承受甚至把压力转化为动力成为人们成功的关键。现今许多人产生心理问题，究其原因，主要是他们不具有厚德载物的心理特质，或者德不够厚，承受不了生活中的多方面重压。但也有一些人，虽然也承受着这些压力，甚至承受着比他们更大的压力，却在不断提升自我，超越自己，最终登上成功的峰顶。究其原因，主要是他们具有了厚德载物的心理特质，有效承受压力并实现了压力向动力的转变。凡是成功者，都会面临巨大压力，不管是社会压力、生存压力，还是自我施压，但他们并没有因此被压垮，而是成功地把压力转化成动力。[3]美国斯坦福大学的

① LI BING-QUAN, DU HAI-XIN. The Roots of Chinese Cultural Psychology that China Cope With COVID-19 Disease[J/OL]. Advances in Social Sciences Research Journal, 2020, 7(7): 872-881.
② 李炳全. 大学生就业创业成功之道 [M]. 北京：企业管理出版社，2021：197-198.
③ 李炳全，杨威. 大学生逆商培养理论与实践研究 [M]. 北京：中国书籍出版社，2019：6-7.

心理学教授凯利·麦格尼格尔（Kelly McGonigal）认为："最幸福的人并不是没有压力的人。相反，他们是那些压力很大，但把压力看作朋友的人。这样的压力，是生活的动力，也让我们的生活更有意义。"[①] 由此看来，厚德载物在充满竞争和压力的当今时代非常重要。

有人对成功者和失败者的对比分析表明，二者的一个重要区别不是有无压力，而是能否实现压力的转化或改变。失败者通常难以实现压力的转变，在压力尤其是重压下，心理紧张、焦虑、恐慌，以至于压力成为其生活的负担、成功的障碍。而成功者在面临压力时，通常会实现压力的转变，变压力为动力。学者们对压力的一些新近研究表明，"压力会压死人"，但也会成就人。"压力压死"的人都是那些认为"压力会压死人"的人；压力成就的人都是那些把压力转化为动力并充分利用压力的人。[②] 美国学者凯利·麦格尼格尔（Kelly McGonigal）开展的一项历时 8 年的纵向追踪研究结果说明，压力对承受压力的人是有害还是有益，并不取决于压力本身，而是取决于人们对压力的认知、态度以及对压力的转换。那些认为压力有害的人，感受到压力时，其应对压力的方法或方式是退缩、逃避。而认为压力有益的人则会主动积极地应对压力，面对压力迎难而上，由此就强化了应对压力的资源，对生活的挑战更有自信，会建立和维持更亲密的社交关系。由此，他们不仅能够把事情做得更好、更有效，而且更增强了他们的心理弹性和抗挫折的心理能力，他们相信自己能够应对生活中的各种挑战，并积极地迎接未来可能遇到的各种挑战。[③④]

幼儿期是培养厚德载物素养的关键时期。这一阶段的儿童，心理发展的弹性很大，通常不会被困难、挫折或失败击垮。在这一时期，如果能够对他们进行恰当引导、鼓励或激励，就很容易培养起他们的厚德载物素养。反

[①] 引自 "360 个人图书馆（http://www.360doc.com/content/18/0203/20/29531194_727501856.shtml）" 的《斯坦福心理教授：压力面前除了逃避和死扛，你还有第三种选择》[2018-02-03] 和 "网易订阅（http://dy.163.com/v2/article/detail/DMO8V3QS051484AP.html）" 的《压力面前除了逃避和死扛，你还有什么选择》[2018-07-15].

[②] 李炳全，杨威. 大学生逆商培养理论与实践研究 [M]. 北京：中国书籍出版社，2019：58-59.

[③] Kelly McGonigal. The Upside of Stress: Why Stress Is Good For You, and How To Get Good At It[M]. New York: Penguin Publishing Group. 2015：80.

[④] [美] 凯利·麦格尼格尔. 自控力：和压力做朋友 [M]. 北京：北京联合出版公司. 2016：85-90.

之，如果在他们遇到挫折、失败、艰难困苦时教师和家长处理不当，就会失去培养他们的厚德载物素养的最佳时机。

五、传承力

传承力是把自己的技艺传给其他人或是下一代以使该技艺传递下去并发扬光大的能力或素养。前已有述，此不赘述。

在学前期培养幼儿的传承力时，应引导他们把自己的经验分享给他人，把自己掌握的方法、技能等教给其他小朋友。久而久之，他们的传承力就逐渐培养出来了。

六、奉献精神

奉献精神是"一种爱，是对自己事业的不求回报的爱和全身心的付出。对个人而言，就是要在这份爱的召唤之下，把本职工作当成一项事业来热爱和完成，从点点滴滴中寻找乐趣；努力做好每一件事、认真善待每一个人"[1]。当代名匠比尔·盖茨、乔布斯、钱学森等身上都表现出了奉献精神。有了奉献精神，就不会患得患失地束缚自己的手脚，才会不计个人得失努力做事情。这样，才能真正把工作做好。

奉献精神也是在儿童学前期应当培养的心理素养。这是因为此时幼儿还未形成太多的功利性、自私等品性，在这一时期培养他们的奉献精神相对来说比较容易。

七、合作精神

合作是两个及以上的有差异性的个体之间为了实现各自目标或满足各自的需要而相互配合、协调一致。[2] 在当今社会，由于社会分工越来越细，要求人们必须相互配合，这样对合作的要求就越来越高。只有具有合作精神，才能适应当代社会的发展，并在社会中找到发挥自己价值的平台。不具

---

[1] 中国社会科学院语言研究所词典编辑室 . 现代汉语词典 .5 版 [K]. 北京：商务印书馆，2005：414.

[2] 李炳全，胡海建 . 文化心理学论有效教学条件［J］. 肇庆学院学报，2011(4)：68.

有合作精神，就会被社会所淘汰，根本谈不上发展或成就一番事业。[①]

　　合作精神的培养应从儿童开始与他人交往和进行集体活动时开始。在进行集体活动时，尤其是一些比较复杂的或较难的集体活动时，需要人与人的相互配合，这是培养幼儿的合作精神，激发他们的合作需要或动机的有利时机。家长和幼儿园教师应充分利用这样的机会培养幼儿的合作精神和合作能力。在缺乏这样的机会时，家长和教师可积极主动地创造机会，如设置一些需要合作的游戏任务等。

① 李炳全,杨威.大学生逆商培养理论与实践研究[M].北京：中国书籍出版社，2019:59—60.

第二章　学前期是培养匠心的关键期

匠心是古今中外所有的名匠都具有的心理特质，因此，要培养当今社会发展需要的大量的名匠型人才，有必要培养人们的匠心。匠心的培养越早越好，最好从学前期开始培养。主要原因是学前期是儿童匠心形成和发展的关键期，在这一时期培养学前儿童的匠心，既比较容易，也比较牢固，同时也能为个体将来的匠心形成与发展打下坚实的基础。

第一节　学前期对人的发展和匠心培养的重要性

心理学、教育学等众多学科的研究表明，学前期是人的心理发展的关键期，包括匠心在内的人的许多对其一生发展来说十分重要的积极心理品质都是在这一时期形成和发展起来的，可以说，学前期儿童心理的形成和发展对人一生的发展具有基础性、关键性。

一、个体生命周期的第一个阶段对其发展的重要性

人类个体的生命周期是从生命的形成（精子和卵子结合在一起形成受精卵）、孕育、出生、成长、衰老直至死亡的全过程。通俗地讲，就是从孕育到摇篮再到坟墓的整个过程。一般人们所说的个体生命周期主要是从摇篮到坟墓（cradle-to-crave）的人生过程，即从生到死的过程。

人的整个生命周期又可分为不同的阶段。《易经》以九年为一个阶段对人的发展进行划分，意思是在人的发展过程中，每九年会有一个大变化。尽管《易经》和其他理论对人的发展过程的阶段划分各有不同，但它们都认为第一个阶段对人的发展来说非常重要。而人生第一个阶段的大部分时间都处于学前时期。由此可见，学前教育对个体的发展十分重要。这个阶段的教育

开展得好，会为个体以后的发展奠定良好的基础。对于匠心培养也是如此。在学前期采取恰当手段对人的匠心进行培养，相对来说最为容易，也最为重要。

刘承宜等人[①]的研究结果表明，精子和卵子结合在一起形成受精卵标志着个体生命已经开始。自受精卵起，每天的能量消耗总量（total energy expenditure, TEE）会增加到一定程度，达到一定值时，人就应当开始工作。这时他的年龄是成熟工作年龄（mature working age, MWA），即应当开始工作的年龄。在这之后再进一步增加，达到人一生中的峰值，此时人的年龄是其最佳工作年龄。这个年龄是人的一生中最能做出成就或取得成绩的年龄。这就是说，通过一定时间的工作积累之后，人的一生中能取得的成就开始显现。可将该年龄称为成就年龄（achievement age, AA）。如果在这个年龄阶段，个体还没有取得成就，以后再想取得成就就会十分困难。在这之后，TEE开始逐年递减，当降低到与成熟工作年龄的 TEE 相当时，通常人就该退休休养。所以这个年龄可以称为退休年龄（retirement age, RA）。一般理想的生命周期，成熟工作年龄和退休年龄是关于成就年龄的对称[②]。依据进化医学和生命周期的计算，人一生所从事的职业的兴趣源自学前期。学前期儿童所形成的兴趣、行为习惯和心理品质等决定了其一生的方向，儿童形成的心理品质或特征在其一生能取得的成就中起着关键甚至决定性作用。有研究表明，人的音乐才能的培养和训练应在五岁前开始，五岁以后，起始年龄越大，音乐才能越不容易培养和训练起来，培养和训练所取得的成效越差。业余体校和传统戏曲对儿童进行运动素养和戏曲素养的培养和训练的最佳起始年龄也在学前期。

二、学前期对匠心培养的重要性

有人从人的生命周期的进化角度进行计算分析，发现名匠对其从事的事业的兴趣肇始于学前期。例如，英国钟表巨匠哈里森对钟表的兴趣开始于六岁，乔布斯对电子产品的兴趣开始于五岁。

① 刘承宜，胡少娟，李晓云，等.定量差异及其在体育科学中的应用[J].体育学刊，2016，23（01）：11-17.
② 刘承宜，朱玲，李方晖，等.自相似常数和定量差异及其在体育科学中的应用[J].体育学刊，2017，24（06）：72-78.

约翰·哈里森（John Harrison，1693—1776 年）对钟表的兴趣开始于学前期。根据达娃·索贝尔（Dova Sabel）的《经度》记载，在哈里森六岁时由于患上天花病倒在床，家人给他一块手表玩，他花了几个小时听滴答声，并研究它的移动组件，由此对钟表产生了浓厚兴趣。

拓展阅读材料2-1：钟表巨匠约翰·哈里森 ①②

约翰·哈里森是一个自学成才的英国钟表匠，他发明了航海精密计时器，这是人们长期寻求而且急需解决的精确定位海上船舶的经度问题的关键一环。它使大航海时代发生了革命性巨变，使安全的长距离海上航行成为可能。在 2002 年 BBC 组织的 100 个最伟大的英国人公众投票中，哈里森排名第 39 位。

约翰·哈里森出生于英国约克郡的一个木匠家庭，六岁的时候他得了天花，他父亲给了他一块表玩。他没日没夜地听表走动的声音，反反复复地拆装进行研究。长到十几岁，哈里森开始跟着父亲做木匠，白天跟着父亲出活儿，晚上在家里埋头研究与钟表相关的书。20 岁的时候，他制造出第一个几乎是全木制的落地长钟。

那时正是航海业蓬勃发展的时候，1714 年，当时的英国政府悬赏 2 万英镑（购买力相当于现在约 200 万英镑），征集解决经度问题的方法，并聘请了英国皇家格林尼治天文台（Royal Observatory Greenwich）的专家组成经度委员会，物理学家牛顿是该委员会的顾问。条件是，从英国出发，往西航行到西印度群岛，保持经度测算偏差在半度以内，也就是时间上的 2 分钟即可。一时间格林尼治门庭若市，各路人马献计献策，但并未能制定出一个切实可行的方案。

在当时，制造精确的钟表，是非常困难的事。首先，是表的内部结构会不断摩擦损耗，摆在家里随便用用都需要时常保养调校、加以润滑，更遑论航行在潮湿的海上。而且，当时的机械钟表多用的是钟摆结构，而地球并不是纯圆的，重力会随着纬度改变，稍微航行个几百海里，就不知道偏到哪里

①［美］达娃·索贝尔.经度：一个孤独的天才解决他所处时代最大难题的真实故事［M］.肖明波 译，上海：上海人民出版社：2015.
②姜少敏.拉开现代航海序幕的钟表匠——哈里森［J］.世界知识，1993(07)：31.

去了。

但哈里森很执着，决心解决这两个问题。为了解决摩擦和损耗问题，他造出了一种不需要润滑剂的钟，钟内采用了一些金属部件，并把摩擦降到了最低。这个钟在静止的状态下，可以一个月只偏2秒钟，这是当时世界上最精确的钟。1735年，他造出了第一个航海钟H1。H1有一个革命性的设计：他抛弃了因地球重力偏向而失准的钟摆，使用了金属的发条（这个结构被称为蚱蜢擒纵轮），并且对称的结构能够平衡移动和颠簸带来的扰动。

H1造出来之后，科学界轰动了。哈里森的家门每天被上门打探消息的人围得水泄不通。一年以后，哈里森开始用小型试航，往返了一趟里斯本。H1表现得非常好，在返程的路上还纠正了航船的偏向。这时候只要H1完成一趟往返西印度群岛的旅程并被证明足够精确，就完成任务了。但哈里森没有这样做。他向经度委员会申请了一笔资助，要造一个更精确、更耐用的计时设备。

第二年他开始造H2，但出现了一个重大失误，耗费了他4年时间。他抛弃了这个设计，开始造新钟H3。这个钟花了19年的时间建造完毕，但他不满意这个又大又沉的物体，又把自己的设计推翻了。他要彻彻底底地挑战传统。他设计了H4，一个直径仅仅13cm的表，并让伦敦一个表匠约翰·杰夫里帮他按照样子做出来。

他相信，只要按他的思路做，就能实现用表精确计时。1759年，这个表被造出来了。1761年11月18日，68岁的哈里森，让他的儿子威廉，带着H4航向牙买加。两个月之后航船抵达，表只慢了5.9秒！H4的第二次航行去巴巴多斯，这次差了39.2秒，但也比2分钟的标准少了2/3。1765年，经度委员提出两个条件：把制表图和制表方法公开出来，给哈理森1万镑；造两个同样精确的H4，以保证这个表是可复制的，再给余款。已经72岁的哈里森勉强接受了这个条件。

拿着这来之不易的1万英镑，哈里森开始用逐渐模糊的视力和越来越不支的身体造H5。与此同时，经度委员会派了一个制表匠，也是哈里森眼中伦敦当时最好的年轻表匠拉库姆·肯德尔，开始造H4的复制版K1。1772年，国王亲自带着H5踏上了试航，H5表现非常棒。而带着肯德尔的K1试航的，是大名鼎鼎的库克船长，他带着K1环球3年，经过了热带和寒带，

而这个表从未有超过8秒的误差，库克船长形容K1是"带我们穿越寒热的忠实的向导"。哈里森终于被承认，他用精确的机械，解决了"经度问题"，改变了航海业的命运。他的名字，被刻在了天文和航海史里。

乔布斯（Steve Jobs，1955—2011年）的寿命为56.61年。按照函数公式计算，其兴趣开始的年龄为5.04岁。乔布斯正是从5岁开始被他养父精湛的技艺所吸引。乔布斯认为，养父的"双手很有天赋。他能够修好任何东西，把任何机械物件拆开，然后再装好。这是我的第一印象。我开始被电子产品吸引，他也常常让我把东西拆开，再组装好"[①]。在其养父的熏陶影响下，乔布斯自己也开始倒腾一些电子设备，并由此对电子设备产生浓厚兴趣，为其以后做出成就奠定了坚实的基础。

拓展阅读材料2-2：史蒂夫·乔布斯[②]

1955年2月24日，史蒂夫·乔布斯出生在美国旧金山。刚刚出世就被父母遗弃了。幸运的是，保罗·乔布斯和克拉拉·乔布斯——一对好心的夫妻领养了他。

乔布斯年幼时活泼好动，他曾把一个金属发卡插到插座中，结果触电而当场昏厥。这还没完，几个月后，他和小朋友搞了个小小化学实验室，"实验"过程中，他很好奇杀虫剂的味道，于是他再一次被送到医院。5岁时，他们一家搬到了帕洛阿尔托（Palo Alto），从此跟硅谷结缘。他家住在惠普公司的一个工厂附近。老乔布斯发现儿子喜欢玩一些电子器件，但他又买不起，于是常到工厂的废品堆里找寻一些可以利用的物件。养父以制作、组装、维修电子设备的工作和尽心做好工作的态度，成了他喜欢电子零件和追求完美的启蒙者。养父常对他说，不被人看见的部分也要做好。乔布斯对养父的印象是"他喜欢做好每一件东西，就连你看不见的部件也会关注"。

养父对乔布斯特别好，尽管养父一家日子过得挺拮据，但他们尽可能为小乔布斯提供童年所需要的各种娱乐因子，譬如他们为他买回摇摆小木

---

① 360快资讯.乔布斯看养父：不是亲爹，胜似亲爹[EB/OL].[2019-06-17] https://www.360kuai.com/pc/99eb84c4ec5df2bc8？cota=3&kuai_so=1&sign=360_57c3bbd1&refer_scene=so_1

② [美]沃尔特·艾萨克斯.史蒂夫·乔布斯传[M].延玶，魏群，余倩，等，译.北京：中信出版社，2011.

马、留声机和一些唱片。

乔布斯家的邻居都是惠普公司的职员。在这些人的影响下，乔布斯从小迷恋电子学。一个惠普的工程师看他如此痴迷，就推荐他参加惠普公司的"发现者俱乐部"，这是个专门为年轻工程师举办的聚会，每星期二晚上在公司的餐厅中举行。在一次聚会中，乔布斯第一次见到了电脑，他开始对计算机有了一个朦胧的认识。

上初中时，乔布斯在一次同学聚会上与斯蒂夫·沃兹尼亚克见面，两人一见如故。斯蒂夫·沃兹尼亚克是学校电子俱乐部的会长，对电子产品有很大的兴趣。

19 岁那年，乔布斯只念了一学期就因为经济原因而休学，成为雅达利电子游戏机公司的一名职员。他一边上班，一边常常与沃兹尼亚克一道，在自家的小车库里琢磨电脑。他们梦想能够拥有一台自己的计算机，可是当时市面上卖的都是商用的，且体积庞大，极其昂贵，于是他们准备自己开发。1976 年，两人在旧金山威斯康星计算机产品展销会上买到了 6502 芯片，两个年轻人在乔布斯家的车库里装好了第一台电脑。

乔布斯为筹集批量生产的资金，卖掉了自己的大众牌小汽车，同时沃兹也卖掉了他的惠普 65 型计算器。就这样，他们有了 1 300 美元。

随后，21 岁的乔布斯与 26 岁的斯蒂夫·沃兹尼亚克在自家的车库里成立了苹果公司，他们自制的电脑则被追认为"苹果 I 号"。

苹果公司成立初期，生意冷淡。1976 年 7 月，零售商保罗·特雷尔（Paul Jay Terrell）来到了乔布斯的车库，当看完乔布斯演示电脑后，决定订购 50 台整机，这是苹果公司做成的第一笔生意。

之后"苹果"公司开始了小批量生产。1976 年 10 月，马尔库拉前来拜访沃兹和他们的车库工场。马尔库拉是位电气工程师，擅长推销工作，他主动帮助他们制订了一份商业计划，给他们贷款 69 万美元，有了这笔资金，"苹果"公司的发展速度大大加快。

由于乔布斯的经营理念与当时大多数管理人员不同，加上 IBM 公司推出了个人电脑，抢占大片市场，总经理和董事们便把这一失败归咎于董事长乔布斯，于 1985 年 4 月经由董事会决议撤销了他的经营大权。于是，乔布斯在 1985 年 9 月 17 日离开苹果公司。

从苹果辞职之后，乔布斯花 1 000 万美元从乔治·卢卡斯手中收购了 Lucasfilm 旗下的电脑动画工作室，并成立了独立公司皮克斯动画工作室。之后该公司成为众所周知的 3D 电脑动画公司，并在 1995 年推出全球首部 3D 立体动画电影《玩具总动员》。公司在 2006 年被迪士尼收购，乔布斯也因此成为迪士尼最大的个人股东。

1996 年苹果公司经营陷入困局，其市场份额也由鼎盛时期的 16% 跌到 4%。与之相反的是乔布斯的公司由于《玩具总动员》而名声大振。但是乔布斯还是于苹果危难之际重新回来。回来后的乔布斯大刀阔斧改革，停止了不合理的研发和生产，结束了微软和苹果多年的专利纠纷，并开始研发新产品 iMac 和 OS X 操作系统，取得了巨大成功。

2000 年科技股泡沫，乔布斯又提出将 PC 设计成"数字中枢"的先进理念，并先后开发出 iTunes 和 iPod，开始在黄金地段开设专卖店并大获成功。随后 Apple TV 和 iTunes Store 等一系列产品受到了市场的好评和认可。2007 年 6 月 29 日，苹果公司又推出自行设计的 iPhone 手机，使用 iOS 系统。除了 iPhone 系列之外，还发布使用 iOS 系统的 iPad，这一起先不被众人看好的产品，却获得了巨大的成功。

2011 年 10 月 6 日，苹果董事会宣布前行政总裁乔布斯于当地时间 10 月 5 日逝世，终年 56 岁。

从上述哈里森和乔布斯的成长经历来看，他们在幼年时产生的兴趣和培养出来的心理品质对于他们后来成为名匠起到了十分重要的作用。正是在幼年时形成的心理品质的促进和支撑下，他们不断发展，最终成为世界巨匠。与哈里森和乔布斯一样，许多名匠所取得的成就都与他们幼年期的心理发展密切相关。据此可以说，学前期儿童的发展对于匠心的培养来说十分重要和关键。因此，要培养当代社会需要的大量的具有匠心的人才，尤其是应用型人才，必须重视早期教育和学前期的教育。

第二节　儿童观的启示 ①

随着社会的发展，人们逐渐认识到学前儿童心理发展的重要性，由此教育界和心理学界开始重视学前儿童的发展，对学前儿童心理发展进行研究，构建了学前儿童发展的思想或理论。这些思想或理论都重视学前教育，对我们认识理解学前教育，并在此基础上采取有效措施开展学前教育有积极的启迪价值，对理解培养学前儿童的匠心有积极的指导作用。

在历史上，对学前儿童心理发展的重视是随着自然儿童观的出现和发展而出现的。儿童观是关于儿童的观点、学说或理论，简单地说就是人们对儿童的认识或看法，即把儿童看成是什么样的人。儿童观与教育理念密切相关，可以说，儿童观是教育理念的前提或基础。教育者有什么样的儿童观，就会有什么样的教育理念，进而会采取的什么样的教育方式与措施。纵观儿童观的发展，可将它大致分为四个主要类型：成人主义儿童观、自然主义儿童观、人本主义儿童观、复杂儿童观。

一、成人主义儿童观

成人主义儿童观把儿童看作成人（小大人），它不考虑儿童的生理和心理特征，没有采取适合儿童身心特征的教育内容与教育方式、方法或措施。由于这种儿童观把儿童视为成人，未能考虑儿童的心理发展水平，因此未提出适合儿童发展的教育思想，对我们认识和理解学前儿童的培养作用并不大。

二、自然主义儿童观

（一）自然主义儿童观的形成与发展

自然主义儿童观产生于 17 世纪的西欧，至今仍然能对教育产生一定影响。自西欧文艺复兴以后，随着科学知识的增长和科学技术的进步，自然主

---

① 这一部分主要依据本著作的作者李炳全发表在《青岛大学师范学院学报》2010 年第 3 期（第 27–32 页）的《儿童观的演变与教育理念的变革》一文。

义思潮逐渐兴起。自然主义要求人们认识自然、研究自然、甚至崇拜自然[1]，一切以自然为中心。正是在自然主义的影响下，人们开始注意到并研究儿童的天性，促进对儿童的生理和心理特征的研究。既然是崇尚自然，当然也要尊重儿童的"自然"。而儿童的"自然"，主要是指儿童的自然禀赋及其发展的自然过程，包括儿童的一般特性和性别、年龄以及个性上的差异与发展[2]。由此儿童的身心特征就被凸现出来。正是自然主义儿童观，使人们注意到不同年龄阶段的儿童有不同的心理和行为特征或心理发展水平，由此开始把人的心理发展分为不同阶段。正因为如此，学前儿童的心理特征被逐渐凸显出来，人们开始越来越明确地认识到学前儿童有自己的心理特征，因此对学前儿童的教育应有不同于其他发展阶段的儿童的教育理念、内容、方法或模式等，在此基础上开始重视学前教育，对学前教育进行研究和实践探索，促进了学前教育的形成与发展。

自文艺复兴开始，向自然学习、模仿自然、崇尚（拜）自然逐渐成为时代精神。自那时起，许多思想家、教育家等以自然主义为思想基础提出了对儿童的看法。

英国伟大思想家弗兰西斯·培根（Francis Bacon，1561—1626 年）注意到儿童的天性。他从自然主义和科学思想出发，认为"天性常常是隐而不露的，有时可以被压服，而很少可以被完全消灭。压力之于天性，使它在压力减退之时更烈于前；但是习惯却真能变成气质，约束天性"[3]。在培根看来，天性是指人们的生理机制、身心特征与个别差异。他非常注意观察人的天性，并发现了儿童的天性与成人天性的差异。既然儿童有不同于成人的天性，不同年龄阶段的儿童有各自的天性，那么，学前儿童一定有自己的不同于其他年龄阶段的天性。由于天性是人们的身心特征和个别差异，以此类推可以说，学前儿童有自己独特的心理特征和个别差异。

捷克著名教育家夸美纽斯（Johann Amos Comenius，1592—1670 年；捷克文：Jan Amos Komenský）认为，儿童有自己的天性或心灵（年龄特征），不能把儿童看作成人。他指出，就自然本性讲，人的心灵具有极大的可塑性[4]。

---

① 戴本博.外国教育史（中）[M].北京：人民教育出版社，1990：7–8.
② 高觉敷，叶浩生.西方教育心理学发展史[M].福州：福建教育出版社，1996：13–14.
③ 培根.论天性，见《培根论说文集》[M].北京：商务印书馆，1958：141.
④ 高觉敷，叶浩生.西方教育心理学发展史[M].福州：福建教育出版社，1996：15.

他根据儿童的心智发展将其历程划分为婴儿期（0~6岁）、儿童期（6~12岁）、少年期（12~18岁）和青年期（18~24岁）等四个时期①。其中的婴儿期是0~6岁，实际上就是我们说的广义的学前教育阶段。这说明他已经认识到学前教育的特殊性，把学前期单独列出来作为人的发展的一个重要阶段。他认为，应当专门为婴幼儿设立独立的教育机构，对他们进行专门的教育。这是因为：第一，对于儿童来说，早期教育是培养人才的基础，容易见教育成效；第二，对于家庭来说，对儿童进行早期教育是父母应尽的义务；第三，对国家而言，搞好早期教育可提升国民素养，促进社会发展，使国家富强。他认为，婴幼儿的教育应主要采用游戏的方式②。他明确指出，婴幼儿期的教育并不是让儿童掌握知识，而是促成天性的成长与发展，实际上就是培养身心素质。

法国著名思想家卢梭（Jean-Jacques Rousseau，1712—1778年）认为，儿童有自己的内在的自然、原始倾向或天性。卢梭说的这三个概念其实是一个意思。其实质是人的趋利避害、趋乐避苦、追求幸福、完美倾向等自然本性。他认为，人的身心发展有自身的自然发展历程，该历程可分为婴儿期（0~2岁）、童年期（3~12岁）、最佳知识学习期（12~15岁）、道德教育期（15岁直至成年）四个阶段，每一阶段表现出不同的特点。我们现在所说的广义学前期包括卢梭提出的婴儿期和童年期的前一部分。由于儿童有儿童的内在自然，所以教育应当适合而不是违背儿童的内在自然，教育的目的是通过自然教育使儿童的天性或内在自然得到发展，成为一个知道自己要做什么样的人以及如何做人的人。这样的人是"身心两健、体脑并用、良心畅旺、能力强盛的新人"③。这实际上主要是强调素养的发展。卢梭认为早期教育的主要方式是在生活和游戏中学习；主要不是传授知识技能，而是明白做人的道理，其实质是人的素养的形成与发展。这对我们的学前教育有很大的启示作用和借鉴价值。

受卢梭的自然主义教育思想影响，瑞士著名教育家裴斯泰洛齐（Johan Heinrich Pestalozzi，1746—1827年）也强调儿童的天性。他认为，每个人都

---

① 邵伟德，葛梦园. 夸美纽斯：教育必须适应自然 [N]. 中国社会科学报，2013-11-06.

② 邵伟德，葛梦园，李启迪. 夸美纽斯的婴幼儿身体教育思想及其启示 [M]. 幼儿教育 2013(36)，51–54.

③ 弗拉纳银. 最伟大的教育家——从苏格拉底到杜威 [M]. 卢立涛，安传达，译. 上海：华东师范大学出版社，2009：149–160.

有自然赋予的潜在力量和才能，他们都有渴求发展的倾向。教育的目的就是使儿童的一切天赋力量和才能得以全面和谐的发展。他指出："教育应该首先考虑儿童已经拥有的可以让他们表达出来的一切；如果儿童具有的一切不是作为已经发展起来的才能，那么至少也应该把它们看作是能够发展的天生固有的才能……更重要的是应该探索什么是适合儿童的？作为具有创造性和责任感的人，儿童的命运是什么？作为具有理性和德性的人，什么是儿童的才能？"[①]他强调教育应以学生喜欢的活动为主，如绘画、写作、唱歌、体操、模型制作、采集标本、绘制地图和郊游等。在教育实践中，他从儿童的天性出发逐渐认识到学前教育的重要性，开始倡导学前教育。

德国教育家福禄贝尔（Friedrich Wilhelm August Fröbel，1782—1852 年）继承和发展了卢梭、裴斯泰洛齐等人的思想，通过亲身的教育实践和教育研究，创建了幼儿园及其教育体系，成为以开创幼儿园而闻名于世的教育家。他强调生活与教育统一协调、教育与儿童发展相统一、教育与儿童的自发活动相统一。他认为，学前教育的基本方式和途径是游戏和手工作业，"游戏是儿童的内在本能，尤其是活动本能，因而对儿童的教育，不应加以束缚、压制，也不应揠苗助长，而是应当顺应其本性，满足其本能的需要，如同园丁顺应植物的本性，给植物施以肥料，配合以合适的日照、温度。如此，蕴含在人里面的神性将得以在人性里逐步被唤醒而体现出来"[②]。他认为，学前教育不能像小学教育那样学知识，而"主要是让儿童通过作用于人和物的外部世界开发他的本性，使内部变为外部……首先通过儿童自发活动获得的直接经验，使儿童同物质世界和精神世界的事实发生接触，然后通过儿童试图使这些外在事物与他自己本性一致的方法对这些事物作出反应"[③]。这一思想恰当地指出了学前教育的方式和内容，对我们开展学前教育具有启发价值，尤其是对我们在学前教育中培养匠心的内容、方式方法有很大启示。

在这之后，自然主义儿童观开始走向教育实践，在理论与实践两方

---

① McClelland V A, Bantock G H. Studies in the history of educational theory Volume 2: The minds and the masses in 1760–1980[J]. British Educational Research Journal.1985：311.

② 弗拉纳银．最伟大的教育家——从苏格拉底到杜威 [M].卢立涛，安传达 译．上海：华东师范大学出版社，2009：164–166.

③ Boyd W, King E J. The History of Western Education[M].London：Adam & Charles Black,1975：355.

面都得以发展。德国教育家第斯多惠（Friedrich Adolf Wilhelm Diesterweg，1790—1866年）在教育实践中践行自然主义儿童观。他认为，人生来具有渴求发展的各种身心能力，它们是人的一切创造性活动的源泉，教育的目的是协调发展自然给予人的具有发展倾向的各种能力，即人的天性，是充分发展人的自动精神，使之达到真善美的人生最终目标，成为为真善美而积极自觉活动的人。为此，他提出了自动性、遵循自然、文化适应三大教育原则，强调"教学的艺术不在于传授本领，而在善于激励、唤醒和鼓舞。"① "一个坏的教师奉送真理，一个好的教师则教人发现真理"。② 这与苏格拉底的"产婆术"思想极为类似，应该是对苏格拉底思想的继承和发展。他认为要教好儿童，教师首先要发展好，"谁要是自己还没有发展培养和教育好，他就不能发展培养和教育别人"③。这实际上是教师教育思想的表达。第斯多惠的思想给予我们很大的启示，使我们更加清晰学前教育应培养儿童的什么样的品质，遵循什么样的规律，采用什么样的方法。他告诉我们学前儿童有不同于其他年龄阶段儿童的自然本性，"六岁儿童也有理性，只是他的理性却用在不同于一个十八岁的青年的另外一些事物上"④，因此对学前儿童的教育必须采用与其他年龄阶段儿童的教育不同的内容、方式或方法。其"遵循自然"的思想要求我们理清学前儿童的自然天性，并据此开展学前教育；其"适应文化"的思想，要求我们注意并培养学前儿童的时代精神和文化心理特征。

赫尔巴特把自然主义儿童观融入教育理论与实践中；斯宾塞从进化论的角度对儿童的自然发展进行深入探讨，为自然主义儿童观奠定了坚实的理论基础。正是在他们的影响下，儿童的"自然"（天性或特征）受到了重视，到19世纪末20世纪初，教育界和心理学界普遍开始强调"尊重儿童，了解儿童"，形成了声势浩大的儿童研究运动。这一运动直接为教育心理学的诞生和以后的儿童研究奠定了基础。这之后，皮亚杰从认识论的角度对儿童的身心发展进行了深入研究，构建了系统的儿童心理发展理论。

① 第斯多惠. 德国教师培养指南 [M]. 袁一安，译. 北京：人民教育出版社，2001：1-3.

② 袁一安. 论第斯多惠的《德国教师培养指南》[J]. 外国中小学教育. 1990(02)：30-32.

③ 百度百科. 第斯多惠 [EB/OL].[2020-03-13] https://baike.baidu.com/item/阿道尔夫·第斯多惠/5356102？fromtitle=%E7%AC%AC%E6%96%AF%E5%A4%9A%E6%83%A0&fromid=1761463&fr=aladdin.

④ 张焕庭. 西方资产阶级教育论著选读 [M]. 北京：人民教育出版社.1979：353.

(二) 基于自然主义儿童观的学前教育探索

闻名世界的意大利幼儿教育家蒙特梭利 (Maria Montessori, 1870—1952年) 积极地把自然主义儿童观融入自己的幼儿教育实践中, 开创了按照幼儿的自然天性进行教育, 并取得巨大成就, 建立了以她的名字命名的蒙特梭利教学模式。她认为, 幼儿具有内在的学习驱动力和对周围环境强烈的学习能力与吸收能力, 因此, 他们从出生之日起便开始不断探索环境。这是发自幼儿内心的内在驱动力。在这种内驱力的驱动下, 幼儿开始了对环境的探索之旅。在探索的旅程中, 随着他们身心的发展和能力的提升, 他们探索环境的范围逐渐扩大, 不断地在与环境相互作用中汲取经验教训, 这些经验教训成为他们日后进行更高阶智能学习活动的基础。他们在探索中获得的喜悦与成就感, 会正向循环地支持儿童下一次的探索, 并使其形成自信、积极、独立、主动的正向性格特质①。在她看来, 孩子是自己的教师, 有能力塑造自己的个性, 能逐渐成为具有良好的自我活动能力和专注力的成熟的人, 因此孩子的能力发展由他们自己自行完成②。基于她的研究和教育实践, 她认为学前教育很重要, 并说道: "人生的头三年胜过以后发展的各个阶段, 胜过三岁直到死亡的总和"③④。她认为, 生命力冲动是通过儿童的自发活动表现出来的, "生命是活动的, 只有通过活动才能发展", 为了使儿童的生命力和个性通过活动得到表现、满足和发展, 就必须创造适宜的环境。为此, 她为儿童准备了一个他们可以最大限度地自由活动的环境 (儿童之家与蒙氏教具)。这个环境需要能够支持孩子的自由探索与发展, 在滋养孩子的好奇心, 使其形成正向性格特质的同时, 为其日后的学习提供一个最基本的框架概念与基础⑤。

① 弗拉纳银. 最伟大的教育家——从苏格拉底到杜威 [M]. 卢立涛, 安传达, 译. 上海: 华东师范大学出版社, 2009.

② 贝拉 lulu. 为什么我不给孩子选择蒙台梭利 [EB/OL].[2020-04-28] https://baijiahao.baidu.com/s？id=16652019028184405 92&wfr=spider&for=pc.

③ 妈妈帮. "三岁看大, 七岁看老"原来是这个意思, 千万不要误解了! [EB/OL]. [2017-07-10]https://www.mmbang.com/bang/609/24371873.

④ 朱文珺. 家庭教育圣经: 三岁看大七岁看老 [M]. 延边: 延边大学出版社, 2012: 5-6.

⑤ 弗拉纳银. 最伟大的教育家——从苏格拉底到杜威 [M]. 卢立涛, 安传达, 译. 上海: 华东师范大学出版社, 2009: 201-203.

蒙特梭利教育模式的特点主要表现在以下几点：①大量的包含一定主题的教具；②儿童的学习过程是通过他们的"工作"自行探索；③对教师的指导要求很高；④年龄混搭，孩子之间互帮互学，教学相长。概括起来讲，蒙特梭利教育模式就是"把世界装进教室里，把教学落在教具上；通过孩子自行操作教具，培养孩子的独立学习能力"①。她指出："如果孩子觉得这是他自己能完成的事情，就千万不要帮他做。"（Never help a child with a task at which he feels he can succeed.）否则，成人就会成为阻碍他成长的障碍。因为帮孩子做实际上是在剥夺他们的学习机会，剥夺他们获得成就感、建立自信的机会。孩子是通过自己与环境互动而成长的，大人们能做的只是提供给孩子们环境，协助他们去发展自己的潜能，而不是去教他们②。蒙特梭利的思想给予我国当前一些"小学化"的学前教育一棒痛击，使我们醍醐灌顶，更加明白学前教育应教什么，怎么教。她所提出的培养学前儿童的品质基本上都属于匠心的范畴，对我们培养学前儿童的匠心有很大的启示作用。

（三）自然主义儿童观的基本特点及其对学前教育的启示

在自然主义儿童观和欧洲的儿童研究运动的影响下，美国形成了一场轰轰烈烈的儿童研究运动。这场运动具有如下基本特点。"①突出儿童的身心特征尤其是心理年龄特征；②强调儿童的个别差异，儿童就像自然界中存在的各种事物一样，不同的儿童之间无论是先天素质还是后天习得与发展，都存在着一定的差异，不能把儿童完全等同起来。相反要关注并适应儿童的差异；③关注儿童的发展过程。人的发展是一个过程，该过程的不同阶段会表现出一定的心身特征。因此有必要突出儿童的自然发展过程；④运用测量法、实验法等方法对儿童进行研究。既然认为不同的年龄阶段的儿童有不同的心理年龄特征，人与人之间存在个别差异，那么如何了解这些特征或差异呢？最好的方法当然是自然科学的量化方法，其中测量法、实验法最为妥当。因此它们是儿童天性（年龄特征和个别差异）研究中使用最多的方法。"③

---

① 贝拉 lulu. 为什么我不给孩子选择蒙台梭利 [EB/OL].[2020-04-28] https: //baijiahao. baidu.com/s？ id=1665201902818440592&wfr=spider&for=pc.

② 知乎网.「蒙特梭利」育儿法适合中国家长吗，为什么？ [EB/OL].[2017-07-25] https: //www.zhihu.com/question/19557301.

③ 李炳全. 西方心理学史 [M]. 武汉：武汉大学出版社，2017：71.

这场运动的一个最为重要的方面是促进美国早期学前教育的发展。美国的幼儿园数量猛增，幼儿园体系日渐完善，学前教育内容，教学方法日益科学化。美国的儿童研究运动所提出的学前教育思想、方法等对我们恰当开展学前教育研究和实践大有裨益。

自然主义儿童观对于学前教育尤其是学前儿童的匠心培养有积极意义。它告诉我们：①学前儿童的匠心培养应依据学前儿童的心理发展水平，采用游戏、故事、手工作业、绘画、儿童音乐等适合学前儿童的多种教学方式；②学前儿童存在个别差异，在培养学前儿童匠心时，应根据每个孩子的特点来进行培养，蒙特梭利模式是比较能照顾到儿童个别差异的教育模式；③要从学前儿童身心发展的角度进行培养，可利用环境设置、日常活动、家长和教师的以身作则、讲故事、科学实验等适合学前儿童的方式，引导和鼓励孩子自我探究、自我创造和自我发现；④制订适合用于测量学前儿童的匠心的科学工具和方法。

以自然主义儿童观为基础的教育理念对以成人儿童观为基础的教育理念进行了根本性变革，其核心思想是：教育要适应儿童的自然本性即身心发展水平或特征，依据儿童的身心发展特点设计教育内容和方法。具体表现在以下几方面：①教育应有一定的顺序性，其顺序与儿童身心发展顺序相一致，符合不同年龄阶段的儿童心理特征。对学前教育来说就是符合学前儿童的心理特征。②教育应考虑儿童的个别差异，因材施教。无论是教育内容还是教育方式、方法或措施的选择都应考虑学生的个别差异。对学前教育来说就是采用能照顾到学前儿童个别差异的方法或途径。③教育必须符合人的认识规律，与认识过程相一致，循序渐进、由易到难、由简到繁、由近及远，不能揠苗助长。对于学前教育来说就是按照学前儿童的身心发展规律来开展教育教学活动。所有这些，都说明自然主义儿童观能够给培养学前儿童的匠心以有益的启迪。

三、人本主义儿童观

(一) 人本主义儿童观的形成与发展

人本主义儿童观是 20 世纪 70 年代以来形成和发展起来的儿童观，它在

当今教育中发挥着重要作用。人本主义儿童观是伴随着人本主义心理学和认知心理学的兴起而产生的一种儿童观，主要以人本主义心理学和认知心理学为理论基础。正是在人本主义和认知心理学的影响下，人们开始关注儿童在教育中的地位、儿童的动机以及儿童的主观能动性，促进了对儿童的动机、创造性、理解或建构等方面的研究。既然是以人为本，当然在教育中就要以儿童即受教育者或教育对象为本。

第二次世界大战后，西方发达国家的科学技术和国民经济迅猛发展，这些发展要求其对教育进行变革，以适应新的社会发展需要。特别是20世纪50年代末苏联的人造地球卫星上天，更使得以美国为首的西方国家注意到本国教育所存在的问题，强烈要求进行教育改革。要求改变过去那种不重视学生的理解性、创造性和学生人格的发展，不尊重人性和学生的尊严，为学生考虑欠缺的教育现状。由此逐渐促使其教育由自然主义儿童观向人本主义儿童观的转变。人本主义心理学家认为，人天生就具有发展的潜能。英国人本主义者尼尔指出："儿童是天生聪明与唯实的。如果没有成人的任何建议，让儿童自由自在的话，那么他将得到最充分的发展"①。

(二) 人本主义儿童观的基本特点

综观人本主义儿童观，可以看出它有以下几个基本特点。

（1）儿童天生就有学习的潜能，他们知道自己该怎样发展，该学什么或怎样学。这告诉我们，学前教育要充分发挥学前儿童的主动性、自主性、独立性，并促进这些心理品质的发展。

（2）儿童与成人一样具有人的价值和尊严，同时也都面临着同样的人的存在问题②。这启发我们在学前教育中，应使学前儿童在活动中获得成就感、尊严感、价值感。就像在蒙特梭利的教育活动中的那样。

（3）儿童与成人的关系是一种民主平等的关系，儿童应该得到与成人同样的尊重，儿童自我实现的途径之一就是他们得到尊重。这告诉我们，家长和教师应理解和尊重孩子的见解和做法，不要替代孩子做，不要把自己摆在

---

① 高觉敷，叶浩生. 西方教育心理学发展史 [M]. 福州：福建教育出版社，1996：311.

② 石中英. 教育哲学导论 [M]. 北京：北京师范大学出版社，2004：92.

高高在上的位置而轻视孩子的见解或做法。

（4）儿童的生长与发展是一种不断趋向自主和摆脱外部控制的过程，其生长与发展取决于自己，而不是他人。这是告诉我们，要培养孩子自己事情自己做、自我管理的良好习惯，培养学生的自主性，使其养成一种独立处理事情的能力。

（5）最为重要的一点，儿童首先是人，然后才是儿童，即我们首先认识或意识到的是"作为人的儿童"，其次才是"作为儿童的儿童"。既然儿童首先是人，那么，他就享有人应该具有的尊严、权利、地位、责任和义务等。这是告诉我们，要尊重学前儿童应有的责任、权利以及尊严，不能伤害他们的尊严，妨碍他们自主活动的权利。

（三）人本主义儿童观对学前教育的启示

人本主义儿童观是对自然主义儿童观的变革、完善和发展，由此以它为基础的教育理念自然就改造和完善了以自然主义为基础的教育理念。其核心思想是教育应以学生为中心，以儿童的健康发展为目标，尊重儿童。具体表现在以下几个方面。

（1）教育的目标是促进学生的发展或自我实现。在人本主义看来，教育目标应当是促进学生的身心发展，培养积极愉快、适应时代变化的、心理健康的人。马斯洛认为，教育的主要目标是发展人的个别性，协助个体把自己作为一个独特的人来认识，帮助学生实现他们的潜能。

（2）注重学生的独立性、自觉性、自主性和创造性，加强学生的自我教育与自我发展。在人本主义看来，教育应当指向学生个人的创造性、目的和意义，在教育过程中，教师是"催化剂"或"助产士"，而不是权威。对学前儿童来说更是如此，因为学前教育的基本方式是发现法、探究法。罗杰斯认为，教育是学生自我教育、自我学习的过程，以学生的自觉性、独立性、创造性为前提。只有当学生以自我批判和自我评价为主要依据而把他人的评价放在次要地位时，学习才能取得最好的效果，才能更好地促进学生发展。"每个人都存在于一种以他自己为中心的、不断变化的经验世界之中"，"正确与谬误的试金石，是自己的经验"[①]。当代教育培养的人应当具有"创造性、建

———————
① 施良方. 学习论 [M]. 北京：人民教育出版社，2000：402.

设性和信任感、行为表现合乎规律但难以预测和控制、选择行为的自由"等特征。

（3）从做中学，即通过组织各种活动或构建真实的问题情境使学生在活动或解决问题中学习。对学前儿童来说更是如此。前述的蒙特梭利教学法就是这种方式。罗杰斯认为，教育中把学生与现实问题分割开来是有意义学习的障碍，真正有效的教育是让学生面对与他们有关的或有意义的现实问题，把课程（教学）内容与学生的现实问题联系起来。

（4）教会学生学会学习。这是"授之以鱼不如授之以渔"的思想的体现，也是当代人应具备的核心素养之一，是匠心的一个重要方面。人本主义心理学家认为，在现代社会中最有用的学习是了解学习过程，学会学习。人本主义理论认为，教育目标应该是促进学生的变化和学习，培养能够适应变化和知道如何学习的人。罗杰斯指出："只有学会如何学习和学会如何适应变化的人，只有意识到没有任何可靠的知识、惟有寻求知识的过程才是可靠的人，才是有教养的人。"①

（5）快乐、自由教育与学习。依据人本主义儿童观，应当反对那种强制学生适应学校，对学生进行诸多限制，缺乏为学生考虑的教育，而应充分尊重、了解和理解学生，创设自由、宽松、快乐的学习氛围，激发学生学习的积极性、主动性。支配学习的理想动机是现在的快乐与兴奋，而不是由学习带来的未来功效、补偿与地位。这就是说，不应过于关注教育的功利性，而应强调学生在现实教育和学习中体验到的自由、快乐和幸福。这是学前教育应当做到的。

（6）意义学习。在人本主义看来，儿童不是仅会吸收知识的机器，而是能够赋予事物意义的人。意义不是内在于教材之中，而是由个人来赋予或给予的。因此，恰当的教育应引导学生从教材中获得个人意义，这样既会激发他们的学习兴趣，也会增强他们对所学知识的理解、保持与应用，使知识成为学生自己的经验的一部分，令他们终生难忘。罗杰斯认为，人生来就具有学习的自然潜能，教师必须利用学生的先天内驱力，使他们进行意义学习，而不是强迫他们去学习那些对他们来说缺少意义的学习材料。这就告诉我

---

① 高觉敷，叶浩生.西方教育心理学发展史 [M].福州：福建教育出版社，1996：313.

们，在学前教育中要使孩子通过活动体验到知识的价值或有用性，培养他们对知识的兴趣。

（7）以学生的需要为动力，重视情感作用。教育应能满足学生的需要，唯有如此，才既能促进学生的发展，又能起到激励作用，而且还能使学生认识到学习的意义与价值，为学习提供持久不竭的动力。在人本主义和认知建构主义看来，教师不应把主要精力局限于知识内容上，而应注意学生的心态，即动机与情感的变化。因为情感是学习的发动机和控制器，它作为主体存在的独特方式参与到主体的认识与建构活动中，影响主体认识的指向性与选择性；是主体进行活动尤其是认识活动的激发和抑制因素，其波动性影响着认知状态[①]。这就告诉我们，学前教育应以情商、逆商、兴趣、乐观等良好的心理品质为主。

人本主义儿童观突破了自然主义儿童观对儿童本性（包括年龄特征和个别差异）的适应，要求尊重学生，促进学生发展，变"要我学"为"我要学"，强调知识对于学生的意义，确立了学生在教育中的主体与中心地位，重视过程学习和从做中学等，实现了儿童与教育研究的方向转变，强化了教育目标的科学性，确定了新型的积极的师生关系和教师对待学生的态度与方式，有助于更好地实施快乐教育，让学生快乐学习，变（负担性或功利性）学习为乐趣。所有这些观点对于教育来说都是一大进步。

四、复杂儿童观

随着对儿童认识的深入，人们把儿童看得愈来愈复杂，儿童的复杂性愈被揭示和认识，由此形成了复杂儿童观。其主要观点与教育理念如下。

（一）儿童具有多重特性

儿童首先具有自己的儿童性，除此之外，还具有人的类特性、文化性、社会性、民族性、群体性等。

儿童性类似于儿童的身心发展水平，但也不完全相同。除此之外，它还包含儿童的活动，尤其是社会性活动或实践以及儿童作用于环境的类型与方式。如年龄较小的学前儿童的活动方式是游戏，儿童天生就喜爱游戏。这

---

① 郭本禹. 当代心理学新进展 [M]. 济南：山东教育出版社，2003：312.

就要求教育既要与儿童的身心发展水平相一致（这与自然主义儿童观相似），又要依据儿童的主要活动类型与方式来实施教育，如教育内容与方式、方法的选择、组织。有人提出了教育的"游戏性"，认为教育本身就是一种游戏，因此应在"教育中游戏"或"通过教育游戏"，使师生整个身心处于游戏状态，建立一种游戏式的平等关系，激发人的游戏性[1]，并通过人与人的互动或社会建构进行教育与学习。

人的类特性要求赋予儿童人的一般权利、尊严、责任与义务，尊重儿童的人格尊严，平等地对待儿童，并关注儿童与成人一样的存在问题、发展问题，解决儿童的心理困扰或心理问题，使儿童身心健康地发展。这与人本主义儿童观和教育思想相似，但也不完全相同。因为这其中包含着人的责任与义务，要求培养儿童作为人的责任感、使命感或义务意识，愿意并能够承担起作为人的责任与义务。这要求我们从孩子小的时候就培养他们的责任感、使命感。

文化性是指人是文化的产物，是文化的存在，其心理和行为由文化来决定，具有文化依存性和差异性。从这一观点出发可以得出如下结论：①教育具有文化依存性和文化差异性，应担负起培养人的文化品性和文化适应能力，以使学生能够更好地在所处文化中生存与发展的责任，无论是教育内容还是教育方法或方式都要考虑文化要求，把文化作为重要的教育内容；②文化具有教育功能，应充分发挥积极文化的教育作用，限制乃至消除消极文化的作用，充分利用文化活动与文化产物进行教育；③教育过程是一种文化活动过程或人的文化化过程，即把自然的人转变为文化的人的过程；④文化具有多元性、历史性、地域性，处于文化中的教育及其对象也不能例外，因此应培养学生的多元文化意识，克服文化中心主义尤其是自我文化中心主义，尊重并理解文化差异，平等对待各种文化；⑤师生关系是一种文化关系，二者活动的深度与广度受制于彼此的理解；⑥人的形成与发展是在掌握和使用文化产品如语言等的过程中完成的，因此应当充分发挥文化产品在教育中的作用；⑦从文化的角度看，人与人之间的互动是教育的重要途径，应通过人与人的对话与协商进行教育；⑧文化形成与发展是人的自我创造或自我建构过程，正是文化使人成为人，因此在教育中要充分发挥学生的建构作用，重

① 石中英. 教育哲学导论 [M]. 北京：北京师范大学出版社，2004：108–109.

视学生的理解、诠释与创造，突出学生的自觉性、能动性。另外，还要培养学前儿童的积极文化心理品质。对于中国的孩子来说，就是培养孩子们的优秀中华文化心理品质，如自强不息、厚德载物的中国文化精神。

社会性是人的本质特性。依据社会性，第一，教育应满足社会发展需要，培养社会所需要的人才；第二，教育活动中应加强社会互动，寓教育于社会活动之中；第三，充分发挥社会教育资源的作用，把学校教育与社会现实结合起来；第四，正视社会现实问题，把教育内容与之相结合，积极分析、探究解决它们的途径。

民族性是人的基本特征之一，每一个人都是一定民族的人，都具有自己民族特征，儿童也不例外。因此，教育应关注民族性，尊重学生民族的文化与规范，促进民族的发展，并为各民族的和谐共处服务。

群体性是指人具有自己所在群体的特征，它也是人的基本特性之一。依据群体性，首先，要把营建良好的群体作为教育的重要措施或途径，通过群体的影响来培养或塑造人；其次，满足学生的归属需要，将其作为激励学生学习与发展的动力；最后，培养学生的团队精神或群体意识，加强学生的团结互助，促进学生的共同发展。

(二) 儿童是需要复杂体

第一，不同的儿童有不同的需要，因此在教育中有必要考虑学生需要的多样性，对他们采取的激励与教育措施也应有所差异；第二，儿童个体具有错综复杂的需要模式，他是多种需要相互作用并整合形成的统一整体，在教育中必须考虑学生需要的复杂性；第三，儿童的需要是内部因素和外部环境交互作用的结果，它会随着儿童的发展变化以及其生活条件或环境的发展变化而变化，在教育中必须考虑学生需要的变化性；第四，面对不同的教师和不同的班集群体，学生所产生的需要或动机也各不相同，即不同的教师和不同的班集群体所激发出的学生的学习需要不同，因此应对教师和班集群体进行研究，以营造能激发学生学习动机的良好氛围。

总之，由于儿童是需要复杂体，因此应采用动态的、整体的、发展的教育思路与方式培养他们。

(三) 儿童具有复杂多向的可塑性

儿童正处于发展变化过程中，其可塑性大，发展与变化的趋向有多维度、多元化的特点。促使儿童变化的原因有很多，非常复杂，有社会、学校、家庭等多个方面，且儿童的变化是这些因素交互作用的结果。对儿童的教育也是非常复杂的，因校、因师、因生、因时、因事、因地而异，所以学前教育应采取富有弹性的教育内容、教育方式或方法，建立灵活多样的师生关系与师生活动方式，整合各种教育资源。

总而言之，儿童是复杂的，在教育中不能仅注意其中的一个方面或几个方面，而应全面理解或解读儿童，实现教育目标、教育内容、方法或途径的多样化与多元化，使教育更加富有弹性、灵活性。对于学前教育来说更是如此。因为学前儿童处于人的发展的初期，具有多种发展的可能性。

第三节　心理发展理论对学前教育的启示

无论是认知发展理论，还是人格发展理论，所有的心理发展理论都重视人的早期心理发展的作用，把早期的心理发展作为人一生发展的基础。

一、认知发展理论的启迪

(一) 认知发展理论对学前期儿童心理发展的重视

皮亚杰的发生认识论重视早期认知发展的作用。他认为，心理发展过程是一个内在结构连续的组织和再组织的过程，过程的进行是连续的，但由于各种发展因素的相互作用，儿童心理发展具有阶段性；每个阶段都是形成下一个阶段的必要条件，前一阶段的结构是构成后一阶段结构的基础[1][2]。既然每一阶段的心理发展都是后一阶段的基础，那么可以说个体的早期心理发

---

① 李炳全 . 西方心理学史 [M]. 武汉：武汉大学出版社，2007：281.

② 叶浩生 . 西方心理学的历史与体系 .2 版 [M]. 北京：人民教育出版社，2014：484-485.

展对以后的心理发展有很大的影响，因此必须重视人的早期心理发展，采取有效措施使人的心理在早期得到良好发展。

皮亚杰将人的心理发展分为"感觉—动作"阶段（sensorimotor stage，0~2岁）、前运算阶段（preoperational stage，3~6岁）、具体运算阶段（concrete operations stage，7~12岁）、形式运算阶段（formal operational stage，12岁以后）等四个阶段，其中前两个阶段处于广义的学前期，第二个阶段处于狭义的学前期即幼儿阶段。依据上述的早期发展具有基础性作用，可以认为感觉—动作阶段和前运算阶段对人的一生的认知发展都具有基础性作用。因此，必须做好学前教育。那怎样做好学前教育呢？答案当然是要依据儿童早期发展的心理特征来开展教育。

（二）"感觉—动作"阶段

1. "感觉—动作"阶段的特点

在"感觉—动作"阶段，儿童主要借助感知运动图式协调感知输入和动作反应，从而依靠动作去适应环境。通过这一阶段，儿童从一个仅仅具有反射行为的个体逐渐发展成为对其日常生活环境有初步了解的问题解决者[①]。在该阶段，儿童的认知发展表现出如下特点。①逐渐形成物体永久性（不是守恒）的意识，这与婴儿语言及记忆的发展有关，物体永久性具体表现在：当一个人或物体（如爸爸妈妈、玩具）在他面前时，婴儿能感知这个人或物，而当这个物体不在眼前时，他仍能认识到，此人或物尽管当前摸不着、看不见也听不到，但仍然是存在的。爸爸妈妈离开了，但婴儿相信他们还会出现，被大人藏起的玩具还在某个地方，翻开毡子，打开抽屉，就可以找到。这标志着稳定性客体的认知格式已经形成。近些年的研究表明，儿童形成母亲永久性的意识较早，并与母婴依恋有关。②在稳定性客体永久性认知格式建立的同时，儿童的"空间—时间"组织也达到一定水平。因为儿童在寻找物体时，必须通过在空间上定位来找到该物体。又由于这种定位总是遵循一定的顺序发生的，故儿童又同时建构了时间的连续性。③出现了因果性认识的萌芽，这与物体永久性意识的建立及"空间—时间"组织的水平密不可分。儿童最初的因果性认识产生于自己的动作与动作结果的分化，然后扩展到客

---

① 李炳全. 西方心理学史 [M]. 武汉：武汉大学出版社，2007：281–282.

体之间的运动关系。当儿童能运用一系列协调的动作实现某个目的（如拉枕头取玩具）时，就意味着因果性认识已经产生[①]。

2.依据"感觉—动作"阶段的特点对幼儿的训练

根据"感觉—运动"阶段的特点，在这一阶段，教育幼儿应注意以下几个方面。①训练和培养幼儿的日常行为习惯；②逐渐培养幼儿的自控力，尤其是控制不合理欲望或需要的能力；③培养幼儿活动的目的性，教会幼儿对动作和行为依据达到目的的需要进行恰当的组合；④训练幼儿的运动思维，培养其积极主动探索并尝试用运动思维解决比较困难的问题的能力。

（三）前运算阶段

1.前运算阶段儿童的特点

在前运算阶段，儿童将感知动作内化为表象，建立了符号功能，可凭借心理符号（主要是表象）进行思维，从而使思维有了质的飞跃[②]。该阶段儿童的认知发展具有如下特点：①具体形象性，借助于表象进行思维，还不能进行运算思维；②思维的不可逆性，缺乏守恒结构；③自我中心性，儿童站在自己经验的中心，只有参照他自己的经验才能理解事物，他认识不到自己的思维过程，缺乏一般性，谈话多半以自我为中心；④刻板性，表现为在思考眼前问题时，其注意力还不能转移，还不善于分配；在概括事物性质时缺乏等级观念[③]。

2.依据前运算阶段特点对儿童的教育

依据前运算阶段的特点，在对儿童进行教育时，应注意以下几个方面。①强化运动思维，训练和培养儿童的形象思维。②训练和培养儿童的思维多向性、可逆性、灵活性，培养他们来回思考的能力。③逐步训练儿童的去自我中心性，培养儿童区分"我的"和"非我的"思维能力。④培养儿童的"交换"能力，使其学会把自己的东西与其他小朋友的东西进行合理的交换。⑤培养儿童的主动性、独立性等心理品质，养成他们自己的事情自己做的良好习惯，培养他们具有独立思考问题、解决问题的能力。⑦训练他们对材料进

---

① 郭本禹.西方心理学史 [M].北京：人民卫生出版社，2007：127-128.

② 李炳全.西方心理学史 [M].武汉：武汉大学出版社，2007：282.

③ 郭本禹.西方心理学史 [M].北京：人民卫生出版社，2007：128-129.

行组合的能力，使他们学会通过组合来解决问题。⑦利用儿童的好奇心，培养他们的创新意识、思考探究意识和能力、想象力等。

二、人格发展理论的启迪

(一) 人格发展理论对学前期儿童心理发展的重视

人格发展理论把学前期作为人格发展的关键期，特别重视学前儿童的早期经验与人格发展，强调培养学前儿童的健康人格特质，为孩子以后的发展奠定坚实的基础。与认知发展理论一样，人格发展理论也认为，人的人格发展是按照一定顺序逐渐发展的进化过程；在人格发展的过程中，在社会、个体自身、事件或遭遇等多种因素作用下，一定的发展时期会呈现出比较稳定的特征，使人格发展呈现出阶段性；每一阶段的人格的健康发展都是下一个阶段的基础，人格各阶段的发展状况影响其后阶段的人格发展。

按照埃里克森 (Erik H. Erikson，1902—1994 年) 的观点，人格发展的每个阶段都存在一种冲突或两极对立，从而构成一种危机。危机的消极解决会削弱自我力量，使人格不健全，阻碍对环境的适应；而积极解决则会增强自我力量，使人格健全发展，促进个体对环境的适应。前一阶段危机的积极解决会增加下一阶段危机积极解决的可能性；前一阶段危机的消极解决则会缩小下一阶段危机积极解决的可能性。一个阶段危机的解决究竟是属于积极解决还是消极解决取决于其中积极因素和消极因素的比率①②③。

埃里克森依据儿童心理发展过程中要解决的主要矛盾，将人的人格发展依次分为基本信任对基本不信任 (0～1 岁，幼儿期)，自主对怀疑、羞怯 (1～3 岁，婴儿期)，主动对内疚 (3～6 岁，学前期)，勤奋对自卑 (6～11、12 岁，童年期或小学阶段)，自我同一性对同一性混乱 (12、13～17、18 岁，少年期或中学阶段)，亲密对孤独 (18～25，青年期)、繁殖对停滞 (25～65 岁，中年期)，自我整合对失望 (65 岁以后，老年期) 等八个阶段。其中前三个阶段处于广义的学前期，第三个阶段处于狭义的学前期即幼儿阶段。依

---

① 李炳全 . 西方心理学史 [M]. 武汉：武汉大学出版社，2007：204.

② 郭本禹 . 西方心理学史 [M]. 北京：人民卫生出版社，2007：206.

③ 叶浩生 . 西方心理学的历史与体系 .2 版 [M]. 北京：人民教育出版社，2014：347.

据上述的早期发展具有基础性作用，可以认为基本信任对基本不信任（0～1岁，乳儿期），自主对怀疑、羞怯（1～3岁，婴儿期），主动对内疚（3～6岁，学前期）三个阶段的人格发展对人一生的发展具有基础性和关键性作用。因此，必须重视学前期的人格教育。要做好学前儿童的人格培养，就需要依据学前期儿童人格发展的特征和要解决的儿童的主要心理矛盾或冲突。

（二）基本信任对基本不信任阶段

基本信任是指婴儿的需要与外界对他需要的满足保持一致，倘若如此，孩子就会形成对母亲或其他代理人的信任，感到所处的环境安全，并由此把信任扩散开来，信任周围人以及一般人。反之，倘若孩子得不到父母的关心与照顾，他就会对外界特别是对周围的人产生害怕与怀疑的心理，以至于影响到下一阶段的顺利发展。

根据这一阶段的儿童人格发展特点和要解决的主要矛盾，在对其进行教育时，应注意如下几个方面：①满足孩子的合理需求，帮助孩子形成基本信任感；抑制孩子不合理的需要，预防孩子形成任性、懦弱、依赖等特点，同时也应培养他们具有一定的危机感和危机意识；②训练孩子把需要变成愿望，让孩子体验到愿望实现需要一定的努力或付出；③有限度地训练培养孩子具有一定的自控能力。

（三）自主对怀疑、羞怯阶段

在该阶段，孩子开始有了独立自主的要求，如想要自己穿衣、吃饭、走路、拿玩具等，他们开始主动探索周围世界。这时候，如果父母及其他照顾他的成人允许儿童独立地去做一些力所能及的事情，并且表扬他们完成的工作，就能培养他们的意志力，使他们获得自主感，能够自我控制。反之，倘若成人过分爱护他们，处处包办代替，什么也不需要他们动手；或过分严厉，使儿童一直获得许多失败的体验，就会使其产生自我怀疑与羞怯之感。

依据这一阶段的儿童人格发展特点和要解决的主要矛盾，在对他们进行教育时，应注意如下几个方面：①对孩子进行语言训练，培养孩子的口语能力，使他们能够恰当地表达自己的愿望、想法等，并能够通过出声的语言进行思考或开展活动；②培养孩子的自我抉择能力；③培养孩子的基本的情

商、逆商等心理品质；④对孩子进行大小便训练，通过这一训练，培养孩子的自制力等品质；⑤培养孩子的自我识别、自我认知的能力，引导孩子的自我意识形成与发展。

(四) 主动对内疚阶段

该阶段，儿童的肌肉运动与言语能力发展很快，能参加跑、跳、骑小车等运动，能说一些连贯的话，还能把自己的活动扩展到超出家庭的范围。除了模仿行为外，个体对周围的环境 (也包括他自己的机体) 充满了好奇心，知道自己的性别，也知道动物的性别，常常问问这，动动那。这时候，如果成人对孩子的好奇心以及探索行为不横加阻挠，让他们有更多机会去自由参加各种活动，耐心地解答他们提出的各种问题，而不是嘲笑、禁止，更不是指责，那么，孩子的主动性就会得到进一步发展，表现出很大的积极性与进取心。反之，倘若父母对儿童采取否定与压制的态度，就会使他们认为自己的游戏是不好的，自己提出的问题是笨拙的，自己是遭父母讨厌；致使孩子产生内疚感与失败感 (所谓内疚感，就是认为自己做错了事情，做坏了事情)，这种内疚感与失败感还会影响其下一阶段的发展。

根据这一阶段的孩子人格发展特点和要解决的主要矛盾，在对孩子进行教育时，应注意如下几个方面：①培养孩子的自理能力、自主性、独立性，一定要鼓励孩子自己去做他们能做的事情；②培养孩子的目的性，使孩子学会确立行动目标，以目标为方向设计组织完成目标的活动；③设计恰当的游戏，在游戏中培养孩子的责任感、角色意识或角色行为；④培养孩子的自我价值感，使他们体验到自己有价值；⑤培养孩子的挫折承受力和转化力，培养他们的坚韧、勇敢等积极心理品质；⑥培养孩子的情商，如情绪和欲望控制力、情感沟通与交流能力、情感表达力、情感感染力和把情绪情感转化为行动的动力；⑦培养孩子的不服输、不言弃精神和拼搏进取精神；⑧培养孩子的人际交往能力，使他们学会恰当与人沟通的方法。

三、0 ~ 7 岁儿童的心理发展

有人把个体儿童的 0 ~ 7 岁的心理发展分为三个阶段，分别是依恋期、探索期 (分离期)、自我形成期。

依恋期是从出生到 1.5 周岁，相当于埃里克森划分的第一阶段，不过在时间上比埃里克森的第一阶段稍微长一些。在这一阶段，父母要适度满足孩子的需要，既不要因没有满足孩子的需要而造成对孩子的心理伤害，也不要因没有节制地满足孩子的需要而养成孩子任性等特征。通过这样的方式，孩子形成信任、节制、危机意识等心理品质。

探索期 (分离期) 是从 1.5 岁到 3 周岁，相对于埃里克森划分的第二阶段和我国划分的婴儿期。在这一时期，孩子已经走路比较平稳，开始渐渐与父母分离，自己独立探索世界，尝试不依赖父母通过自己的活动满足自己的需要。所以这一时期称为探索期或分离期。在此阶段，培养孩子的兴趣、自主性和探究精神非常重要。因此，成人应根据该阶段儿童的心理发展水平适当创设一定的情境，使孩子在这个情境中通过探索有所收获，激发、强化孩子探索世界的积极性。

自我形成期是从 3 周岁到 7 周岁，相对于埃里克森划分的第三阶段或我国划分的幼儿期。在这一时期，个体的自我意识开始产生与发展，由此开启自我形成的生命历程。在这一阶段，必须完成对其一生都会产生极大影响的两件事情，一是建立稳定和持续的自我形象和他人形象；二是确定自我评价和自信心。自我形象和他人形象的确立是指孩子逐渐把自己和他人区别开来，逐渐确立起自己的独特性，这是孩子走自己的路的基石。当孩子意识或认识到自己的独特性，就会逐渐清晰自己能做什么，该做什么，发展出自己的个性。把自己与他人区别开来，就会出现与他人的比较。在与他人比较中，认识到自己有独特性的孩子往往对自己有信心。反之，未能意识到自己是独特的个体的孩子，就会在与他人的比较中迷失自我，在觉得自己不如他人时很容易自卑。

第四节 "三岁看大，七岁看老"的意蕴分析

一、早期经验或经历是人的一生发展的基石

常言道："三岁看大，七岁看老。"意思是，在一个三岁孩子的身上，就可以看到他长大的影子；在一个七岁孩子身上，可以看到他的一生。换句话

说，孩子从出生长到三岁时已经发展出一些人的基本品质，这些品质对个体将来的发展有很大影响，其影响时间之长一直可以到个体成年时。个体长到七岁时，已经形成他作为人应具备的主要心理品质，尽管这些品质将来可能会发生变化，但会对人一生的发展产生不可磨灭的影响。这一句话与前述的认知发展理论和人格发展理论一样，实际上是强调人早期发展的重要性。它告诉人们一定要重视孩子的早期教育。孩子越小，越具有可塑性和发展的多种可能性，因此，越早进行好的教育，越有可能挖掘出人的发展潜能；反之，越晚的教育，相对来说教育起来越困难，教育效果越差。名匠的培养也是如此。这就是说，应从小培养儿童具有名匠所具有的心理品质。由此来看，"三岁看大，七岁看老"这句话反映了人的早期发展的一般规律，除了告诉人们要在幼儿时期对个体采取有效教育措施和方法外，也告诉人们不同阶段的早期教育有不同的教育内容、方法或途径，教育内容、方法或途径应依据儿童身心发展的水平或特征来进行恰当选择。

"三岁看大，七岁看老"既是中国先哲们的观察结果与经验总结，也是古今中外名匠们发展经历的比较真实的写照。纵观古今中外的名匠，他们之所以成为名匠，都与他们年幼时形成的心理品质有关。

拓展阅读材料2-3：中国雕塑之圣杨惠之 [1]

杨惠之，唐代苏州吴县人（今江苏苏州）人，被誉为"塑圣"，与"画圣"吴道子齐名，他之所以能成为"塑圣"，与他儿时的兴趣和在玩耍时学会的捏泥人的技能是分不开的。

杨惠之小时候在小伙伴堆里是个"首领"，大家都佩服他。佩服他的原因是他随手抓起几把潮泥湿土，就能捏出一个天神天将来，放在土地庙里当菩萨，竟能哄得一些善男信女来上供烧香。供品中团子、糕饼不少，杨惠之拿了分给小伙伴吃。

不料小孩子家淘气的把戏得罪了当地的乡绅，说他亵渎神灵，要惩办。这时有好心人劝他父母说："既然你家孩子喜欢这一路，倒不如送他到城里

① 引自"360百科"的《杨惠之》[2018-08-26].https://baike.so.com/doc/1933640-2045684.html，"360个人图书馆"的《杨惠之》[2014-08-08].http://www.360doc.com/content/14/0808/23/5701732_400452230.shtml.引用时根据需要进行了适当地整合改编。

玄妙观去学个描画神道轴子的手艺，将来也好混碗饭吃。"杨惠之的父母到处求亲托友，终于把他送去学画。他和唐代著名画家吴道子同拜张僧繇为师。

杨惠之心灵手巧，又跟了个有本领的师傅，不分日夜地搬笔弄彩，把神道佛像画得活灵活现。不过，比起他的师兄吴道子来，他始终差着一点。杨惠之是聪明人，在他看到师兄吴道子名声渐重，知道自己在画画方面永远超不过师兄，于是焚毁笔砚，专攻雕塑。他先借住在一个孤单独身的老人家里，白天帮老人挑水烧火，晚上就捏人像。他把这几年从字画中得来的经验、体会运用到塑像中，使他的塑像技艺大有进步，没有人能塑得像他这样好。但他总对自己不满意，常常是塑好了又捣碎，捣碎了，又再塑。不知过了多少个日日夜夜，直到某年初夏的一个晚上，杨惠之吃力地抱着新塑好的一个一人高的年轻妇女泥像，悄悄地放在街市中的一座凉亭里。泥人侧身朝外站着，挽着一只菜篮，像是在等人。

天蒙蒙亮，一个起早赶集的农民，挑着一担青菜，在凉亭前停下来，对着泥人问："要买菜吗？"拂晓的风吹动泥人头上的饰物，好像摇了一下头。那个农民说了声："不要吗？不碍事。"挑起担子走了。接着，一个卖菱角的，一个挑茭白的，都向泥人问一声"要不要买？"然后又挑担走了。

杨惠之这才高兴得笑了，他抱起泥人往回家的路上走去。想不到后面有人跟着他，而且人越来越多。杨惠之这时好像听到后面有人在喊他："强抢民女啰！"他感到莫明其妙。回头一看，不好了！几个差役正赶上来，吆喝着捉他来了。杨惠之大吃一惊，把泥人往地上一摔，拼命逃跑。

泥人被摔碎了，差役们跑近一看，吓呆了："什么强抢民女！亏他有这本事，手捏的泥人比真的还真！"这时赶来看热闹的人们围了一圈又一圈。一个秀才摇头晃脑地赞叹说："百工之中，皆出圣人，此杨惠之，亦可谓之一圣。"从此"塑圣"杨惠之名扬四海。

从杨惠之的经历来看，他成为"塑圣"与他小时候喜爱玩泥巴捏泥人是分不开的。这告诉我们，小时候的阅历、兴趣、技艺等对人以后的发展影响很大。

在心理学史上，许多心理学家建构的理论都与其小时候的经历有密切关系。例如，个体心理学创建者阿弗雷德·阿德勒（Alfred Adler, 1870—

1937年），小时候的经历是他的个体心理学理论的重要来源，他把不屈不挠作为人的心理和行为的重要原动力。

拓展阅读材料2-4:"个体心理学"的创建者阿德勒 [①]

阿德勒的童年生活是不幸与多灾多难的。他在弟兄中排行第二，长相既矮又丑，幼年时患软骨病和佝偻病，还被汽车轧伤过两次。正因为如此，他自惭形秽。他五岁时患了严重的肺炎，几乎丧命，连他的家庭医生都绝望了。然而，几天后他的病情却意外地好转。小时候的身体疾病是他的许多心理学观点的来源之一，也是促使他长大后立志当医生的根本动力。他曾经的生活目标是要克服幼小时对死亡的恐惧。他五岁上小学，九岁进入弗洛伊德十四年前上过的中学。刚上中学时，由于数学不好而被老师视为差等生，看不起他，并建议他去当一名鞋匠。这件事刺激了好强的他，促使他努力学习，在数学上有了很大进步。有一次，他解决了一道连老师也感到头疼的数学难题，成了班上的优等生，更增强了他的自信心。他在后来经常提及此事时，莫不感到自豪。这件事启示他：人的潜力没有局限，更不是天生注定的，只要肯去挖掘，每个人都有成功的机会。这成为其个体心理学的一个重要原则。

阿德勒的发展经历表明，他小时候的不屈不挠以及他因不甘而奋发超越使自己得以发展成为一名心理学家，他后来所建构的个体心理学的基础，证明了儿童的早期发展对个体发展的重要性、基础性和根源性。因此，有必要加强对孩子的早期教育，培养他们积极的心理品质，以为他们今后的发展打下坚实基础。

二、"三岁看大，七岁看老"的意蕴

(一)"三岁看大，七岁看老"的心理学理论依据

当代教育研究和心理学研究表明，三岁和七岁是个体心理发展的两个重要节点，三岁是个体从婴儿期向幼儿期过渡发展的节点，七岁是个体由幼儿期(学前期)走向学龄期的节点。这两个节点在人一生的发展中非常关键。

[①] 李炳全. 西方心理学史 [M]. 武汉：武汉大学出版社，2017：182-183.

我国发展心理学一般将人的一生发展分为乳儿期、婴儿期、幼儿期、儿童期、少年期、青年期、中年期、老年期八个阶段，基本对应埃里克森所划分出的个体心理发展的八个阶段。也有人把最初的两个阶段即乳儿期和婴儿期合并称为婴儿期①。不管怎样划分，都可以看出，人的早期是发展很快的，很短的时间就会形成一个大的根本性变化。之所以说是根本性的变化，是因为变化之大足以形成一个新的阶段。从世界上普遍认同的埃里克森的阶段理论和我国的一般心理发展阶段理论来看，早期个体的心理发展的时间是成倍增长的，而心理发展的速度是成倍减缓的。第一阶段历时一年，即从出生到一周岁；第二阶段历时两年，即从一周岁到三周岁；第三阶段历时大致四年，即从四周岁到七周岁。以后的速度逐渐趋缓，每一阶段的时间越来越长。研究表明，人出生后六个月是培养咀嚼能力的关键期，八个月是学习分辨大小、数量的关键期，2~3岁是学习口头语言表达的第一个关键期，2.5~3岁是规矩意识发展的关键期，3岁是计算能力发展的关键期，3~5岁是音乐才能发展的关键期，4~5岁是学习书面语言的关键期，5~6岁是掌握词汇的关键期，9~10岁是由注重后果发展到注重动机的关键期。可见，对孩子的成长来说，10岁之前十分关键，并且在这一过程中，家庭和学校的作用同等重要②。由于个体心理发展的最初几个阶段发展迅速，稍纵即逝，因此，在培养教育孩子时，必须紧紧抓住儿童早期的心理发展特点。

(二)"三岁看大"

"三岁看大"的意思是说，根据人类个体在三周岁时所表现出的行为习惯、心理特征、兴趣和动机等心理动力系统以及脾气、情绪稳定性等能看到他长大以后的心理与个性的雏形。这是因为，人出生后的最初三年是个体的身体发育、身心发展最迅速的时期③。在这个阶段，父母的期望、行为和一些生活标准会被婴儿内化为自己的期望和规则系统，成人尤其是父母对待孩子的态度、方式等对孩子的成长会产生很大影响。

---

① 雷雳 . 发展心理学 .3 版 [M]. 北京：中国人民大学出版社 .2017：76-116.
② 妈妈帮 . "三岁看大，七岁看老"原来是这个意思，千万不要误解了！[EB/OL].
[2017-07-10]https://www.mmbang.com/bang/609/24371873.
③ 朱文珺 . 家庭教育圣经：三岁看大七岁看老 [M]. 延边：延边大学出版社，2012：
3-4.

从认知过程来看，三岁之前是儿童的感觉、记忆和思维等认知形成发展过程中最为敏感的时期，三岁之前对幼儿进行认知水平和能力的培养将事半功倍。

从人格形成与发展来看，孩子成年后的性格基本上在三岁之前就已经定型，三岁之后变化不大。伦敦精神病学研究所教授卡斯比的研究表明，通过三岁幼童的言行就可看出他们成年后的性格。1980 年，卡斯比教授同伦敦国王学院的精神病学家对 1 000 名三岁幼儿进行了面试，根据面试结果，将这些幼儿划分为充满自信、良好适应、沉默寡言、自我约束和坐立不安 5 大类型，分别占总调查人数的 28%、40%、8%、14% 和 10%（表 2-1）。到 2003 年这些孩子长到 26 岁时，卡斯比等精神病学家再次对他们进行访谈，并对他们的朋友和亲戚进行了调查。研究结果表明，所有研究对象 26 岁时的人格特征与其 3 岁时的人格特征差异不大（表 2-1）[1]。

表 2-1　卡斯比对 1 000 名儿童的追踪研究结果表

性格类型	占比	3 岁时的表现	26 岁时的表现
自信型	28%	外向型性格，活泼、热心	开朗、坚强、果断、领导欲较强
良好适应型	40%	自信、自制，不易心烦意乱	自信、自控力强，不易心烦意乱
沉默寡言型	8%	不爱说话，见陌生人胆怯，喜欢独自玩耍	隐瞒自己的感情，不愿意去影响他人，不敢从事任何可能导致自己受伤的事情
自我约束型	14%	自控能力、自律性、自制性、自主性强，不易受他人影响，有自己的主见	基本与 3 岁时一样
坐立不安型	10%	行为消极、注意力分散，好动坐不下来，情绪不稳定等	易苦恼和愤怒，不现实、心胸狭窄、容易紧张和产生对抗情绪

卡斯比的研究在一定程度上证明了"三岁看大"[2]。这一研究结果告诉我们，三岁之前人的良好人格特征培养十分重要和必要，必须引起父母等婴儿的抚养者的注意和重视。否则，如果在这一时期形成不良的人格特征或心理

① 家长帮．三岁看大的证据 [EB/OL].[2017-07-10] http://www.jzb.com/bbs/thread-133111-1-1.html.

② 朱文珺．家庭教育圣经：三岁看大七岁看老 [M]．延边：延边大学出版社，2012：9-10.

倾向，将会对孩子以后的发展产生很大的消极影响。尽管这些心理特征和心理倾向将来还能改变，但改起来比较困难。这就是"江山易改，本性难移"的道理。卡斯比通过自己的研究认为：三岁以前父母的行为准则就是模板，它直接决定了孩子一生所依据的行为准则。因此，在这一阶段，父母不但要注意孩子的行为，同时还要注意自己的一言一行[①]。

（三）"七岁看老"

"七岁看老"其义是指，根据个体在七周岁时所表现出的行为习惯、心理特征、兴趣和动机等心理动力系统以及情商、逆商等心理品质，能推测或预见他中年以后的成就和功业以及他老年时的基本人格面貌。心理学研究表明，人在幼儿期的身体发育、身心发展仍然非常快速[②]，这一阶段是自我意识、言语、音乐、绘画、算术等能力形成和发展的关键期，对人的一生发展都具有十分重要的意义。

从幼儿的认知发展过程来看，这一阶段符号思维开始出现并迅速发展，语言是幼儿表现出的符号功能最明显的方式。符号思维是用一种事物代替另外一种事物的能力，正因为如此，幼儿可以用事物的形象或语言来表征其经验，进行类比思维。利用符号思维，幼儿已经能做一些象征性游戏或假装游戏，即幼儿通过扮演一定的角色来进行游戏活动。这些游戏活动对儿童的社会性、情绪、智力等发展都有积极作用。另外，象征性游戏与一些重要的心理能力如心理表征、社会参照、想象、角色扮演、协商、问题解决等均存在联系，并可能对非社会性认知、社会认知与社交技能等方面发展产生直接或间接的影响[③]。幼儿注意的指向性和集中性开始形成和发展起来，他们开始能够抑制自己的冲动并把注意力集中在活动目标上。当幼儿的记忆发展到一个更高的水平，他们就能够根据自己的记忆来判断事物。他们有一定的逻辑分析、归纳和综合能力，能够用自我语言控制自己的思维和行为，用出声的

---

① 妈妈帮."三岁看大，七岁看老"原来是这个意思，千万不要误解了！[EB/OL]. [2017-07-10]https://www.mmbang.com/bang/609/24371873.

② 朱文珺.家庭教育圣经：三岁看大七岁看老[M].延边：延边大学出版社，2012：12-13.

③ 倪伟.假装游戏与儿童发展：观点、争论与展望[J].南京师大学报（社会科学版），2014（05）：111-118.

外部语言指导自己的活动，确保自己能做到完成任务的每一步。幼儿认识发展的主要特点如表 2-2 所示。

表 2-2 幼儿认知发展的主要特点 [①]

年龄阶段	认知发展特点
2～4 岁	1. 表征能力有巨大的发展，反映在语言的发展、假装游戏、绘画以及对双重表征的理解上 2. 在简单而熟悉的环境中、在日常面对面的沟通中，能够认识到他人的观点（观点采择） 3. 能够区分动物和非动物；否认魔法能够改变日常经验 4. 掌握守恒，会逆向思维，能够理解熟悉背景中的很多因果关系 5. 能根据共同的功能对物体和行为进行分类，提出关于每一类别共享的基本特征的看法 6. 能对熟悉的物体进行分层组织分类 7. 能区分外表与真实
4～7 岁	1. 越来越意识到假装游戏（以及其他思维过程）是表征活动 2. 能用似是而非的解释来替代仙女、妖精等魔法信念对违反期望事件的解释 3. 解决了口头上的外表真实问题，这表明幼儿有了更为可靠的理解

从语言发展来看，幼儿已经逐步发展起来一定的言语沟通能力和读写能力；词汇量大增，六岁孩子的词汇量是三岁时的三四倍；表达的句子越来越复杂，三岁时已经能说出完整句，七岁时幼儿说出的句子接近成人水平。

从情商发展来看，幼儿逐渐具有情绪控制和调整力、理解力、自我情绪意识；能够在一定水平上控制和调节自己的情绪，理解他人的情绪，意识到自己的情绪。

从智力发展来看，3～7 岁是人智力发展的次高峰阶段，因此，幼儿阶段也是培养或开发智力的重要阶段或时期。倘若错过这一时期，儿童的智力发展将大受影响。

从人格形成与发展来看，幼儿逐渐建立起自我概念，自我价值感开始萌芽和发展，人格特征逐渐形成并稳定下来，具有整体性人格。

从运动能力上看，幼儿的粗运动技能和精细运动技能都得到长足的发展，他们的身体动作变得更协调，奔跑、攀爬、伸展、抓握等运动能力的发展给

---

① 雷雳 . 发展心理学 .3 版 [M]. 北京：中国人民大学出版社 .2017：123.

予他们探索世界的新方式，使他们有了新目的和新任务[①]。伴随着新目的、新任务和新的活动方式的涌现，他们对世界充满了好奇心，产生了探索世界的兴趣和积极性。所有这些都显示出该阶段是培养他们匠心的最佳时间。幼儿的运动技能发展如表2-3所示。

表2-3　幼儿的运动技能的发展[②]

2岁	3岁	4岁	5岁
1. 能跑	1. 能单腿站立	1. 能停住小三轮车	1. 跳绳
2. 能踢动一个大球	2. 能两只脚跳跃	2. 能交替双脚从梯子上下来	2. 能单腿跳10步
3. 能跳30厘米高	3. 能骑小三轮车	3. 能骑马	3. 能照着画正方形
4. 能独自上楼梯	4. 一只脚能推动小推车	4. 能剪断线	4. 能照着写字母和数字
5. 能搭6~8层积木	5. 能照着画圆	5. 能写简单的字母	5. 能很好地扔球
6. 能够自己翻书	6. 能画不间断的线	6. 能用肘部和身体前部接住球	6. 能系住纽扣
7. 能穿简单的衣服	7. 能从容器中倒水	7. 自己能穿连衣裙	7. 能用肘部和身体一侧抱住球
8. 单手能拿住一只玻璃杯	8. 能伸胳膊抓住球		

学前期儿童的身心发展特点决定了匠心培养应该从这一时期开始。原因是匠心所包含的许多心理品质都是从这一时期形成和发展起来的，这一时期还是匠心的许多方面如独立性、自主性、创新精神、专注等素养发展的关键期。

(四) 教育价值及内容

从上述的个体从出生到七岁的发展来看，"三岁看大，七岁看老"实际上是告诉人们要重视早期教育[③]。那早期教育到底应培养孩子的什么样品质呢？从孩子出生到七岁的发展来看，早期教育应该重点培养孩子包括匠心

---

① 范德赞登，克兰德尔，克兰德尔. 人类发展 .8 版 [M]. 俞国良，黄峥，樊召锋，译. 北京：中国人民大学出版社，2011：246–248.
② 范德赞登，克兰德尔，克兰德尔. 人类发展 .8 版 [M]. 俞国良，黄峥，樊召锋，译. 北京：中国人民大学出版社，2011：247.
③ 谢昌逵. 三岁看大 七岁看老——试论养成教育的起点 [J]. 当代青年研究，2006（03）：16–22.

在内的良好行为习惯和积极心理品质①②，尤其是当代社会发展所需要的核心素养。但是，现在许多家长和学前教育教师只注重对孩子的知识、特长和智力的培养，而没有注意到应该培养的良好行为习惯和积极心理品质，对孩子健康人格的形成与发展也未给予足够关注，因此使早期教育失去了其本应有的作用，甚至产生了副作用。如有的家长给孩子报了许多兴趣班，让孩子疲于奔命地学习各种技能，忽视孩子的天性，使孩子产生厌烦心理甚至抵触情绪。再如，我国现在学前教育"小学化"倾向严重，导致孩子未上学先厌学。再如，由于父母的溺爱，由于老人的包办代替，使不少孩子养尊处优，缺乏克服困难的意识和勇气，一旦在学习过程中遇到困难，就灰心丧气。再如，由于从小缺少家庭教育，缺乏感恩教育，使一部分孩子习惯于我行我素十分任性。

有人归纳出年轻的父母对早期教育重要性的认识、理解不深，对孩子个体差异知之不多的十种具体表现③：①不知道0～7岁的孩子存在各种敏感期；②错误地把灌输知识当成对孩子的早期教育；③不知道孩子需要爬行，为图省事而滥用学步车；④不知道如何处理孩子的哭闹情绪；⑤不知道为什么三岁以后的孩子会出现攻击现象；⑥不知道"成人不欲，勿施于儿童"；⑦不知不觉把太多负面信息传递给了孩子；⑧不知道父母语言教育不当，会使孩子口齿不清；⑨不知道将规则内化到孩子的心中；⑩不知道如何处理孩子抢玩具的现象。

朱文珺等人通过研究，提出下面的几条习惯是孩子必须养成的④。（1）会说"谢谢"，学会感恩。文明礼貌从"谢谢"开始，爸爸妈妈教给孩子发自内心的感谢和微笑，会使孩子懂得感恩。一个懂得感恩的人会对朋友友爱、孝顺父母、忠于职守、回馈社会，将来很有可能成为一个有用的人。（2）学会交友。无论在哪一个年龄段，找到一两个同甘共苦、互帮互助、相互激

---

① 张树丽，童宏亮. 关于"三岁看大七岁看老"的教育学追问 [J]. 四川职业技术学院学报，2018，28(06)：85-89.

② 汪瑜."三岁看大，七岁看老"的毕生发展心理学分析 [J]. 科教文汇（上旬刊），2007(08)：206.

③ 林晓昕. 现代家庭早期教育的误区 [EB/OL].[2014-04-28]. http://www.doc88.com/p-8098023038427.html.

④ 朱文珺. 家庭教育圣经：三岁看大七岁看老 [M]. 延边：延边大学出版社，2012：111-130.

励的伙伴，往往是孩子形成活泼开朗，独立自信的必要条件，做父母的要教给孩子一些交朋友的技巧，更要给孩子做好榜样，自己要交一些"好"朋友，不要交狐朋狗友。(3) 良好阅读习惯，勤于阅读，快速阅读，快乐阅读。勤于阅读是充分利用时间阅读，要在遇到各种困难时坚持阅读。快速阅读是培养快速阅读的能力和快速获得新信息的能力。快乐阅读是体验到阅读的快乐，对阅读充满兴趣和热爱。(4) 敢于发表自己的意见的胆量和勇气。如果要从小培养孩子有主见，敢于发表自己的意见，就要给孩子发言的机会，并对孩子发表自己意见的行为给予鼓励。就像积极心理学的创始人塞利格曼对待他的女儿那样。一些可以由孩子决定的小事情，不妨交给孩子自己做决定；遇到大事情，也不妨听听孩子的意见，或许他会给你一个惊喜。对于内向羞涩的孩子，爸爸妈妈也要引导孩子说出自己的看法。(5) 愿做会做家务。让孩子从小练习做家务，其目的不是为父母分忧解劳，而是对孩子未来的期许和培养，是家长对孩子负责的表现。有研究表明，会做家务的孩子比那些不做或很少做家务的孩子的动手能力更强，会自己想办法解决问题，更爱家，更有责任心。(6) 真诚。心理学研究发现，在人际交往中，最被人们看重的品质就是真诚。一个真诚的人，总是容易得到别人的好感、友谊和认可。一个真诚的人，最能够打动他人，立足社会。(7) 形成自己的事情自己做的习惯和尽量不求人的自立自强精神。

第三章　匠心培养的学前教育模式

学前教育究竟应该教什么？怎么教？一直是使教育工作者激烈争论的问题。由于相当部分的人尤其是学前儿童的家长和教师对这些问题认识不清，在具体开展学前教育活动时出现"小学化"等偏差，严重影响了学前教育的有效性，使得学前教育培养学前儿童匠心的作用未充分发挥甚至出现反作用。因此，为科学有效地开展学前教育，充分发挥学前教育对社会发展和人的发展的作用，有必要对这些问题进行研究。

第一节　学前教育的基本特点与匠心培养

从前面章节的论述和对学前教育的分析，可以看出学前教育具有如下不同于小学教育的特点以及教育方式。

一、综合性

不同于中小学的分科教育，学前教育是不分科的综合性教育。其根本原因是学前儿童的发展是一种身心与社会性综合在一起的整体发展，这是一种未分化的快速发展。因此，学前教育不适合采用中小学的分科教育模式。依据学前儿童的身心发展和社会性发展特点，学前教育主要是以促进学前儿童的身心和社会性发展为主的育人教育。

当代心理学尤其是文化心理学、建构主义心理学、活动主义认知心理学、具身认知心理学等研究表明，人的心理是一种整体发展。人在社会活动中，在文化的作用下，不仅智力、性格等得以发展，而且人生态度、生活方式、价值观念、行为习惯、思维方式、心理定向等都会得以形成与发展。对于学前儿童来说更是如此。例如人在遭遇挫折或困难时，在学会预防或消除挫折与困难的过程中，其智慧、挫折承受力、对挫折与困难的反应方式或模式、应对方式、对生活的态度、化功等，都得以同步形成与发展。再如，孩子在玩耍时不小心摔倒，他会在学会如何避免摔倒的同时，对摔倒的反应方式（如感到痛苦、惧怕并由此小心翼翼或是勇敢站起来）、人生态度（如人生不是一帆风顺的）、对困难的态度和行为模式（如摔倒了自己爬起来）、意志品质（如要勇敢，不要怕困难或挫折）、思维与归因方式（如摔倒的原因是自己不小心或没注意的内部归因，或外部因素与自己过不去的外部归因）、应对方式（如分析原因以避免再次摔倒还是踢打绊倒自己的东西）、挫折承受能力等都会发展起来。

文化心理学、进化心理学、建构主义心理学等学科研究发现，无论是人类心理的形成与发展，还是个体心理的形成与发展，都是在生活中，通过一个个活动来表现或实现的，而人在活动中所表现与发展的心理是多方面的，即使是最简单的活动，也需要人的心智、意志品质等多方面心理的参与，复杂困难的活动更是如此。尤其是解决一些较复杂问题的活动，需要分析问题和解决问题的能力、意志品质、情绪或情感等多种心理因素参与，是这些因素协同作用的结果，因而通过活动而引发的心理发展是多方面心理的协同发展、整体发展。文化心理学家科尔（M.Cole）认为，人的心理是在语境（context）中通过活动形成与发展的。就语境而言，它是各种因素相互联系、相互作用而形成的整体，它对人的心理发展的作用也是整体性或系统性的。在科尔看来，语境是"给予其部分以凝聚力的有联系的整体"，构成它的各部分"交织在一起"，因此不能简单地把它归结为"周围的东西"①。依据这一语境观，人的心理发展是在语境中通过人自身与环境中各种因素的相互作用而实现的，人或人的心理既是主体，又是它所处在的语境中的一部分，它与语境中的其他因素相互影响、相互制约，共同构成动态平衡的互动过程或系统。例如，家长带生病的孩子到医院请医生打针，在这一情境中，孩子、家长、医生、注射针头等构成一个完整语境，孩子的身体感受和心理认知以及行为反应、家长的言行与反应、医生的言语行为等相互作用，共同作用于孩子的心理，影响孩子心理的整体发展。其中任何一个因素变化，都会对孩子的心

① COLE M. Cultural psychology[M]. Boston: The Belknap Press of Harvard University Press.1996: 112.

智造成影响。

以家长的行为为例。倘若家长在医生给孩子打针前欺骗孩子说"打针不痛"，但实际上当针扎到孩子身上时孩子感觉非常痛而哇哇大哭，这就极容易形成孩子的欺骗、畏惧艰难困苦、对医生乃至白大褂的恐惧和反感（若以后家长再拿医生吓唬孩子，如告诉孩子"不要哭了，再哭就叫医生给你打针"，就更会如此）等。倘若家长恰当地安慰、鼓励并告诉孩子说："打针会痛，但宝宝很勇敢，不害怕。""生病难受不难受？怎么才能尽快消除病痛呢？那就要听医生的话。打针虽然痛，但可以祛除病痛。一打针，宝宝就会好起来了。"等，就有助于培养出孩子的勇敢、对医生的感激、诚实等心理品质。在该案例中，家长的言语与医生、孩子的感受等相互影响、相互作用，一起形成整体效应。

维果斯基（Lev Vygotsky，1896—1934年）认为，人的智力和思维等高级心理机能是在活动中发展起来的，是各种社会性活动不断内化的结果[1]。人的高级心理机能是在活动中与他人的相互作用而形成与发展起来的，即人的任何高级心理机能首先都是"作为集体的活动，社会的活动，亦即作为心理间机能而登台的"[2]。

人的认知或智能发展依赖于活动中存在的人与人之间的互动（包括互动的内容、形式等），在认知或智能发展的同时，其知识、思想、态度、价值观等也都通过在活动中与他人的相互作用而发展起来，人的心理的整体发展状况取决于其实践活动和他与其他人相互作用的方式和内容。人的高级心理机能是在与社会的交互作用中发展起来的，或者说，人的高级心理活动起源于社会性交互作用[3]。（注：引用时做了适当修改）

例如，在教育活动中，当孩子向教师或家长提出他们难以回答的问题或对教师或家长的观点提出他们难以应对的质疑时，教师或家长的反应和孩子对教师或家长反应的感受会影响孩子身心的整体发展。倘若教师或家长认为孩子故意给自己出难题，让自己难堪，对孩子进行指责或批评，就会打击孩子的好奇心、质疑性和批判性，既影响孩子的智力发展，又会使孩子对教

---

[1] 李炳全，胡海建.文化心理学论有效教学的条件[J].肇庆学院学报，2011（04）：67.

[2] 杨鑫辉.心理学通史：第3卷[M].济南：山东教育出版社，2000：433.

[3] 李炳全.文化心理学[M].上海：上海教育出版社，2007：141.

师产生不满，影响学生的情绪情感发展，同时也会影响学生的积极性、主动性、胆量等素质的发展。倘若教师或家长在自己能够恰当地回答时给予孩子科学地解答，不能恰当回答或无法解答时勇敢诚实地承认自己不会，并与孩子一起寻找问题的答案——"这个问题老师现在也不会，我们课后一起去寻找问题的答案（查字典、查资料）好吗？"就会既促进孩子的智力发展，又会使孩子掌握正确的解决问题的方法，同时还会在老师的影响下培养出孩子诚实、实事求是等优良品质。

综上所述可以得出如下结论：学前儿童的心理发展是一种整体发展，仅就一个方面或某些方面看待其心理发展具有片面性，会使教育者对心理发展及其途径或措施等认识不全面，难以充分认识并利用影响心理发展的因素。这就启示我们：第一，依据学前儿童的身心和社会性发展规律，应以促进学前儿童的心理各方面的协调发展即整体发展为中心和主要任务；第二，充分利用各种教育资源尤其是活动的作用，使每个教育资源的作用都得以充分发挥出来；第三，重视教师行为、教育事件、日常生活中的事情等对学前儿童身心和社会性发展的影响，尤其是充分考虑它们可能给学前儿童造成的消极影响，据此对它们加以合理的改变和利用。

二、探究性

学前教育的探究性是指学前教育以探究性学习为主，其他类型的学习为辅。这是学前教育不同于中小学教育的显著特征。虽然中小学教育也有探究性学习，但它不是教育的主要方式。按照戴维·保罗·奥苏贝尔（David Pawl Ausubel，1918—2008 年）等认知建构心理学家的观点，中小学的主要教学方式是接受学习。探究是指通过探索、研究而发现之义。探究性学习（hands-on inquiry based learning，HIBL）是儿童在学科领域内或现实生活情境中选取某个问题作为突破点，通过质疑、发现问题，调查研究、分析研讨，解决问题。实际上就是发现法。从探究性学习的英文表述方式来看，它主要强调手的作用，即强调人的动手能力，通过人的动手活动发现并解决问题。依据学前儿童的身心和社会性发展特点，探究性学习是符合学前儿童身心发展规律的教育教学方法。

（一）探究性学习的特点

探究性学习具有自主性、实践性、过程性、开放性等特征。

自主性是指把学习者作为活动的主体，以学习者的学为中心，以学习者探究为基本方式，教学效果的取得以学习者主体性的发挥为前提和关键因素。它强调学习者积极主动参与教学活动过程，经过他们自己的积极探索和发现、亲身的体验与实践，来进行学习。相对于学习者的主体作用，教师在教学过程中起辅助性、引导性和催化性作用，只是一个组织者、指导者和参与者。探究性学习对培养和发展学习者的主体意识和主体能力，塑造学习者独立的人格品质，培养学习者的主动性具有很大的积极意义和价值[1][2]。由于自主性、独立性和主动性是重要的匠心品质，因此可以说探究性学习对培养学习者的匠心十分有益。

实践性是指以学习者的主体实践活动为主线展开教学过程，是学习者借助于一定的手段，运用多种感官，通过自己的主体活动，在做中学，在实践中学习。教育教学过程以学习者的实践活动为主，教师的指导为辅。探究性学习特别注重学习者的感知、操作和语言等外部的实践活动，强调学习者的直接经验和间接经验的交融、统一，使认知活动建立在实践活动的基础之上，用学习主体的实践活动促进学习者的发展[3][4]。

过程性是指重视学习者的学习过程而不是只重视学习结果，强调在活动过程中培养人的良好品质。探究性学习特别注重学习过程中各种因素尤其是潜在的教育因素的作用，强调学习者尽量参与到知识发现、形成、应用和发展的整个过程中。在这一过程中，学习者应尽量体验发现知识、再创造知

---

① 百度百科.探究性学习 [EB/OL].[2020-05-08] https://baike.baidu.com/item/ 探究性学习 /10765164？fr=aladdin.

② 360 百科.探究性学习 [EB/OL].[2020-09-25] https://baike.so.com/doc/6283972-6497440.html.

③ 百度百科.探究性学习 [EB/OL].[2020-05-08] https://baike.baidu.com/item/ 探究性学习 /10765164？fr=aladdin.

④ 360 百科.探究性学习 [EB/OL].[2020-09-25] https://baike.so.com/doc/6283972-6497440.html.

识的创新过程及其所带来的成就感等心理历程①②。

开放性是指打破传统教学所规定的学习知识的模式，为学习者提供探究过程中的多种可能性，使学习者拥有可以宽松自由地大胆创新、实现自我超越的学习环境。在这一过程中，学习者可以大开脑洞，大胆质疑，提出问题，畅所欲言，探讨解决问题的方案，对不同的结果进行分析，在探讨的过程中可以培养或提升学习者的批判性、创新意识和创造能力③④。由于批判性、创新意识和创造能力是匠心的组成部分，因此可以说具有开放性特征的探究性学习是培养匠心的重要途径。

(二) 探究性学习的基本模式

探究性学习模式有很多种，其中最具代表性的模式有"做中学"模式和情境探索学习模式⑤⑥。

"做中学"的基本特点是，教师通过设置适当的活动和任务，使儿童投入真实的情境中去，在亲自动手操作的实践过程中学习知识、掌握科学的思维方法、培养儿童对科学的积极态度⑦⑧。

情境探索学习模式的核心思想有两点：第一，为不同类型不同水平的学习者设置适合他们知识水平和心理特点的特定情境，引导他们进行积极的探索，并在探索过程中自主地选择适当的辅导内容和辅导方式；第二，通过在一系列精心设计的情境中进行探索，学习者不仅能获得基本知识和基本技能，而且能掌握有效学习的方法，发展创新意识和实践能力。通过把各种不同的情境和相应的探索活动有机结合起来，可以实现多样化的情境探索学

---

① 任长松.探究式学习——学生知识的自主建构 [M]. 北京：教育科学出版社，2005：28-29.

② 朱作仁.教育辞典 [M].南昌：江西教育出版社，1987：198-199.

③ 任长松.探究式学习——学生知识的自主建构 [M]. 北京：教育科学出版社，2005：29-32.

④ 朱作仁.教育辞典 [M].南昌：江西教育出版社，1987：198-199.

⑤ 任长松.探究式学习——学生知识的自主建构 [M]. 北京：教育科学出版社，2005：29-32.

⑥ 朱作仁.教育辞典 [M].南昌：江西教育出版社，1987：198-199.

⑦ 任长松.探究式学习——学生知识的自主建构 [M]. 北京：教育科学出版社，2005：29-32.

⑧ 朱作仁.教育辞典 [M].南昌：江西教育出版社，1987：198-199.

习。情境探索学习模式有助于充分发挥学习者的学习主动性和创造性，使学习者自主地获取知识，并在获得知识的同时，发展解决问题的能力和学习能力；可以有效地转变"教师讲、学习者听"的传统教学模式，使教师从"知识传授者"转变为"知识探索指导者"[1][2]。

(三) 基本策略

探究性学习的基本策略主要有以下几方面。

1. 力求展示探究过程，潜移默化地引导学生掌握探究的基本方法

探究性学习强调知识发生的过程，教师应及时剖析科学探究的规范过程，挖掘其中的探究要素，使学习者在探究过程中潜移默化地受到熏陶或教育，掌握探究的基本方法[3][4]。

2. 创设科学探究的情境，让学习者参与探究全过程

探究性学习中教师的一个重要任务是创设科学探究的情境。情境设计的好坏，直接影响探究性学习的质量和效果。好的情境，必须能够使学习者在情境的影响和教师的指导下发现并提出问题。探究性学习以问题为导向，学习者能否发现或提出问题取决于学习者能否仔细观察。观察可以是学习者在课外的随意观察，也可以是对教师提供的背景材料的观察。教师所设置的情境应具有一定的指向性和探究的可能性，能够激发学习者的积极性，引发学习者的认知心理冲突，诱发学习者发现问题并提出问题，激发他们的求知欲，增强他们的学习动机[5][6]。

① 百度百科 . 探究性学习 [EB/OL].[2020-05-08] https: //baike.baidu.com/item/ 探究性学习 /10765164？ fr=aladdin.

② 360 百科 . 探究性学习 [EB/OL].[2020-09-25] https: //baike.so.com/doc/6283972-6497440.html.

③ 百度百科 . 探究性学习 [EB/OL].[2020-05-08] https: //baike.baidu.com/item/ 探究性学习 /10765164？ fr=aladdin.

④ 360 百科 . 探究性学习 [EB/OL].[2020-09-25] https: //baike.so.com/doc/6283972-6497440.html.

⑤ 百度百科 . 探究性学习 [EB/OL].[2020-05-08] https: //baike.baidu.com/item/ 探究性学习 /10765164？ fr=aladdin.

⑥ 360 百科 . 探究性学习 [EB/OL].[2020-09-25] https: //baike.so.com/doc/6283972-6497440.html.

3.精心构思，把思维品质的提升作为重中之重

探究式学习对学习者的思维品质要求很高，探究性学习的效果，在很大程度上受制于学习者的思维活动。因此，在开展探究性学习时，应针对探究的每一过程，对学习者思维品质的不同层面如思维灵活性、流畅性、创造性、发散性和集中性等进行有针对性的培养①②。

三、活动体验性

活动体验性是学前教育区别于学龄教育的一大特征。如前所述，学前教育的根本目的不是像小中学那样传授知识，而是培养良好的心理品质。对于学前儿童来说，其心理品质的形成与发展，要在活动中通过自身的切实体验实现。因此，学前教育的最核心要素是活动和体验，学前教育应该是在学前儿童没有学习知识压力的条件下，以活动为基本方式，为孩子们提供一个放松心情的缓冲地带，引发他们产生一定的主观体验和感受，依据他们的体验和感受积极影响和调节其心理状态，以达到促进他们身心健康和谐成长的目的。这就是说，学前教育的基本和主要教学方式是活动体验性教学。尽管中小学也有这种教育方式，但其地位和作用不像它在学前教育中那样重要和主要，它不是中小学的主要教学方式，只是中小学的一种辅助性教学方式。

活动体验性教学是指从教学需要出发，引入、创造或创设与教学内容相适应的具体场景或氛围，以引起学习者的情感体验，帮助他们迅速而正确地理解教学内容，促进他们的心理机能全面和谐发展的一种教学方法③④。在这种教学过程中，学习者通过观摩或直接使教学活动再现而进入教学内容所描述的环境中进行学习、体验、感悟来得到知识经验。其目的是让学习者在主动积极的思维和情感活动中，加深理解和体验，有所感悟和思考，受到情感熏陶，获得思想启迪，享受审美情趣。因此，在这种教学中要特别珍视学

---

① 百度百科.探究性学习 [EB/OL].[2020-05-08] https://baike.baidu.com/item/探究性学习/10765164？ fr=aladdin.

② 360百科.探究性学习 [EB/OL].[2020-09-25] https://baike.so.com/doc/6283972-6497440.html.

③ 360百科.体验式教学法 [EB/OL].[2020-09-24] https://baike.so.com/doc/7963031-8252796.html.

④ 百度百科.体验式教学法 [EB/OL].[2019-11-24] https://baike.baidu.com/item/体验式教学法/15556259？ fr=aladdin.

习者独特的感受、体验和理解[①]。活动体验性教学具有陶冶人的情感，净化人的心灵的价值，能够为学习者提供良好的暗示或启迪，有利于锻炼学习者的创造性思维，培养学习者的适应能力。其核心是激发学习者的情感体验，进而培养学习者的兴趣，激发和培养学习者的创造性思维。它具有亲历性、感受体验性、反思性、直观性等特点。这种方法以培养学习者具有独立、自主、创新等主体精神为目标，以营造教学氛围、激发学习者的情感为主要特点，以学习者自我体验为主要手段的学习方式。它把学习者的知情意统一起来，以美为突破口，以情为纽带，以思维为核心，对培养学习者的创新意识、创新思维有独特作用[②]。由于独立性、自主性、创新性等是匠心所包含的心理品质，因而可以说，活动体验性教学法是培养学前儿童匠心的重要教学方法。

活动体验性教学通常包含情境体验法、互动体验法、实践活动体验法、朗诵体验法、反思比较体验法、艺术创作与欣赏体验法等。在学前教育活动中，既可以采用一种方法，也可以把几种方法结合起来综合使用。

四、生活化

生活化是学前教育应具备的特征之一。这是因为，学前儿童的认知发展水平处于初级阶段，知识经验比较匮乏，还未具有抽象概括能力，因此对他们的教育必须与其生活密切结合在一起，从他们的生活中选取教育素材。

生活化教学是将教学活动置于现实的生活背景之中，以激发儿童作为生活主体参与活动的强烈愿望，让他们在生活中学习，在学习中更好地生活，从而获得有活力的知识，并使他们情操得到真正的陶冶[③]。融合生活化的教学基本方式主要有：日常生活教学化、课堂教学生活化、生活未来化等。

日常生活教学化是指把日常生活与教学活动有机结合起来，充分挖掘

---

① 360百科．体验教学 [EB/OL].[2018-06-15] https://baike.so.com/doc/1818243-1923062.html.

② 百度百科．体验式教学法 [EB/OL].[2019-11-24] https://baike.baidu.com/item/ 体验式教学法 /15556259？fr=aladdin.

③ 百度百科．生活化教学 [EB/OL].[2016-01-23] https://baike.baidu.com/item/ 生活化教学 /15743130？fr=aladdin.

学习者日常生活中的教育内容或素材、方法，在教学内容与学习者日常生活体验之间建立联系，以便学习者能够较为容易地理解和掌握知识，培养学习者的日常生活能力或素养，促进学习者把教育教学中所学的知识经验和方法等运用到日常生活中，培养和提升学习者的实践能力或素养。同时，学习者在实践中运用知识方法的过程所培养和激发起来的对生活的兴趣、热情、成就感、价值感等又会反过来融入教育教学中，对教育教学过程予以反哺[①]。

课堂教学生活化是指把教育教学作为学习者生活的一部分，像日常生活中的其他方面（如家庭生活）一样来开展。它要求在教育教学中，关注学习者在生活中所有的作为人的成长发展中的各种需要，创设和谐、愉悦、民主的教学气氛，创建积极、丰富、多方面的精神生活。在这样的生活中，有逆顺、成败、喜忧、猜想、惊讶、思考、活动、交流、争论、哭笑等，由此，学习者能够在教育教学中享受生活过程，获得对人、事、物及三者关系的各种生活体验，通过对生活的认知体验而认识自我，增强自信心，培养或提升生活能力等素养，促进他们的人格发展以形成健全的人格和积极的人格特质，使他们学会生活，促进他们对生命意义的探求和追寻，让他们懂得品尝人生的美好与艰辛。

生活未来化是着眼于学习者的未来生活需要对他们进行教育教学，其实质是根据学习者的发展，面向未来，满足学习者对未来美好生活向往的需要。这实际上是把学习者的过去、现在、未来结合起来，培养起学习者适应未来生活，并在未来生活中有发挥自我作用的平台，从而实现社会和自我双重价值。

五、儿童主体性

儿童主体性是学前教育的一个基本特征。尽管各级各类学校在教育教学中都要求发挥学生的主体性作用，但学前教育是最为突出的，其教育教学的顺利开展和取得成效是以学前儿童的主体性发挥为前提的。

从认识论的角度讲，主体是指从事认识和实践活动的现实的人，即认识者或实践者。主体性是指人作为活动主体在同客体的相互作用中所表现

[①] 360问答.生活化有什么特征[EB/OL].[2013-07-05] https://wenda.so.com/q/1373019143062187？ src=150&q=%E7%94%9F%E6%B4%BB%E5%8C%96.

出来的主动性、能动性、自主性等功能特性。其根本特征是从人的本体方面呈现出的自主性、能动性和创造性。其中创造性以探索和求新为特征,它是个人主体性的最高表现和最高层次,是人的主体性的灵魂。依据主体、主体性的概念,儿童的主体性是指在教育活动中,作为主体的儿童在老师的引导下处理与外部世界关系时所表现出的功能特性。它包括自主性、主动性和创造性三个方面特性。自主性是指儿童要有"主人翁"思想和独立的意识及见解;主动性是指儿童要有积极的心态和主动精神;创造性是指儿童要有创新意识、创新品格和创新能力。其中,自主性是基础,主动性是必要条件和具体表现,创造性是最高表现形式[1]。

在具体的教育教学过程中,儿童主体性主要表现在:学习目的明确,知道自己要做什么;自控能力较强,能够集中时间与精力,去做自己该做的事情;对自己的学习有一定的反思意识与行动,关心自己做得怎么样[2]。

六、文化性

文化性是学前教育的一个显著特征。这是因为学前期是人的社会化初期,是人的社会性发展的关键期。而社会化实际上是人的文化化,是由自然人转变为文化人即具有一定文化心理品质的人的过程。由于中国的教育首先是要把学生培养成中国人,实际上是培养具有中国文化心理品质的人,而这样的教育在学前期实施起来更为容易、关键和必要,因此说文化性是学前教育的一个基本特征。尽管其他教育阶段也要实现学生的文化化,但学前教育阶段更为基础或根本。

个体的心理发展实质上是个体的文化化或文化适应过程,即由自然人变成文化人,形成对生活于其中的文化的认同的文化心理特征或行为模式,并由此逐渐能够适应文化,被文化所接受。倘若文化发生变迁,个体应发展出勇于接受变化的心理品质,并通过培养自己的顺应文化变化的能力去适应文化。心理学、社会学等学科研究表明,人的心理发展从来都不是脱离现实生存环境的抽象发展,而是在现实的文化语境中,在认同、接受并内化文化

---

① 百度知道.什么是学生的主体性[EB/OL].[2016-01-23] https://zhidao.baidu.com/question/213334952.html.

② 360问答.学生主体性表现在哪些方面[EB/OL].[2019-09-18] https://wenda.so.com/q/1513944411215637.

规范，形成文化心理品质与行为特征，不断适应生活于其中的文化过程中发展的，人形成和发展起来的心理与行为具有文化依存性或文化独特性，总是与人生存于其中的文化相一致。

学前教育的文化性反映在教育上，要求做到以下几点：第一，把文化适应作为教育目标，促进儿童的文化化；第二，重视儿童的思想意识的培养与转变，因为思想意识是儿童行为的风向标，在很大程度上决定人的发展状况、成就大小；第三，把儿童的现代化和信息化作为十分重要的教育目标和任务；第四，教会儿童尊重并欣赏异文化中的他者，把文化沟通和交流合作为教育的使命。

依据当代众多心理学理论，人的心理是在人们参与社会生活形成的，被社会所共享，具有特定社会生活的特征；它存在于实践的社会活动之中，社会活动规定了人们思维、知觉、想象、记忆、言说和感受的事情的种类，构造了这些心理活动的方式与途径。例如，社会中与男人和女人的作用联系在一起不同的社会实践活动造就了男女在情感、认知、攻击性、仁慈心、敏感性、怜悯性、同情心和移情等心理方面的差异[①]。

这一思想对教育具有如下启迪作用：第一，它为心理发展提供了新的路径或方法，要求教育重视活动与工具的作用，通过让儿童掌握并使用工具促进其心理发展；第二，认识到社会发展所引发的人的心理发展，培养儿童具有社会所需要的心理品质，如当今信息社会和网络时代所要求的积极心理品质等；第三，充分利用社会活动和生产、生活方式的作用改革教育教学，如信息技术等。

第二节　教什么：培养匠心的学前教育内容

任何教育教学都要解决"教什么"的问题。"教什么"是教育内容问题，在教学中体现为课程。学前教育课程究竟是什么性质？与小学教育的性质是否相同？本节主要依据上述对学前教育特征的分析以及学前儿童心理发

[①] 李炳全. 文化心理学的教学思想剖析——一种文化主义的教学思想 [J]. 教育导刊，2012，(02) .106–107.

展的特点，对这些问题进行分析。

一、当前学前教育主要存在的问题

(一) 注重群体性，忽视个性化

注重群体性是指在学前教育中注重培养学前儿童具有人的发展的共性品质，而没有注意到他们的个别差异并据此进行因材施教。个性化教育是一种重视学前儿童的个性发展，开发学前儿童具有个体独特性潜能的创造性教育模式。个性化教育首先要承认学前儿童的差异性和自我独特性，要求积极采取措施发展儿童的自我，不断完善和发展儿童的个性和心理素养，培养儿童的创造性。它是以受教育者的个性差异为依据，让每个儿童都找到适合自己个性、潜能发展的独特领域。其目的是使儿童个性充分发展，让儿童人格健全。个性化教育应当引导儿童认识并发展自我独特性，确立成为自我、走自己的路的信心。但长期以来，我国学前教育只重视群体性培养而忽视对儿童的个性塑造，这与当今教育的发展以及未来教育的发展趋势是相悖的。

研究表明，个性化教育是教育发展的一个十分重要的趋势。[1][2][3] 个性化教育是与工业时代的统一化、标准化和规模化的人才培养模式迥异的一种培养方式，它与因材施教的教育理念相一致，是信息社会发展对教育发展的必然要求。[4][5] 尽管因材施教是自古以来就有的教育思想，但一方面，由于条件的限制，这一理念在以往的教育中很难贯彻；另一方面，人类社会发展到工业社会后，需要大量的标准化人才，为了满足工业化社会这一需要，教育开始采用统一化、标准化和系统化的人才培养模式。这种培养模式确实为大工业化社会培养了大量的标准化人才，促进了工业化社会的发展，但是，随着信息社会的出现与发展，其不足越来越凸显出来，它无法满足信息社会对

---

[1] 拓志. 未来教育的十大趋势 [J]. 教育情报参考, 2002(04): 29-30.

[2] 搜狐网. 中国未来教育什么样？看这十大重要趋势 [EB/OL]. [2018-03-07]. https://www.sohu.com/a/225062511_100106167.

[3] 知乎网. 未来教育的十大趋势 [EB/OL]. [2018-11-08]. https://zhuanlan.zhihu.com/p/48933832？ utm_source=qq.

[4] 拓志. 未来教育的十大趋势 [J]. 教育情报参考, 2002(04): 29-30.

[5] 快报网. 未来教育十大发展趋势 [EB/OL]. [2019-12-26]. https://kuaibao.qq.com/s/20191226A0MZ0600？ refer=spider.

多元化人才尤其是创新型人才的需要和人的个性化发展的需要，因此，教育模式必然要随着信息化社会的发展而做出变革。同时，随着信息技术的发展，互联网、大数据、人工智能和物联网等新兴科学技术为贯彻因材施教思想而实施的个性化教育提供了坚实的技术支撑。这些新兴科技在教育中的应用，迫使并促进了标准化教育模式向个性化教育模式的转变。例如，通过大数据，学校和教师可以分析学生的学习倾向、学习动机、学习风格和学习爱好等，能够实现向儿童个性化地定向推送学习资源，精准化地辅助孩子学习，儿童自助化完成学习目标等。所有这些都说明，随着信息社会的发展和科学技术的进步，在为教育提供越来越先进的物质条件和技术支撑的基础上，个性化教育将成为现在和未来教育的一大趋势。[①] 学前教育也不例外。因此，必须对当前的不适应信息社会发展的学前教育模式进行改革，积极开展对学前儿童的个性化培养。

(二) 过度重视智商，忽视情商、逆商、自强不息等良好心理素养的培养

当前对学前儿童的教育，无论是家庭还是幼儿园，都非常重视孩子智商的开发培养，而忽视孩子适应社会所必需的情商、逆商等心理素养的培养，其结果是导致一些儿童高智低情低意低社会性。社会越是发展，越需要人具有多方面的心理素养，如果缺乏这些素养，孩子将来不仅可能难以适应社会，甚至还可能会产生心理问题或心理障碍。

随着信息社会的发展，对人才的素养要求越来越全面、越来越高，那种过度重视智力发展的教育模式越来越不适应信息社会发展的需要。有研究表明，随着社会的发展和科学技术的进步，尤其是人工智能的出现与发展，预计在未来，我国将会有710万工作岗位消失，700种职业、47%的工作都可能被人工智能或机器人取代，而同时也将出现许多新职业，极有可能形成一种"许多人失业而同时又有许多岗位'虚位以待'"的现象；在知识记忆和简单理解方面，人工智能已经超越了人类，在未来靠知识记忆和简单理解为主的工作可能将被人工智能全面取代。[②] 针对这一问题，教育必须及时调整人

---

① 快报网. 未来教育十大发展趋势 [EB/OL]. [2019-12-26]. https://kuaibao.qq.com/s/20191226A0MZ0600？refer=spider.

② 搜狐网. 中国未来教育什么样？看这十大重要趋势 [EB/OL]. [2018-03-07]. https://www.sohu.com/a/225062511_100106167.

才培养目标，由知识记忆为主转向以素养培养为主，更加注重培养人的批判性思考能力、创造力、创新精神等心理素养，更加注重培养人们人机合作的能力。

同时，由于信息社会的发展迅猛，社会变化日新月异，给人们带来了一定的社会适应压力，使人们在社会适应中容易遭受挫折，产生挫折感；随着经济的快速发展，导致社会职业结构的巨大变化，从而造成人们的就业创业压力，使人们在就业创业过程中容易遭遇挫折，产生挫折感；信息社会中知识爆炸、知识信息的快速更新，容易给人们造成学习压力，使人们容易遭受学习挫折，形成挫折感。所有这些都说明社会发展对人的情商、逆商、心理韧性、意志品质等心理素养的要求越来越高，致使素养提升跟不上社会变化的人容易遭受挫折。因此，必须培养儿童具有适应社会需要的多方面的心理素养。如前所述，学前期是人的多方面心理素养发展的关键期，这就要求学前教育应当把培养孩子的综合心理素养作为重要任务。

（三）过度重视受管教性和顺从，忽视独立性、批判性、创新性

目前我国的学前教育注重对孩子的管教，更注重培养孩子的顺从性，而没有注重对孩子独立性、批判性、创新性的培养。

在信息社会中，信息技术更新的速度越来越快，技术的更新、新技术的涌现，使人们获取信息的途径和方法大大增加，获取的信息量激增，由此促使人们看待、获取知识或信息的眼光或视野以及对待信息或知识的态度发生改变，进而促使信息或知识的价值或作用发生改变，这实际上是一种创新。同时，快速进步的科学技术对人的创新要求也越来越高。正因为如此，培养儿童创新性和创造性思维就成为教育无法推卸的责任。[①] 学前教育也不例外。这就告诉我们，在学前教育中，应改变那种培养幼儿听话、顺从等心理特征的教育模式，充分利用学前儿童的好奇心和探究精神，培养他们的独立性、批判性和创新性。

（四）注重知识技能培养，忽视心理素养的培养

这一问题是学前教育"小学化"倾向的具体表现。其主要表现形式是注

---

① 拓志. 未来教育的十大趋势 [J]. 教育情报参考, 2002(04): 29-30.

重对儿童的知识技能的培养，而忽视对儿童的积极心理素养的培养，以至于许多儿童能背出许多诗词，能做比较复杂的计算，能讲比较流利的英语等，但缺乏合作精神、创造性、自强不息精神、责任心等当代社会所需要的心理品质。这是与信息社会发展对人的素养要求相背离的。

(五) 忽视学前儿童的主体性

当前我国学前教育中较为普遍地存在教师的作用过分突出而学前儿童的主体性作用被忽视的现象，这是与前述的学前教育的基本特点相背离的。产生这种现象可能是因为这样一种观念在起作用——学前儿童年龄小，什么都不懂，什么都需要成人来教。实际上，这种观念有失偏颇。如前所述，随着学前儿童的自主能力的发展，他们越来越想亲自去探索世界，他们的好奇心、探究欲等特别强烈，这就为他们的主体性发挥提供了有利条件。再如，由于学前教育阶段儿童所学习的知识、技能十分有限，学前教育主要以培养孩子的自主性、创新性等心理素养为主，而这些心理素养的培养主要依靠孩子的主体性体验，因此，学前教育要取得好的成效，必须依靠孩子们的主体性作用发挥。在这种情况下，如果限制学前儿童的主体性发挥，将会影响他们的身心健康成长。

二、学前教育内容的应然

由于存在上述问题，我国的学前教育存在一定的偏差，导致我国的学前教育并未充分发挥其应有的作用。如果在学前教育阶段孩子的良好心理和行为品质未培养出来，那么对孩子的学龄后教育甚至整个人生的发展都将产生影响。既然如此，那学前教育究竟应该使用是什么样的课程？到底应该教什么？是学前教育工作者必须明晰的问题。

依据学前儿童的心理发展规律，学前教育使用的应该是促进学前儿童身心和社会性发展的课程，应该是培养儿童积极素养的活动体验课程，应该是为学前儿童的终身发展奠定扎实基础的课程。

从学前教育的概念来看，学前教育是一门综合性很强的学科，是由家长及幼儿教师利用各种方法、实物，有系统、有计划、科学地促进儿童的身心发育发展，培养学前儿童的多方面素养，为学前儿童今后的发展奠定基础的教育，它是一个多方面的培养过程。[1] 这一学前教育概念，明确指明学前教育是心、体、智、德、美等诸方面的发展互相渗透、有机结合的教育过程，其中以身和心的发展为主，即促进学前儿童的身心和社会性发展为主。学前教育既要根据学前儿童身心发展的一般规律促进所有学前儿童的身心全面发展，又应注重个体差异，因人施教，促进每个学前儿童的个性健康发展。由于学前教育是一种综合性教育，因此，在开展学前教育时，应依据学前儿童的身心发展特征，科学选择、组织各方面的教育内容或素材，并对它们加以整合，形成系统化教育内容，将其融入学前儿童日常生活的各项活动中，以发挥教育内容和手段的整体或系统效应。这说明，学前教育的基本内容并不是像小中学那样的学科知识、技能，而是人的身心素养和社会性发展。要实现促进学前儿童身心和社会性发展的目的，学前教育必须将整个教学内容置于学前儿童的日常活动中，使他们在活动中获得积极的心理体验。

从学前教育的性质看，学前教育是基础教育的基础，是人生教育的起步，为儿童今后的发展提供了"基调"[2]。什么是基础之基础？什么是基调？从人的发展和社会发展需要来说，作为人的发展的基础之基础和基调的是人的发展的核心素养或基本素养。由于匠心是人适应社会发展并在社会中找到自身用武之地所必备的素养，是影响人的人生发展的基本素养，因此匠心应当是学前教育的基本内容，培养学前儿童具有匠心是学前教育的主要任务。不管是显性教育还是隐性教育，学前教育的内容选择、组织和教育方式，都应以培养匠心为重要目标。之所以这样说，其中一个非常重要的原因是学前期是许多匠心品质形成和发展的关键期。

显性教育是指通过有组织的、有计划的、直接的、外显的教育活动使受教育者自觉地受到影响的有形的教育。其最大的特点是目的明确。[3] 显性学前教育是幼儿园设计、组织、实施的各种教育活动，主要是游戏活动。显性教育使用的是显性课程，显性课程是指为实现一定的教育目标而正式列入

---

[1] 百度百科 . 学前教育 [EB/OL].[2020–09–08]. https: //baike.baidu.com/item/ 学前教育/1557451？ fr=aladdin.

[2] 360 百科 . 学前教育 [EB/OL].[2019–07–12]. https: //baike.so.com/doc/6222208–6435515.html.

[3] 百度百科 . 显性教育 [EB/OL].[2020–06–25]. https://baike.baidu.com/item/ 显性教育/50884843？ fr=aladdin.

学校教学计划的各门学科以及有目的、有组织的课外活动。[①] 学前显性课程是幼儿园设计、组织、实施的各种教育活动。它是对学前儿童进行教育的主要内容，所以在培养匠心时，必须科学设计、组织和实施显性教育活动或显性课程。

隐性教育又叫潜在教育，是指通过隐目的、无计划、间接、内隐的社会活动使受教育者不知不觉地受到影响的教育过程。它实现教育目的于日常生活中，渗透教育过程于休闲逸致间，以潜移默化、润物无声的方式对受教育者的思想、观念、价值、道德、态度、情感等产生影响。[②] 隐性教育具有隐蔽性、平等性、愉悦性、灵活性等特点，能有效弥补显性教育的不足。隐性教育使用的是隐性课程，隐性课程也可称为隐蔽课程（hidden curriculum）、潜在课程（laten curriculum）、非正规课程（informal curriculum）、未学习课程（unstudied curriculum）、未预期课程（unanticipated curriculum）等，是指学习者在幼儿园、学校情境中无意识地获得经验、价值观、理想等意识形态内容和文化影响，也可以说是校园情境中以间接的、内隐的方式呈现的课程。它具有非预期性、潜在性、多样性、不易觉察性。

对于匠心培养来说，显性教育和显性课程是在有目的地培养学前儿童的匠心，隐性教育和隐性课程是没有明确目的、无意识地影响学前儿童的匠心发展。相对于显性教育和显性课程，隐性教育和隐性课程虽然不是教育的主要内容，但更容易对孩子产生影响，其效果甚至胜过显性教育或显性课程。孩子身上出现的很多生活上、脾气上、习惯上、人格上、情绪上、态度上的小毛病，都与隐性教育有关系，主要是受生活环境中与孩子接触比较多的人的影响。例如，有这样一位家长：每天都很热心地帮助老师在门口组织接送孩子，她的孩子在班级里也经常很热情地帮助他人。[③] 学前儿童的可塑性很强，很容易受到家长、教师的潜移默化的影响。如果家长、教师懂得感恩，经常在孩子面前表现出体现感恩的言行，孩子就会学会感恩。如果家长

---

① 360百科.显性课程[EB/OL].[2015-10-27]. https://baike.so.com/doc/5822281-6035099.html.

② 360百科.隐性教育[EB/OL].[2020-09-25]. https://baike.so.com/doc/3885977-4079117.html.

③ 金锄头网.显性教育和隐性教育[EB/OL].[2019-10-19]. https://www.jinchutou.com/p-107427302.html.

和教师有积极乐观的心态，对日常生活中的任何艰难困苦都能乐观地看待、坚强地面对，并积极地去解决问题，孩子也会受家长和教师的影响学会乐观、坚强和积极想办法解决困难的心理和行为方式。①

拓展阅读材料3-1：来自积极心理学的启示 ②

积极心理学的创始人塞利格曼（Martin E.P. Seligman，1942年至今）有一个名叫米奇的五岁女儿。有一天，他与女儿在院子里播种。米奇很开心地把种子撒向天空，并且说"播种了，播种了"。但塞利格曼却认为孩子是在给自己捣乱，很不耐烦地对女儿大声呵斥。米奇先是一声不吭地走开了，不久又走回花园中，像个小大人一样对父亲说："爸爸，我能和你谈谈吗？"父亲说："当然可以。"小女孩说："爸爸，你还记得我五岁生日之前的状况吗？我从三岁到五岁是一个经常爱抱怨的孩子，每天说那个不好、这个不好，也不管这些事情要紧不要紧。当我长到五岁的时候，我决定不再抱怨了，这是我做过的最困难的决定。"一个五岁的小女孩，能做出这样的决定，确实非常让人惊奇。"如果我不再抱怨了，你是不是可以不像以前那样郁闷呢？"

小女孩的话给了塞利格曼很大的触动，他的头脑中出现了闪电般的灵光，仿佛出现了神灵的启示。他太了解他的女儿，太了解他的职业了，所以他认识到她可爱的女儿纠正了她自己的错误，矫正了自己的抱怨，也纠正了塞利格曼的郁闷和心灵中的阴影。它告诉塞利格曼和我们，培养孩子，就是要看到孩子心灵深处的潜能，把孩子的潜能充分地挖掘出来，让潜能充分发展，培养并强化孩子的优秀品质，培养孩子的积极力量。培养孩子，不是光盯着他身上的短处、不足或缺陷，而是认识并塑造他身上的最强或优点，即他拥有的最美好的东西，将这些最优秀的品质变成促进他幸福生活的动力。概言之，就是发现孩子身上的长处或优势，培养并促进它们。

这一事例对他的启示概括起来主要有三点：①抚养孩子不能一味斥责和纠正，而要理解孩子的心，给予孩子积极力量。只有对孩子的积极力量积极主动地予以鼓励和培养，孩子才能真正克服自己的缺点。相反，一味地

---

① 金锄头网．显性教育和隐性教育 [EB/OL]．[2019-10-19].https://www.jinchutou.com/p-107427302.html.

② 李炳全．积极心理学：打开幸福与成功之门的金钥匙 [M]．北京：科学出版社，2017：12-13.

训斥、批评、指出并纠正他们的错误，容易打击孩子的信心，抑制其积极力量，不利于对孩子的教育或培养。②自己的生活方式有待改进，因为自己总是生活在消极阴影里，总是由于种种原因心理不耐烦、急躁等，总是用消极方式对待他人的缺点或不足，这不仅于事无补，反而可能有害。也许换一种积极的方式，会取得更好的效果，生活或许会有很大的改观。③对自己的职业和所从事的学科有了新的认识——心理学应该更关注人的积极方面。

正因为这一事件所引发的感悟，使塞利格曼的生活改变了。从那时开始，他决定改变过去五十年在阴暗气氛中的生活和心灵中的许多不高兴的情绪，让心灵充满阳光，让积极的情绪占据心灵的主导地位。①

三、匠心是学前教育不可或缺的内容

前文中提到了我国的俗语"三岁看大，七岁看老"，并对其进行了较为详尽的分析。但前文论述的主要是为什么会有如此说法及其与学前儿童发展的关系，并未对"看"的内容进行详细的分析。依据前述的"三岁看大，七岁看老"的含义和儿童身心发展规律，可以说其中的"看"主要是看婴幼儿在三岁和七岁时已形成的心理和行为品质，尤其是匠心。其中主要有习惯、责任心、情商、逆商、创新性与好奇心、坚定性、不服输、进取心、埋头苦干精神等前述（第一章）的匠心品质。②

（一）良好的习惯和性格特征

拿破仑·希尔（Napoleon Hill，1883—1969年）通过对数百名成功人士的研究发现：行为决定习惯，习惯决定性格，性格决定命运。从某种层面上讲，具有良好的行为习惯和性格，将会间接或直接地决定孩子的一生，是孩子未来成功的基础。所以美国人注重培养孩子良好的习惯、性格，让孩子自强。美国之所以能长时间在世界上居于第一强国的位置，引领世界科技、文化、经济等的发展，是因为它拥有世界上多领域的众多创造性顶尖人才；美

---

① 李炳全. 积极心理学：打开幸福与成功之门的金钥匙 [M]. 北京：科学出版社，2017：12-13.

② LI BING-QUAN. What to teach: the content of preschool education in the horizon of the cultivation of Craftsman's Psyches[J]. International Journal of Arts, Humanities and Social Studies, 2021,3(01) 12-18.

国之所以有这些创造性人才，与美国科学的家庭教育所发挥的人才的孵化器作用不无关系。

美国本土心理学的创始人詹姆斯（William James，1842—1910 年）认为，习惯是物质受外力作用而产生的适应性变化过程。它具有如下主要功能：（1）简化达到一个既定目的的行为，使行为更加精确、更加省力。（2）可以减少行为所需的意识性注意。（3）习惯具有社会功能，可使人们遵循社会规则。正因为习惯如此重要，因此，詹姆斯非常重视习惯，强调教育必须从小培养孩子具有良好习惯。詹姆斯的习惯论对后世影响很大，启示人们重视早期教育尤其是早期习惯的养成。[1]

行为主义创始人华生非常重视习惯。他认为，人格是指个体在反应方面现有的和潜在的全部资产和现有的、潜在的债务。其中，资产包括两个方面：（1）已形成的各种习惯的总体，社会化了的已被调整过的各种本能，社会化了的和已被锻炼过的各种情绪，以及这些东西之间的各种组合和相互关系；（2）可塑性（形成新习惯和改变旧习惯的能量）和保持性（已建立的各种习惯恢复其作用的速度）。也就是个人对于当前或将来外界环境适应的能力。债务是指在当前环境中不发生作用和阻止其对已改变的环境进行顺应的潜在因素。这即是说，华生把人格看作是一切动作的总和，是各种习惯系统的最后产物。由于行为习惯可以改变，因此人格也可以改变。它的形成与改变都与行为习惯一样受环境影响，因此，人格的培养、塑造或矫正都要通过环境来实现。换言之，培养人格的基本途径是创设环境；改变人格的途径就是改变人所处的环境。[2]

孔子说："少成若天性，习惯如自然。"这句话告诉我们，儿童在学前期形成的习惯和发展出来的心理品质就好像天生的一样，对人的一生发展来说非常重要。因此，就必须做好学前儿童的习惯养成与培育工作。依据学前儿童发展的心理特征，对不同阶段的学前儿童培养的行为习惯要有一定差异。[3]

[1] 李炳全．西方心理学史 [M]．武汉：武汉大学出版社，2017：63-64.
[2] 李炳全．西方心理学史 [M]．武汉：武汉大学出版社，2017：110.
[3] LI BING-QUAN. What to teach: the content of preschool education in the horizon of the cultivation of craftsman's psyches[J]. International Journal of Arts, Humanities and Social Studies, 2021（01）：12-18.

1.小班儿童应具有的行为习惯

从小班学前儿童的身心和社会性发展来看，他们应具有的行为习惯主要有：能够自己吃饭，专心吃完自己的饭菜；不随便乱丢垃圾；能够自主地穿脱衣服、鞋袜、帽子等；一起游戏时遵守规则，要有守秩序的习惯；集体活动时不推、不挤别的小朋友，按一定秩序进行活动；对人有礼貌；能够记住老师和好朋友的名字；学会先来后到的排队规则，养成守秩序的习惯；饭前、便后、手脏时能主动洗手，养成讲卫生的习惯；了解刷牙洗脸的重要性，形成自己刷牙洗脸的习惯；大小便能基本自理，知道并按照一些简单的大小便要求去做；能够主动向老师、长辈问好、说再见；分清自己、他人和公共财物的区别，不把公共财物和他人的玩具、用品等放入自己口袋中，不与他人争抢不属于自己的玩具、用品等；有感恩之心，有人帮忙自己的时候学会表达谢意；养成探新求异、积极钻研的习惯。

对小班儿童应具备的行为习惯进行概括，可以发现主要有以下几个方面：遵守规则或秩序的习惯、自己的事情自己做的习惯、控制自己的习惯、进取钻研的习惯、细心与精益求精的习惯。

遵守规则或秩序的习惯要求儿童不管做任何事情，都应有规矩、懂规矩、守规矩，按照一定的规矩或秩序来做。孟子说："不以规矩，不成方圆。"正因为如此，无论对个人还是国家、社会来说，守规矩的习惯非常重要。习近平总书记对其非常重视，强调"立规矩、讲规矩、守规矩"。守规矩的习惯要从学前儿童抓起，学前儿童开始从事群体性活动之日，就是培养他们的守规矩的习惯之时。在学前教育中，根据幼儿的身心发展和活动情况，应积极开展规矩教育，培养他们讲规矩、守规矩的良好习惯。由于规矩意识是匠心的品质之一，培养守规矩意和习惯实际上就是在培养匠心。

自己的事情自己做的习惯是自主性的外部表现，而自主性是行为主体按自己意愿行事的动机、能力或特性。自己的事情自己做的习惯应在孩子具备一定的自理能力的时候开始培养。这种习惯包括自己遇到的困难自己想办法解决；自己要做的事情自己做出决定等。一般而言，儿童两岁甚至更早开始，就有了自主性要求，如想要自己穿衣、吃饭、走路、拿玩具等，想要自主探索周围的世界。这时候，如果父母和幼儿教师允许并鼓励他们独立地去做一些力所能及的事情，并对他们完成的工作给予肯定或称赞，就能使他们获得一种自主感和成就感，培养他们自己的事情自己做的习惯。心理学研究和社会实践表明，学前期孩子的自主性发展如何，直接影响其以后的发展。从自主性的性质来看，它实际上是自强不息的一种表现，在学前期培养儿童的自主性，实际上是在培养学前儿童的自强不息精神。正因为如此，有必要培养学前儿童自己的事情自己做的良好习惯。李玫瑾教授认为，独立才是每个孩子生存于世的底气；孩子可以不优秀，但不能不独立。[①] 身为父母，总想给孩子所有的爱，可过于包办和控制，最终只会变成孩子的阻碍。[②③] 父母越晚放手，孩子就会越晚学会"飞翔"。所以，父母应当学会示弱，孩子才会变强。[④] 父母把责任还给孩子，孩子才能学会独立。[⑤]

掌控自己的习惯是驭心力的外部表现，而驭心力是驾驭自己的心理活动和行为的能力。在学前期，主要表现在儿童能不受其他小朋友的行为影响，专心做自己的事情。前述的不把公共财物和他人的玩具、用品等归为己有，不与其他小朋友争抢不属于自己的玩具、用品等，就是掌控自己的习惯的表现。由于掌控自己的习惯是人们做好自己，走好自己的路的必要条件，因此，在学前教育阶段应当培养孩子的这一习惯。

进取钻研的习惯是一种对自己的成绩、知识技能等永不满足的心理倾向和习惯。这说明，在学前教育阶段就应开始培养孩子的进取钻研意识，使其养成勇于进取、勤于钻研的习惯。

细心与精益求精的习惯是名匠们所具有的心理品质，这种品质应当从孩子开始做事起就进行培养。如前所述，从两岁开始，孩子就有了自己做事情的需要，从三岁开始产生自我意识，他们有了做事情的主动性，因此，在开展学前教育时，应当积极鼓励孩子自己做事情，并在孩子做事情的过程中培养他们细心与精益求精的心理倾向和习惯。

2. 中班儿童应具有的行为习惯

从中班学前儿童的身心和社会性发展来看，他们应具有的行为习惯主

①李玫瑾. 当孩子找不到家的感觉，教育就失败了 [N]. 中国青年报 . 2005-02-21.

②沈丽新. 父母不妨适当示弱 [J]. 今日教育，2018(11)：68-69.

③陈华阳. 会示弱的父母成就更好的孩子 [J]. 婚姻与家庭 (性情读本)，2018 (02)：48-49.

④张纯颖. 做智慧型父母，适时适事示弱——访胡玉顺 [J]. 少年儿童研究 . 2006，(10)：14-16

⑤张志慧. 聪明的父母会"示弱" [J]. 福建茶叶，2020，42(03)：149.

要有：自己整理自己的东西的习惯；自己穿脱较复杂的衣服、鞋、裤子等习惯，鞋袜可以分清正反左右；不挑食和不吃垃圾食品的习惯；会爱护自己的玩具，不乱扔乱砸的习惯；认真听讲，不懂就问的习惯；形成正确的写字和读书姿势；每天读绘本图书的习惯；讲小故事的习惯、讲童话给人听的习惯；主动帮助有需要的人的习惯；分享的习惯，有好东西与好朋友、老师、父母分享；不恃强凌弱和自我保护的习惯；在公共场合表达自己观点而不怯场的习惯；外出时懂得跟紧老师或家长而不掉队的习惯；记住自己家的住址和妈妈爸爸的电话的习惯；陌生人的东西不随意拿，不跟陌生人走的习惯；正确地洗手洗脸的习惯；每天早晚刷牙的习惯。

对中班儿童的行为习惯进行分析，可将其概括为自我管理的习惯、自信的习惯、自我表现的习惯、阅读的习惯。

从心理学角度讲，自我管理是自我意识的一部分，是指个体为了达到预定的目标，将自身正在进行的实践活动过程作为对象，不断地对其进行积极、自觉的计划、监察、评价、反馈、控制和调节的过程，是个体对自身活动的自我体验、自我观察、自我监督、自我控制和自我调节。[1] 从管理学角度讲，自我管理是个体对自己的目标、思想、心理和行为等表现进行管理，自己把自己组织起来，自己管理自己，自己约束自己，自己激励自己，自己管理自己的事务，最终实现自我奋斗目标的过程。[2] 概言之，自我管理就是合理分配并利用自身的一切资源，包括时间、精力、能力等因素。当代管理学大师彼得·德鲁克（Peter F. Drucker，1909—2005 年）说过："有伟大成就的人，向来善于自我管理。"反过来说，个体若不具备自我管理素养，那将一事无成。这说明，培养人的自我管理能力很重要。培养人的自我管理能力要从学前儿童抓起。从三岁开始，随着学前儿童的自我意识的产生与发展，他们已经具备自我管理的心理水平，因此应当开始对他们进行自我管理的训练，培养他们的自我管理能力，养成他们自我管理的习惯。较为具体地讲，对学前儿童的自我管理培养应注意以下方面：自我情绪管理的习惯（先处理好情绪，再处理事情）、时间管理的习惯（管理好时间，不能肆意浪费）、心

---

① 百度百科. 自我管理（心理学名词）[EB/OL].[2015-03-25]. https: //baike.baidu.com/item/%E8%87%AA%E6%88%91%E7%AE%A1%E7%90%86/16983437？ fr=aladdin.

② 百度百科. 自我管理（管理学等领域用语）[EB/OL].[2020-11-18]. https: //baike.baidu.com/item/%E8%87%AA%E6%88%91%E7%AE%A1%E7%90%86/4185？ fr=aladdin.

态管理的习惯（保持良好的心态，心怀希望）、言语管理的习惯（管好嘴，从好好说话做起）、事情管理的习惯（凡事不拖延，今日的事情今日完成）、竞争力管理的习惯（敢于、善于并积极主动地与其他小朋友进行积极的良性竞争）、健康管理的习惯（做好运动，促进身体健康发展）、目标管理的习惯（列出目标，做一个有目标的人）、信息管理的习惯（每天坚持看书，养成看书学习的习惯）、财富管理的习惯（管好自己的压岁钱、零花钱，养成不浪费的习惯，把自己的钱花在有用之处）等。①

自信是对自己有信心。自信是在自我认知、自我判断、自我评价基础上所产生的对自己的积极态度，是发自内心的自我肯定和悦纳。自信在人际交往、事业、工作、爱情、生活等无论哪个领域或方面都非常重要。因此，必须培养学前儿童的自信的习惯。由于自我意识的觉醒，学前儿童已经开始对自我形象、自己做的事情、自己的情绪等进行认知、判断、评价。如果在这时开始对他们进行恰当的引导培养，就能培养他们的自信心，使其形成相信自己的习惯。反之，倘若缺乏引导或教育方式不当，如过度把孩子与比他强的孩子进行比较，就会使孩子产生自卑感。所以，对学前儿童开展自信教育非常重要和必要。

自我表现是指在公共场合或他人面前勇敢地表现自己。它是一种自信的表现，也是孩子将来进入学校进行学习、与人交往等应必备的素养。因此，在学前期应当养成孩子敢于、善于自我表现的良好习惯。

3. 大班儿童应具备的行为习惯

从大班学前儿童的身心和社会性发展来看，他们应具有的习惯主要有：学会每天阅读课外书籍半个小时的习惯；养成正确的读写姿势的习惯；每天晚上知道自己准备第二天所用的衣服、文具用品等的习惯；养成一个良好的作息时间的习惯；主动与人打交道、交朋友的习惯；懂得自己收拾自己的东西，学会洗自己的小衣物的习惯；懂得父母的辛苦，学会分担一些家务的习惯；懂得社交礼仪，养成文明出行的习惯；虚心和反省的习惯；可以明确、有条理地表达自己的观点的习惯；尊老爱幼的习惯。

对大班儿童的习惯进行分析，可将其概括为：阅读习惯、准备习惯、自

① 百度 . 养成自我管理的十大习惯 [EB/OL].[2019-01-04]. https://baijiahao.baidu.com/s ? id=1621691935723668117&wfr=spider&for=pc.

我管理习惯、人际交往习惯、虚心与不满足习惯、反省习惯、礼貌习惯。

阅读习惯是学前儿童应具备的习惯，是否具有阅读习惯，将影响孩子的一生发展。阅读习惯应该从小培养，到幼儿园大班时，这一习惯应当培养起来。这是因为这时孩子已经具备了一定的阅读理解接受能力。

准备习惯是指培养孩子做任何事情前根据做事的需要做好相应工具、材料、方法等的准备。由于孩子成长到五岁，开始有了一定的预判能力，因此可以从这时开始培养其准备习惯。准备习惯是自主性和自理能力的体现。常言道："凡事预则立，不预则废。"说明准备习惯对人的成长或发展很重要。有很多人在小时候没有养成这一习惯，以至于成年后还经常丢三落四。

自我管理习惯从幼儿园小班时就应开始培养，大班时要进一步发展这方面的能力。

人际交往习惯应当从孩子开始与其他小朋友接触时就培养，到幼儿园大班时，随着孩子们之间的交往越来越频繁，这方面的素养要进一步持续强化。

虚心是不自满自大，不自以为是，能够接受别人的意见。由于学前儿童随着其发展，总想表现自己、突出自己，所以很容易形成张扬骄傲的心理。这就更加说明在这一阶段培养他们虚心的重要性。只有虚心，孩子才能感受到自己的不足，从而激励自己不断地奋发进取、精益求精。只有虚心，孩子才会认真考虑别人的意见，尤其是与自己不同的意见，进而整合别人的意见使自己更好地成长。

反省也可称为反思，是反过来审查自己的所思所想所行，它是人不断进步所必不可少的心理品质。海涅说："反省是一面镜子，它能将我们的错误清清楚楚地照出来，使我们有改正的机会。"反省对人有以下作用：可以使人发现已有的思想、视界、思路、方法等的不足或局限，发现其他许多不同的视界、思想、思路、方法等，从而做出更有利的选择，或对已有视界、思想、思路、方法等加以修正和完善。可以使人避免主观武断、行为固执乃至偏执、思想僵化和迷信，思路更加灵活，思想更加活跃，进而发现更多新的可能和希望。[①] 可以使人更具进取的动力，不断开拓、拼搏、取证。可以使人及时发现错误或局限，既能及时纠正，又预防今后再犯，使认识或研究

① 刘传广. 哲学的智慧 [J]. 民主与科学，2007（3）：38.

更加科学合理，进而更加有效。可以使人的思维、认识和思想走向深刻。正如常言所说："有反思才会有发现，有发现才会有努力，有努力才会有发展。"正因为如此，反思被人们看作智慧的源泉。如果说知识源于看和思，那么可以说智慧源于反思。[①] 上述分析说明，反省对人的发展非常重要。随着学前儿童的心理发展，大班儿童已经具备一定的认知水平，完全可以且应当培养他们的反思能力，养成他们的反省习惯。

(二) 责任心

责任心是匠心的一个重要组成部分。本书所讲的责任心，主要是把它作为学前教育的任务，要求学前教育培养孩子的责任心。之所以这样说，是因为随着自我意识的形成和发展，学前儿童能够对自己和自己所做的事情进行认知，也开始主动要求做一些事情。做事情就要承担责任，是自己做的，不管对错，都应该自觉承担。不能将做得好的事情归因到自己身上，做得不好的事情归因到别人或外部事物身上，否则，久而久之孩子就会形成推卸责任的心理倾向。这种心理倾向一旦形成，将会阻碍孩子的成长或进步。

在日常生活中，责任心比较强的人，既能对自己的行为及其结果负责，又能积极主动地承担起自己应承担的社会责任，从而使自己具有强烈的责任感、使命感。这些责任感、使命感会转变成他们不畏艰难、奋发向上、追求和取得成功的动力。而责任心差的人，通常害怕承担责任，总是逃避责任。由于责任感欠缺，他们拼搏进取的动力也就不足甚至匮乏。在失败时，不敢承认自己的错误或失败，由此不能从失败中总结经验教训。

在日常生活中，人们难免会犯错，会出现失误。在犯错或出现失误时，不推卸责任的人，总是从自己身上找原因，对导致犯错的原因进行客观分析，由此能够避免同类错误或失败再次发生。与此不同，推卸责任的人，会尽量降低或淡化自己所应承担的责任，总是为自己的错误或失误找客观理由。这样做的结果是：他们未能总结经验教训，犯过的错误或出现过的失误还会再犯或再出现。正视错误或失败，是成功的重要条件，具体表现有以下两点：第一，敢于承认自己的错误或失败，说明该个体有改正错误或面对失

① 李炳全. 论理论心理学方法 [J]. 江苏师范大学学报 (哲学社会科学版)，2013，39 (06)：136–140.

败的勇气和决心，由此会对错误或失败进行清醒的认识或分析，防止同样的错误或失败再次发生，并引以为戒；第二，及时纠正错误或失败，有助于把错误或失败所导致的消极影响降到最低，并寻找补救措施。反之，如果个体不敢正视错误或失败，认识不到自己已经犯的错误或失败，或认识到但不愿承认自己的错误或失败，就难以避免重犯同样的错误，最终吞下失败苦果。不仅如此，许多失败者还把错误或失败的责任推给他人，让他人承担自己所犯错误或失败的责任，这样更使他们执迷于错误之中而无法自拔与领悟，在错误中越陷越深。

"什么叫责任？一个人真正成为社会一分子的时候，责任给予你的，往往只是灵魂与肉体上所感到的痛苦，但这种痛苦我们必须背负，因为它最终带给你的是无价的珍宝——人格的伟大。"[①] "一个人的强大，不是体格健壮，而是心灵的强大，是一种勇于承担责任、负重前行的勇气。"[②] 由于责任心强的人自愿承担责任，因此他们通常会吃得了苦、受得起累。一个能成大事的人，通常能吃别人吃不了的苦，受别人受不了的累，承担别人承担不了的压力。正如孟子所说："天将降大任于是人也，必先苦其心志，劳其筋骨，饿其体肤，空乏其身，行拂乱其所为，所以动心忍性，曾益其所不能。人恒过，然后能改；困于心衡于虑，而后作；征于色发于声，而后喻。"[③] 儒家思想特别重视人的责任，把"齐家、治国、平天下"作为人存在的使命，要求人积极主动地承担对家庭、家族、国家和人类的责任。为承担起这份责任，应积极主动地接受各种艰难困苦的磨炼。

拓展阅读材料3-2：比尔·克林顿小时候主动承担责任的启示[④]

比尔·克林顿（William Jefferson Clinton，1946年至今）七岁的时候，家里在温泉城外买了一个小农场，并且还雇用了一名女佣。比尔的家庭并不富

---

① 搜狐网. 一位清华新生的父亲给儿子写了一封信……[EB/OL]. [2018-08-27]. http://www.sohu.com/a/250369964_574698.

② 搜狐网. 一位清华新生的父亲给儿子写了一封信……[EB/OL]. [2018-08-27]. http://www.sohu.com/a/250369964_574698.

③ 孟子. 孟子·告子章句下 [EB/OL]. [2021-07-05]. https://so.gushiwen.cn/guwen/book_11.aspx.

④ 沃尔特·米勒. 这是我的错 [M]. 李征途，译. 长春：吉林文史出版社，2004:19-20.

裕，但是雇女佣是霍普人的传统。每当克林顿的母亲到医院去上班时，女佣便负责照料克林顿和弟弟罗杰的起居和生活。但克林顿却几乎不用女佣照料，一切都试着自己去做。不仅如此，他还常常主动照顾弟弟罗杰，陪他玩耍，哄他入睡。母亲回忆说，没有人要求克林顿那样做，而是克林顿常常抢着去做女佣该做的事情，"完全负起了责任"，有时令女佣感到非常为难。

女佣奥德萨是一名笃信宗教的白人妇女，她对克林顿的优良品行和高度责任心十分赞叹，断定克林顿将来必成大器。她说自己很早就发现克林顿跟别的孩子不同。他对人友善、礼貌，而且有很强的责任心和领导力。学校中的一些小伙伴常常围着他转，他俨然是他们当中的"头儿"。回到家里，他不用别人督促，便会井井有条地把该干的事情干好。

克林顿从小生长在没有生父的家庭里，他看到母亲为了操持家务忙里忙外，自然萌发起分担责任的念头。贫穷而普通的家庭往往会诞生优秀的人，这样的例子不胜枚举。贫穷的孩子比一般的孩子更早知道父母亲的艰辛，或许这样的家庭也更需要孩子的帮忙，以分担家庭的重担。这样的经历使他们在年龄很小的时候就确立了责任心。这是能使他们享用一生的优良品质。

从上述克林顿的事例中我们可以看出，责任心是一种需要从小培养的积极素养。为从小培养孩子的责任心，应该在他们尚未形成自己的价值观念时，就使他们明白，"责任不仅是一种美德，更是每个人都必备的基本品质；勇于承担责任是任何人从平凡走向优秀的第一步"[1]。

克林顿的事例也表明，出身贫寒有可能成为人的"财富"，究竟能否成为人的"财富"，关键取决于孩子的家长、老师等对孩子有重大影响的人能否利用境遇培养孩子的责任心。

如果在日常生活中家长自己能积极承担起改变家庭面貌的责任，将会对孩子产生潜移默化的积极影响；倘若家长再有意识地把自己这种对家庭的责任心和勇于承担责任的行为品质教给自己的孩子，那么就更能培养出孩子的责任心。培养孩子的责任心并不抽象，可以通过非常具体的日常生活中的各种各样的小事去培养。例如，在家长与孩子一起到景区等公共场所游玩时，告诉他们维护景区等公共场所的干净卫生是我们责任，要求孩子把每次喝完饮料的空饮料瓶放到自带的垃圾袋里面或丢到垃圾箱中，不乱扔果皮纸

---

① 沃尔特·米勒.这是我的错 [M].李征途，译.长春:吉林文史出版社，2004:19.

屑，把自己看到的乱扔在地上的垃圾捡起来放到垃圾箱里；教育孩子要保护好环境，保护好身边的青山绿水；告诉孩子，不污染环境是我们应担负起的责任，我们可以采取多种方式承担起这个责任，比如规劝阻止其他小朋友污染环境的行为；让孩子从小分担家务活，积极安排并鼓励他们做一些力所能及的义务性工作。

上述分析表明，要把孩子培养成为在将来负责任的能成就大事的人，需要尽早培养他们的责任心。如果孩子们从婴幼儿时期就感受到自己对家庭、他人和社会负有责任，就会产生自己是个有用的人的感受，这样，在他们走上社会后，在责任的驱动下，更能够积极进取，努力拼搏，进而在进取拼搏中培养、提升并发挥他们的聪明才智，成为能承担大任的优秀人才。

（三）化功

化功是把逆境转化成机会，把不利变为有利，把压力变为动力，把困难变为磨炼的能力或素养。不具有"化功"或"化功"差的人，容易承受不了生活中的多方面重压。而具有较强"化功"的人，能够有效地实现从压力向动力的转变，即使承受着重压，甚至承受着比一般人更大的压力，却能够不断提升自我，超越自己，最终登上成功的顶峰。这在第一章中已有论述。在本章中的化功，主要是从学前教育的任务角度进行论述，要求学前教育培养学前儿童的化功。这就是说，学前教育不仅要培养学前儿童的挫折承受力、心理弹性、抗挫折心理品质等，更要培养孩子的化功。

由于学前儿童逐渐开始探究世界，开始从事一些活动，在日常生活中开始与人打交道，开始做一些事情，因此他们就不可避免地会遭遇一些挫折或失败，产生挫败感。这正是培养化功的机会。抓住这样的机会对孩子进行训练，会使他们不畏惧挫折或失败以及艰难困苦，而且还能积极转化它们，把它们变成自己一步步走向成功的阶梯。

在德国的幼儿园，有一种比较流行的"残酷教育"方式。这种教育方式是让孩子自己去经受困苦、挫折或失败，并在经受困苦、挫折或失败中学会恰当应对困苦、挫折或失败的方式或方法。[①] 这实际上就是通过困苦、挫折或失败培养孩子的化功。

① 青木. 德国孩子从小受摔打 [J]. 基础教育，2004(02)：62-63.

(四) 创新性与好奇心

学前儿童具有很强的好奇心，这种好奇心是他们探新求奇的强大动力。意大利思想家维柯认为，"好奇心是无知之女，知识之母，是开人心窍的，产生惊奇感的。凡俗人至今还仍保留着这种特性，每逢看到一颗彗星，一种太阳幻象或其他自然界的离奇事物，特别是天象中的怪事，他们就马上动起好奇心，急于了解它有什么意义。他们看到磁石对铁的巨大作用就感到惊奇。就连在现代，人的心智已经受到哲学的教导和感发了，他们还认为磁石对铁有一种秘奥的同情，因而把自然界看作一个巨大的躯体，能感到情欲和恩爱。"[1][2] 探新求奇是创新性的表现，若对学前儿童的好奇心加以引导，完全可以把他们的好奇心转化为创新性。因此，学前教育应当把培养儿童的创新性作为一个重要任务。

(五) 定力

定力是抗拒诱惑，保持自己独特性的能力，是人们做任何事情尤其是重大事情时必须具备的心理素养。学前期是培养儿童定力的初级阶段，在这一阶段对他们进行适当训练，可以为他们以后的定力发展奠定坚实基础。

(六) 不服输与进取心

如前所述，由于学前儿童开始探究世界，难免会遭遇失败或挫折。这也是培养他们不服输精神的机会。在这种情况下，要给予学前儿童更多更积极的鼓励，引导他们不要退缩，应屡败屡战，勇于拼搏进取，不断总结经验教训，增长智慧。这一过程实质上是教育心理学鼻祖桑代克所讲的"试误学习"过程。它并非是一个自觉的过程，而是在本能和意识的驱动下的半意识的自发或自动调节过程。在这一过程中，良好的心理品质和智慧会自觉或不自觉地得以形成和增强。卢梭的自然主义教育思想就是如此。德国幼儿园的"残酷教育"实质上是给孩子提供遭遇困苦、挫折或失败的机会或情境，[3] 以

---

① 维柯 . 新科学 [M]. 北京：朱光潜，译 . 商务印书馆，1989：183–184.

② 李炳全 . 中国人的心理和行为解谜 [M]. 广州：广东教育出版社，2016：8–12.

③ 青木 . 德国孩子从小受摔打 [J]. 基础教育，2004(02)：62–63.

培养孩子勇于战胜困难的品质，增长他们的智慧。这就是说，培养学前儿童的不服输精神是学前教育的一项任务。

（七）情商

情商是一个人把握和控制自己的情绪，驾驭和利用情绪，揣摩和驾驭他人的情绪，在外界压力下不断激励自己、把握心理平衡的能力[①]。情商不仅关乎个体的成功，也决定着个体的幸福快乐。情商高的人，能够恰当管控自己的情绪，恰当利用情绪，充分发挥情绪的积极作用，抑制乃至消除情绪的消极作用，为自己的幸福生活奠定坚实的基础[②]。尤其是乐观、不服输等心态，能够使人不断地挖掘潜能，提升自己的影响力、价值、精神状态，能使人始终与周围的环境保持良好的亲近度。在某种意义上可以说，情商是人做事情成功的支撑柱[③]。由于学前期正是儿童的情绪情感发展时期，因此这一时期是培养人的情商的重要时期。如果在这一时期把学前儿童的情商培养起来，将会为他们将来的发展奠定良好的基础。

第三节　培养匠心的学前教育的有效途径

在明晰了培养学前儿童匠心的内容之后，为切实培养学前儿童的匠心，有必要厘清培养匠心的学前教育的途径或方式。通过对已有的学前教育实践和匠心培养的需要分析研究，可以看出培养学前儿童的匠心主要有如下途径。

一、真实境遇教育

现代心理学、教育学、社会学、文化学等众多学科的研究表明，境遇是

---

① 李炳全. 积极心理学：打开幸福与成功之门的金钥匙 [M]. 北京：科学出版社，2017：109.

② 李炳全. 积极心理学：打开幸福与成功之门的金钥匙 [M]. 北京：科学出版社，2017：108.

③ 李炳全. 积极心理学：打开幸福与成功之门的金钥匙 [M]. 北京：科学出版社，2017：133–134.

人的心理形成和发展的十分重要的条件，在学前儿童的心理发展中发挥十分重要的作用，甚至可以说，人的心理是在境遇中形成和发展的①。境遇不同，在其中生成的刺激的意义和人们对刺激的反应模式等也各不相同②。另外，境遇发生改变，刺激的意义和由之引起的人的反应模式也会发生相应变更③。概言之，人的心理发展或"成人"过程都发生于生活境遇之中。在文化心理学、建构主义心理学和进化心理学学派等看来，个体心理形成与发展是社会建构和个体的自我建构的过程，其间，已有的本土认识理念或文化信念要被个体接受，变成个体自己的东西，就需要个体在日常生活中去实践、体验和内化。因此可以说，个体的生活现象或遭遇以及个体对其认识与现象学还原起着非常重要的作用。④

　　迄今为止，许多心理学家都已认识到情境与遭遇在心理形成与发展中起着十分重要的作用。精神分析社会文化学派的代表人物霍妮（Karen Danielsen Horney，1885—1952年）、弗洛姆（Erich Fromm，1990—1980年）等和人本主义代表人物罗杰斯（Carl Ranson Rogers，1902—1987年）等都认识到这一点。弗洛姆认为，人的处境是人的心理形成和发展的基础，它促使人的特定的同化过程和社会化过程，而同化和社会化心向构成了其性格的主要组成部分，因此可把性格界定为把人的能量（基于人的处境而产生的需要）引向同化和社会化过程的方式。同样的情境，如果人的遭遇不同，其形成的心理也会有所不同。比如，同样处在危险情境，因接受他人的帮助而消除了危险因素的人和遇到他人落井下石的人，所形成的心理是根本不同的。霍妮指出，人的需要及其被满足的方式、程度是影响人心理形成与发展的重要条件，需要被无条件过度满足的人（溺爱）、被拒绝的人、被合理满足的人，所形成的心理不同。罗杰斯认为，个体在各种境遇中所获得的经验在其心理形成和发展中起着十分重要的作用，尤其是对个体来说重要的人物对他的肯定或否定、尊重或轻视、关怀或冷漠等是个体心理发展的重要条件。

　　上述心理学思想明确告诉我们，人的境遇是非常重要的教育资源和途

---

① 李炳全，胡海建.文化心理学论有效教学的条件[J]，肇庆学院学报，2011，32（04）：65-68.

② 李炳全.文化心理学[M].上海：上海教育出版社，2007：117.

③ 李炳全.文化心理学[M].上海：上海教育出版社，2007：117.

④ 李炳全.文化心理学[M].上海：上海教育出版社，2007：90.

径，对其合理利用，是做好教育或促进人成长即培养人、塑造人、发展人的重要路径或条件。教育中的境遇包括真实境遇（儿童在实际生活中所处的情境与遭遇）和教育境遇（教育者创设的情境与遭遇）[1]。

从人的发展和教育实际看，儿童的生活境遇是他们的心理发展的重要途径，也是重要的教育资源，倘若利用得当，可以发挥一般的学校教育所起不到的作用。比如在儿童摔倒时，应鼓励儿童勇敢地爬起来，并使其学会怎样对待挫折或失败。再如教师对孩子的主动质疑应予以鼓励，并引导孩子积极探究，使他们学会发现问题、解决问题，培养他们的批判精神和创新性。利用这些事件，可以培养孩子具有良好心理品质，促进其健康发展。

当然，境遇在教育中究竟起何作用取决于教育者对它们的利用，利用得当，就会起到积极作用；利用不当，就会起消极作用。由此可以说，利用真实境遇或创设境遇是教育者的重要素质。

对于学前儿童而言，他们在日常生活中的境遇对其发展影响更大。这是因为，他们缺乏知识经验、认知力、判断力和评价力，更容易受到环境因素尤其是人的因素的影响。例如，在孩子不小心摔倒时，在场的小朋友和成人的态度和表现对其影响很大。

拓展阅读材料 3-3：孩子排队情境的启示 [2]

每天户外活动前的排队成了我最头疼的一个环节。我一喊"到教室外面排队了"，就像是混乱的导火线。有的孩子连椅子也顾不上放好，就拥到我身边来。你挤我，我挤你，经常听到有小朋友到我这里告状，"老师，他挤我！"特别是 XY 小朋友，每次排队总会挤在前面，总是对我说"我想排第一个。"我忍不住问："站在第一个和站在后面有什么不同吗？"他对我说："能拉着老师的手，能先玩到玩具。"我说："那总不能每次都是你排第一个，每个小朋友都有机会。"他不高兴地说："不好。"于是，我换了个口吻说："那请你当班长，帮老师管理后面的小朋友，别让他们掉队了，好吗？"他马上很乐意地接受了。

---

[1] 李炳全，胡海建. 文化心理学论有效教学的条件 [J]. 肇庆学院学报，2011(04)：65.
[2] 优文网. 幼儿园教学反思的案例 [EB/OL].[2019-01-01] http://www.unjs.com/fanwenwang/ziliao/304907.html.

想不到，在这小小的"排队"里还有这么多内涵，看来孩子的小脑袋中还真藏着不少秘密在等着我们去发现。这告诉我，老师要站在孩子的角度，用孩子的眼光来看这个"第一"。那么用什么方法让他们主动放弃这样诱人的位置而互相谦让地排队呢？我们怎么让大家不争不抢呢？我试想几点：①可以看谁的表现好，就让谁站第一；②可以轮流站第一；③遇到不讲理的孩子，教师可以用转移的方法，鼓励他帮老师一起管理小朋友。

在这个案例中，教师巧妙地利用了排队的情境对孩子们进行了教育，培养了孩子的规矩意识和守规矩的习惯。其所用教育方法比较巧妙，让孩子心悦诚服地接受教育，而不是简单地对孩子进行强行压制或管教。像这样的境遇在学前儿童的日常生活中有很多。只要家长和教师能够像这位老师一样积极认知并采取有效措施，就能够在学前儿童的匠心培养中发挥极其有效的作用。

拓展阅读材料3-4：在境遇中培养坚强 [1]

在一次玩滑梯的集体活动中，一个过去不喜欢参加集体活动的男孩子，在滑滑梯时，不小心被同伴绊了一跤，小手划破出了一点血。许多小朋友都围上来关心他。在小朋友们的关心下，这个平时爱哭的孩子居然忍住了小手被划伤的疼痛而没有哭。看到这种情况，老师及时地唱了一首歌儿（自编）表扬他："好宝宝起床从来不哭闹，好宝宝走路不用妈妈抱，好宝宝摔倒自己爬起来，好宝宝手脏快去洗洗好。"这个男孩子一边听老师唱歌，一边高高兴兴地跑去玩滑梯了。许多小朋友都向他投去了赞扬的目光。

从这个孩子的身上，我们不仅看到在良好的生活环境里，可以培养孩子良好的心理素质和克服困难的勇气，而且还看到了由于孩子的坚强之举对同伴产生的积极影响。孩子们在良好的生活环境里，越来越喜欢集体生活，在丰富多彩的生活内容中，孩子们的认知、情感、能力、个性等得到培养和提升。孩子们在玩儿中学，在学中乐，在乐中培养情商，在愉悦中发展良好的心理素养。

在这份材料中，教师巧妙地利用了一次集体活动中的偶发情况对学生进行鼓励教育，培养孩子们勇敢坚强、相互关爱等积极心理品质。

---

[1] 360个人图书馆.培养幼儿良好个性促进幼儿心理健康[EB/OL].[2020-11-22]http://www.unjs.com/fanwenwang/ziliao/304907.html.

二、游戏

游戏是学前教育中最基本或最主要的教学方式，是学前儿童非常喜爱的主要活动形式。我国制定用于的指导学前教育的《幼儿园教育指导纲要》《幼儿园工作规程》等文件都把游戏活动作为学前教育的主要教育途径。因此，学前教师和家长应当依据学前儿童的身心发展规律，恰当设计、组织、开展游戏活动，通过游戏活动来培养孩子的匠心，促进孩子的身心发展。

在具体的教学过程中，教师可创设有一定难度、容易使儿童遭受一定挫折或失败的游戏，以此培养学前儿童的挫折承受力和化功；创设需要动脑筋解决问题的游戏培养孩子的勤于思考或善于思考的习惯；创设需要承担一定任务的游戏培养孩子的责任心。换言之，教师和家长可以根据学前儿童的身心发展规律和培养匠心的需要，积极主动创设各种能够培养学前儿童的匠心、促进学前儿童身心发展的游戏活动。

拓展阅读材料3-5：平衡木组合 [①]

（一）活动背景

平衡木可以发展幼儿的平衡、钻爬、攀登能力，让幼儿尝试和探索从高处向下跳的技能，提高灵敏性、协调性；培养幼儿勇敢、互相帮助的良好品质，能主动参与并在活动中积极动脑的意识与能力。《3—6岁儿童学习与发展指南》强调指出，要培养幼儿对运动的兴趣，在自主活动的基础上，积累运动经验，体验运动乐趣。在体育活动中，平衡能力的训练是一个比较重要的项目。因为在日常生活中，人的身体为了适应各种活动，必须不断地变换各种姿势，保持身体平衡。因此有必要通过集体活动来训练幼儿的平衡能力。基于以上两方面的考虑，教师A特意设计了这次活动。

（二）活动内容与过程实录

活动时间：2019年10月第四周；活动地点：户外操场；对象：小班幼儿。

活动实录1：走一走，试一试

---

① 美篇网.幼儿园课程游戏化优秀教学活动案例[EB/OL].[2019-11-14] https://www.meipian.cn/2imtsq2a.

这天像往常一样，小班的小朋友们来到户外操场活动区。发现操场上到处散落着中、大班哥哥姐姐们玩耍过的轮胎、木板等活动材料。老师A对孩子们提议，"我们今天就玩哥哥姐姐们未整理好的这些材料，小朋友们看可以吗？"孩子们回答说"好"。可是到底玩怎么呢？这让孩子们犯了难，这时小朋友甲提议，"我们可以把木板放在两个轮胎之上，这样就可以搭建成简易的独木桥了。"小朋友们一听也都开心的应和道。孩子们开心地找木板、轮胎组装平衡木，老师A和班里的另一位老师B也在一旁帮助孩子们检查平衡木的牢固性。不一会儿简易版的平衡木组合就做好了，小朋友们都迫不及待地开始走一走，试一试。

小朋友B是个女孩，胆子很小，被小朋友A牵着手一起走过去。有的小朋友发现幼儿园的器械库里有现成的窄窄的独木桥，也将它们拿了过来，加入我们的平衡木组合。这个窄窄的独木桥可难倒了好多小伙伴。

我来爬着走，你来借助小手走，他来横着走。小朋友们为了征服这座小独木桥可是费了好一番功夫。

这时别的小朋友也发现这个新的平衡木是平衡木组合中最难攻克的难题，都前来一试，有的幼儿想尽办法也未能征服这座窄独木桥，有的平心静气、胆大心细便通过了。今天对于幼儿们来说，是小试牛刀，下次教师会准备制作更大更难的独木桥组合让孩子们去征服。

活动实录2：搭一搭，试一试

第二天，在户外活动结束后，孩子们就迫不及待地对老师说："老师，我们今天继续玩平衡木组合吧"。教师A看到孩子们热情如此高涨，就对孩子们说，"那今天请小一班的小朋友自己来试着搭一搭我们的平衡木组合可以吗？"孩子们自信满满地答应。

孩子们大部分选择向轮胎的方向奔去，只有几个细心的小女生选择了与轮胎相搭配的木板和木梯等材料。小女生虽然选择了木梯和木板，但是发现自己搬不动。看到这种情况，有两三位小女生和热情的小男生一起去帮忙搬了起来。

在师生的共同努力下，全新的平衡木组合诞生了。孩子们开始踊跃地排好队进行新一轮的挑战。今天和上次不同，孩子们通过木梯时，有的手脚并用，有的两脚与肩同宽慢慢移动，还有的小朋友两脚一个一个迈进木梯

的小洞中。在通过轮胎时，孩子们用了与以往不同的办法，有的孩子跳进轮胎，有的孩子慢慢走稳每一步。孩子们在全新挑战面前，一步一步攻克难关。

活动实录3：闯一闯，试一试

第三天，孩子们已经可以较熟练地合作搬运轮胎和各种木板木梯等材料，还有的孩子拿来一个小攀爬架当辅助材料。看来孩子们已经想要挑战更高的难度了。

老师和小朋友们一起以很快的速度搭建出对孩子们来说全新的更高难度的平衡木组合。加入了一个三层的攀爬架，加入了两个轮胎组合和三个轮胎组合，还设计了很多绵延的轨道。在这个新组合中，小朋友越挫越勇，不过也有些孩子不知所措。

由于第三天的轨道难度比较高，教师 A 无意中发现了一个友爱的小插曲。在交叉搭木板的位置，独木桥组合中的一侧有被翘动的情况，班里的小暖男（小朋友 C）一直在帮小伙伴们压着翘起的一头。

有了小朋友 C 和老师们的合作陪伴，孩子们玩得很开心。幼儿们在用自己认为的安全方式通过今天新搭建的各种平衡木组合，在活动中一次次挑战，一次次突破。让老师不断地看到不同孩子的不一样的闪光点。

在活动进行十五分钟之后，有的幼儿选择到一旁的垫子休息；有的一直处于堵路状态的孩子坐在轮胎上冷静思考；大部分幼儿还在乐此不疲的继续通行；还有两个不一样的小朋友提升了活动难度，选择帮小动物运食物的角色扮演游戏。

每个幼儿都是一个独立的个体，通过在户外自主游戏中对幼儿的观察，老师对小朋友有了新的认识。

（三）活动的特点及价值

本次游戏活动是幼儿自发的、具有连续性的一个平衡木组合游戏活动。孩子们在玩耍的时候感到很快乐，老师在游戏中一点一滴向儿童渗透安全意识，实现了良好的师幼互动。这一系列平衡木游戏活动，能锻炼孩子的平衡能力，促进了小脑的健康发育，也能增强孩子身体的协调能力、应变能力。在环境创设上，教师为幼儿提供多种平衡器材，例如：木板、木梯、轮胎等，鼓励孩子们因人而异、自由结伴、自由选择器材探索多种搭桥、过桥的方法，充分调动了他们自主活动的积极性。教师与幼儿一同探索从而增加活动的难度和趣味性，最终以幼儿最感兴趣的"送食物过桥"来串联整个运动，使幼儿在有趣的活动中积极主动地投入游戏。由此可见，教师学会放手，将游戏的权利还给孩子，他们才能真正投入自己的游戏中，在游戏中得到真正发展。

在这一案例中，教师引导孩子根据现有的材料自行组织游戏活动，在整个游戏活动中孩子们不断增加游戏的难度，在保证安全的情况下使游戏更有挑战性。通过这样的方式，教师在游戏活动中培养了孩子的自主性、自我管理能力、创新性、勇敢和抗挫折心理能力，使学前儿童的多方面心理素养得以发展。通过这一事例可以看出，游戏活动是培养学前儿童匠心的有趣有效的方式或途径。教师和家长应因地制宜地引导儿童设计、组织游戏活动。比如，"我把玩具送回家"（收拾玩具的活动）、"我帮椅子洗洗脸"（擦椅子的活动）、"我给手绢洗个澡"（洗手绢的活动）、"我给鞋子扎蝴蝶结"（学习系鞋带的活动）、"小椅子真听话"（饭后摆椅子的活动）等趣味活动，使孩子们在游戏性活动中感受小手的价值，提高自我服务意识，增强爱惜物品的情感，改掉自私、懒惰的坏习惯，懂得劳动的意义，品尝经过克服困难取得成功的快乐，提高做事的坚持性[1]。

三、教育境遇

除真实境遇外，教育者还应创设教育境遇，这些境遇是一种模拟情境，既可以是孩子未来可能会遇到的情境，也可以是过去和现在他人遇到的情境，从中使孩子经历某些遭遇，获取一定的体验、经验，促进其发展。

詹姆斯、机能主义心理学和当代的文化心理学、进化心理学、建构主义心理学、活动主义认知心理学等都认为，人的心理是在适应环境的过程中形成和发展起来的，心理发展过程是人与环境相互作用的活动过程，活动尤其是实践活动把环境与人的心理和行为联系起来，从而使二者在相互作用中协同演变和发展[2]。

---

[1] 幼教网. 培养幼儿良好个性促进幼儿心理健康 [EB/OL].[2018-07-06] http: //www. youjiao.com/e/20180706/5b3f2299c17ae.shtml.

[2] 李炳全. 文化心理学 [M]. 上海：上海教育出版社，2007：117.

在人的活动中，科学、教育、艺术、写作、阅读、沟通等活动促进了各种心理机能的形成与发展，如交流活动促进了思维的发展[1]。在所有境遇中，社会境遇非常重要。社会境遇并不是表现或运用个体已形成的、自然的认知、情感或个性特征，相反这些心理机能是在境遇中产生的[2]。社会境遇具有特殊的社会特征和内在固有的一般性特征[3]。有研究表明，社会境遇的性质、内容等影响人的认知[4]。

这一观点可以使人们对教育有新的理解：第一，由于教育中的各种构成因素是由境遇组织起来的，各种相互作用也是在境遇中发生的，因此，应把境遇作为教育的内容或途径，通过组织各种各样的有效境遇，并在其中恰当地使用工具来进行教学；第二，充分认识并利用当今社会人的境遇内容、形式等变化，改革教育教学内容与方式；第三，充分认识并利用现代化工具或技术如互联网、信息技术等对人的心理和行为的影响，改革教育教学内容、方法或方式，培养学生具有新活动和新工具所需要的积极心理品质；第四，不要轻易对孩子尤其是学前儿童的心理和行为否定或肯定，他们具有无限发展的可能性，应根据其日常活动和面临且不得不使用的工具加以分析，培养他们的积极心理品质，消除他们的心理问题。

依据上述思想，学前教师应当充分认识到境遇的作用，积极利用各种条件创设境遇，在境遇中培养学前儿童的积极心理品质。对匠心的培养也是如此。由于真实境遇具有偶然性、随机发生性、无目的性，相对来说通过真实境遇来培养学前儿童匠心作用十分有限。这就需要教师和家长依据学前儿童的心理特征和所具有的条件，积极创设培养匠心的境遇，在其中通过恰当引导培养孩子的匠心。

拓展阅读材料：奇妙的静电[5]

在干燥的秋季和冬季里，人们有时在脱毛衣时，会看到火花或听到"噼

---

[1] 李炳全. 文化心理学 [M]. 上海：上海教育出版社，2007：106.
[2] 李炳全. 文化心理学 [M]. 上海：上海教育出版社，2007：106.
[3] 李炳全. 文化心理学 [M]. 上海：上海教育出版社，2007：106–107.
[4] 李炳全. 文化心理学 [M]. 上海：上海教育出版社，2007：106.
[5] 太平洋亲子网. 大班科学 < 奇妙的静电 > 活动反思 [EB/OL].[2017–08–01] https://edu.pcbaby.com.cn/365/3659312.html.

里啪啦"的声音。与同伴碰撞一下，就会感到被电击一下。小朋友们对这种现象都很好奇，为此，教师根据静电现象专门组织教育情境，引领孩子们一起去探索、体验科学活动的乐趣。

首先让孩子们参与活动，大家一起玩"会飞的泡沫球"。孩子们用布摩擦过的塑料尺去吸泡沫球，塑料尺指到哪，泡沫就飞到哪儿，孩子们被这个小游戏吸引住，做出不同的猜测。有的说，尺上有胶水；有的说，尺是湿的。其中有一个孩子说："尺子与布摩擦之后能引起静电的反应"。于是教师就顺理成章地把"静电现象"总结给他们听。

为了使孩子们对"摩擦起电"产生更浓厚的兴趣，老师提出问题对孩子加以引导："除了塑料尺，什么东西用布摩擦之后也可以吸起小纸片呢？"孩子们做出大胆的猜想：铅笔、橡皮、尺子、玻璃、吸管等。在操作活动中，孩子们还有了新发现，除了用塑料尺、布摩擦会引起静电现象外，自己身体的一些部位摩擦之后也能产生静电现象。比如，用铅笔摩擦衣服或裤子，吸管摩擦头发、皮肤等，都会产生静电现象。最后，教师带领孩子们一起讨论与交流"静电现象"，让孩子们知道哪些东西摩擦后可以出现静电现象，哪些东西摩擦后不能产生静电现象，并介绍了触电对人体的危害及如何预防静电，让孩子们认识科学现象。

在这个案例中，教师依据教育内容，巧妙地创设活动情境，使孩子们在活动中获得对静电的感受与体验，激发了孩子们的好奇心、求知欲和探究精神。通过这位教师的做法我们可以看到，在实际的学前教育过程中，要想教育取得良好效果，教师有必要创设适合儿童的活动，使其在活动中获得切身体验。

学前教师在创设教育情境时，应注意以下几个方面。

第一，充分利用自然情境。

自然情境是自然呈现的情境，如春夏秋冬四季的变化，各种动植物的特性或特征、各种事物的属性或特征、当地的地理环境等，这些都可以作为教育情境对孩子进行培养。

有教师利用四季现象来开展教育。在春暖花开的季节，他们把课堂搬到户外，让孩子们在看"迎春花吹喇叭""柳姑娘的长辫子""欢迎小燕子回家"的快乐中学习"小草醒了""花儿笑了""青蛙在唱歌""燕子在跳舞"等美好诗

句；在炎热的夏季，孩子们在捉蚂蚁、找蚯蚓、捕蝴蝶、观看雨后彩虹的快乐中，争论着"蚂蚁到底是六条腿还是八条腿？""蚯蚓没有腿到底是怎么走路的？"萌发了"到彩虹上走一圈"的奇想；凉爽的秋季，教师带着孩子们在捡落叶的快乐中学会分类、搜集、制作标本；在寒冷的冬季，孩子们在寒冷的风雪中感受堆雪人、打雪仗的快乐，通过孩子们的切身体验，培养孩子们不畏困难的精神，勇敢、坚强的意志品质……使孩子们在一年四季中，从大自然里尽情汲取大自然为他们提供的丰富养分和磨炼机会，满足孩子们的好奇心，扩大孩子们的眼界，培养孩子们良好的性格，促进孩子们身心健康发展。

教师还可以依据自然中的事物来对孩子进行引导，培养孩子的良好心理品质。比如，可以梅花为主题设计问题，先让孩子们嗅嗅梅花，问他们"梅花为什么这么香？""梅花经历严冬的寒冷为什么不惧怕？""我们要向梅花学习什么？"等。再如，可以带孩子去观察竹子，通过巧妙设计问题来培养孩子的品质，"竹子内部是什么样的？"(空的，虚心的象征)；"竹子为什么会长那么高？"(因为它能放下负担。其中空就是放下一切不必要的负担的表征)；"竹子中空但却为什么能长那么高？"(因为有节，形容人应该有气节、骨气)；"竹子为什么弯曲那么厉害而不折断？"(因为它有韧性，象征着坚强)。在日常生活中，还有很多事物都有丰富的心理含义，通过它们可以培养儿童形成匠心中所包含的各种心理品质。

第二，恰当设置游戏情境。

在设置游戏情境时，应根据要培养的心理品质进行科学设计。例如，为了培养孩子的竞争心理，可以设计大家都想玩好玩的玩具而玩具又不足够的情境，引导孩子们通过竞争来获得玩玩具的机会。为了培养合作精神，可以设置需要小朋友们协作的游戏情境。

第三，利用日常生活境遇。

在学前教育实践中，教师应充分利用学前儿童日常生活中的各种境遇。比如，在日常生活中要求孩子们培育植物，饲养小动物等，使他们通过观察动植物的成长获得一定的成就感，通过把动植物养好增强责任感，探寻把动植物养好的方法增强求知欲，了解动植物的特性培养观察力，通过善待动植物培养爱自然、有爱心等品质，通过想办法把动植物养好培养认真、精益求精的品质，通过看看谁养的动植物更好？培养他们形成积极良性竞争品质。

四、互动

在学前教育中重视境遇、社会活动等，就不能不重视互动即人与人的相互作用，因为绝大多数境遇和社会活动尤其是学前儿童发展所面临的境遇和实践活动等都是由不同的人之间的相互作用形成的。所谓互动，是指因素、事物或对象之间相互影响、相互作用。社会性互动是指人与人之间的相互作用、相互影响，并发生一定变化的过程，这种变化主要是心理或行为变化。学前教育中所采取的互动主要是社会性互动。

互动是发生在人与人之间的社会行为，即人与人之间相互作用的行为。研究表明，人的成长与发展首先并主要是在社会互动中实现的。一般而言，个体的社会行为都是针对他人的，通过注意、认知、理解或诠释他人对自己行为的反应或自己的行为或反应对他人的影响而不断调整自己的行为而得以发展[1]。

互动是人的心理形成与发展的重要条件，甚至可以说人的心理就是在互动中形成和发展的。个体的人格、心灵等是在互动中被个体（自己）和社会（他人）逐渐建构起来的。比如，在孩子的成长过程中，如果家长、教师等总能发现孩子的闪光点，不断给予其鼓励，那就既能促进其智力发展，又能培养他们的自信心，使他们得以健康发展。心理学研究表明，刚出生不久的孩子就会通过成人的反应不断调整自己的反应或行为。比如，当他有需要时，他一哭闹就引来家长满足其需要，他就学会了通过哭闹来获得需要满足的策略或方法，在以后有什么需要时，都会通过哭闹甚至无理取闹来获得满足。倘若家长对他的哭闹不予理睬，他就会改变策略，直到引起家长的注意并满足其需要为止，这时他就学会了最后促使他们需要满足的策略。倘若家长对他的所有表现都不予理睬，他就会形成基本不信任甚至基本敌意、基本焦虑，并有可能把基本敌意和基本焦虑进一步泛化，形成不良人格。由此看来，教育实际上是一种互动过程，儿童就是通过社会互动而逐渐被塑造或"成人"。这种互动包括教育者与受教育者和儿童与儿童之间的互动[2]。

在教育中，一方面教育者通过对自己对受教育者的影响或受教育者对

---

[1] 李炳全，胡海建．文化心理学论有效教学的条件 [J]．肇庆学院学报，2011（04）：67．
[2] 李炳全，胡海建．文化心理学论有效教学的条件 [J]．肇庆学院学报，2011（04）：66．

教育者行为的反应的认识、理解或解读来调整自己的行为，从而使二者之间的互动更顺畅有效；另一方面，受教育者通过认知、理解或解释自己对教育者的影响来调整自己的行为，通过调整而受到教育者的影响，获得自己的发展。从这一意义上讲，教育者与受教育者的良性互动是有效教育的前提。不过，良性互动是有条件的，其中最重要的条件是双方尤其是教育者都应了解对方需要什么，能影响对方什么，怎样影响①。(注：引用时做了适当改动)

就儿童与儿童之间的互动而言，它是儿童相互之间形成积极和谐的人际关系和学习氛围，相互促进、共同进步的基础。在儿童的互动性讨论、相互帮助中，形成视界融合与扩展，使每个儿童都有新的认识与理解。即使是能力强的儿童帮助能力差的儿童，表面上看起来是能力差的儿童从能力强的儿童的帮助中获益，但实际上双方都有所收获或进步，能力强的儿童在辅导讲解中也会有新的感悟与理解。因此可以说，协调儿童之间的关系，使他们能够良性互动，是教育者的重要任务②。(注：引用时根据需要做了适当删减和语词改动)

上述分析表明，社会性互动是取得良好教育效果的条件和方法，因此，教师应积极组织社会性互动，选取恰当的互动内容和方式来培养儿童的匠心。

拓展阅读材料3-7：争玩具矛盾③

区角活动时，两个幼儿为了一个玩具争了起来。由于区角活动时间临近结束，教师没有出面干涉。不过，在讲评时，教师把她刚才看到的情况讲给了全班小朋友，并组织他们讨论"一个玩具大家都想玩怎么办"的问题幼儿反应积极，都举起小手。老师问了一些孩子后发现，孩子们的回答大同小异：我谦让，让别人先玩。虽然教师进行引导，但仍没有幼儿讲出别的更好的办法。老师觉得很诧异：这是他们真实的想法吗？要知道，他们还只是五六岁的孩子！当老师再次审视孩子们时，发现那一双双本应天真无邪的眼睛中流露出与他们年龄不相称的顺从。无可否认，谦让是一种美德，但绝不

---

① 李炳全，胡海建.文化心理学论有效教学的条件[J].肇庆学院学报，2011(04)：67.
② 李炳全，胡海建.文化心理学论有效教学的条件[J].肇庆学院学报，2011(04)：67.
③ 太平洋亲子网.幼儿园教学反思：幼儿园大班教育反思[EB/OL].[2017-03-22]
https://edu.pcbaby.com.cn/345/3452584.html.

是解决问题的唯一途径。假如我们的教育只能使孩子违心地谦让，那不就是教育的失败吗？

于是，教师决定展开主题活动，让幼儿想出更好的办法，既能满足自己的需要，又不伤害别人。在教师的启发下，孩子们有了不同的答案：可两个人一起玩、轮流玩；也可用交换、竞赛等方法确定谁先玩。在得到不同答案后，教师鼓励孩子们大胆地把这些想法运用于实践中。

一次偶然的机会，教师看到小朋友A想用小朋友B手里的水彩笔，就拿自己的图画书去跟他交换。当时小朋友B正画得起劲，没有答应。小朋友A不死心，耐心地把自己的图画书一页页翻给小朋友B看，还不停地介绍自己的图画书多么有意思。终于，小朋友B对小朋友A的图画书产生了兴趣，同意交换。

看着满心欢喜的两张小脸，教师忽然觉得，教育不就是培养一种生活智慧吗？当我们的孩子运用这些智慧轻松自如地面对生活，他们肯定会更快乐、更自信。

在这一案例中，教师没有对起冲突的小朋友进行简单的批评，也没有简单地要求小朋友们应相互谦让，而是通过在与小朋友们的互动中引导他们想办法。最终在老师的引导下，孩子们想到了解决问题的好办法，并在教师的引导下把这些好办法运用到日常生活中。通过这样的教学方法，既培养了孩子们勤思考想办法的习惯，也培养了孩子们的互动能力，使他们的生活智慧得以形成和提升。

五、对话、协商与合作

对话、协商与合作实质上是社会互动，是社会建构论、意义心理学、文化心理学等当代心理学理论重视的影响人的心理发展因素。

对话与协商实质上是人与人之间的沟通，通过沟通，使双方能够相互理解、密切配合，形成一种密切的合作关系，产生良好的系统效应。从系统论的角度讲，系统遵循非加性规律即"$1+1 \neq 2$"。如果各因子能够密切联系、相互配合，就会形成较好的整体效应；反之，如果各因子相互内耗，则会使系统的作用大大降低。系统要具有良好整体效应，其组成因子必须有相互关联的运动或协调一致的状态变换，因子之间形成相互适应、相互协调和

互补型的合作关系①。（注：引用时做了适当删减和语词改动）

合作是两个及以上的有差异性的个体之间为了实现各自目标或满足各自的需要而相互配合、协调一致。它需要如下条件②：①合作各方都有合作的愿望，否则若有一方不愿合作，合作就不能得以实现；②合作各方都能通过合作满足各自需要或实现各自目的，如果只能满足一些方面的需要而不能满足其他合作方的需要，这些不能满足需要的合作方就不会合作，合作关系就建立不起来；③合作各方分别具有互补性的合作能力，否则我会的你也会，我不会的你也不会，合作就不能形成；④合作的效果要大于各方各自为战时的效果之和，能形成系统效应；⑤各方应相互配合、协调一致。这些条件对教育来说十分重要，因为教育实质上就是教师和儿童、儿童与儿童、教师和教辅人员等的合作过程。其中教师与儿童的合作至关重要。

教育是由教育者和受教育者组成的活动，教育要取得良好效果，需要二者相互适应、协调，形成互补式合作状态。通常情况下，教育效果的好坏或质量的高低，在很大程度上取决于双方的相互配合的质量或程度；而配合的质量或程度，又取决于双方的相互了解或理解的程度；而相互理解的程度又取决于双方的对话、协商或沟通的程度（包括广度与深度）③。（注：引用时做了适当删减和语词改动）

教育是教师和儿童双方的事，教师不能把儿童表现不好都归因于儿童，儿童也不能把自己发展不好的责任都归因于教师教得不好。因此，教师应当把建立良好的师幼和幼幼合作关系作为重要的教育任务和策略。而要做到这一点，就需要加强师幼间的对话与协商，以达到各方的相互理解、相互认同。教师不能因为学前儿童年龄小而轻视他们，把自己置于高高在上的管教者地位。这样，不仅取得不了好的教育效果，反而可能还会有消极作用。

---

① 李炳全，胡海建.文化心理学论有效教学的条件[J].肇庆学院学报，2011（04）：67-68.

② 李炳全.文化心理学的教学思想剖析——一种文化主义的教学思想[J].教育导刊，2012（02）：14.

③ 李炳全，胡海建.文化心理学论有效教学的条件[J].肇庆学院学报，2011（04）：68.

拓展阅读材料3-8：我是大老师，你是小老师①

在一个班集体中，总需要制订些班级规定，以此来达到更好的教育效果，让幼儿在班集体中过得愉快充实，所以，便需要老师和孩子共同遵守，积极合作。于是，教师请孩子们来当"小老师"，让他们也参与到班级管理之中，"小老师"有权利去监督大老师和其他伙伴，看到谁违反了班级规定都可以直接说出来，并帮助指正错误。

生活中我们规定任何零食、非公共玩具都不可以带到教室。有一次，有位较调皮的孩子不遵守班级的这条规定，把他心爱的玩具小车带进了教室，悄悄地把小车从自己的小书包里拿出来，然后两只小手握着小车在自己的书包上玩起来。有位"小老师"很负责，发现这个小朋友违犯班规的行为，就先把他看到的情况反映给老师，然后，再回去指出那玩小车的孩子所违反规定的行为。她对他说："你违反了我们班级的规定了，你带玩具来了。你要是想玩的话就在家里玩，不可以带来教室玩的。"小男生被小老师说得很羞愧，从此他也不敢再带玩具来了。有些小老师会做到及时提醒，比如，有位小女孩在进教室时手里拿着面包吃，有位"小老师"看到了就及时提醒她："不可以带面包来教室吃的。"听了"小老师"的话，这个小女孩自觉地走回教室外把面包吃完再进来。

还有一条班级规定就是：大老师犯错了，"小老师"要及时指出。比如，老师在黑板上写错一个字，有些细心的孩子大胆地告诉老师，帮助老师认识到自己的错处并改正过来。又如，有时老师会因为动作快把图书摆错了，就会有"小老师"直接对老师说："老师，你的图书摆错了，图书不能乱摆的，要是其他人要看找不着怎么办？"听到"小老师"批评后，大老师只能乖乖地向"小老师"道歉，并把图书重新摆好。

我是大老师，你是"小老师"。因为教师这个大老师拥有一群可爱的"小老师"，不仅让师生实现了教学相长，缓解了教师对全班儿童照顾不过来的问题，同时这群可爱的"小老师"的自我管理能力得到了更好的发展。

在上述案例中，老师"放下身段"，恰当地把师生关系变成合作关系，

---

① jy135网.我是大老师，你是小老师[EB/OL].[2017-12-05] http://www.jy135.com/jiaoyu/174205.html.

如此使教育变得容易，为整个教育增添了巨大力量，弥补了老师对学生"照顾不过来"的不足，同时实现了儿童的自我监督、自我管理。老师对孩子提出的意见虚心接受，也会使孩子们有成就感，提升孩子与老师之间的合作关系。

六、文化

人都是生活在文化中的，文化对于人就好像是空气一样，虽然人们平时感受不到，但其却是人存在的必不可少的条件，它无时无刻不在作用于人、影响着人。俗话说"一方水土养一方人"，可以说，文化就是人的心理形成与发展的"水土"，在它的影响或熏陶下，人会形成或发展起来该文化所要求的心理和行为特征（前已所述，此不赘言）。正因为如此，教育应把文化作为重要的教育资源，通过文化熏陶或影响来培养人[①]。

众多研究表明，文化对社会发展、经济发展以及人的生活质量改善有很大的影响，这种影响主要是通过文化造就不同心理素质的人来实现。文化塑成了人们对生活的认识、感受和期待、追求，这些又制约人们对现实生活所采取的行为，而行为又直接决定着生活的改变与否和改变程度。具有宿命论思想和满足于现状的人不追求生活方式的改变或提高，而不满足于现状的人则会不断追求生活质量的提高。

许多学者都指出，文化是一种心态，文化心态不仅制约个体的发展，也影响社会经济发展。落后是一种文化心态，许多国家和地区的落后，不仅仅是其经济和科学技术的落后，更是人的素质、思想观念落后。落后地区的人常有一种封闭、保守、满足现状的心态和宿命论观念，缺乏冒险进取精神，具有力避失败而不是力求成功的动机，缺乏独立性和主动性，墨守成规，安于现状，害怕创新，缺乏自我效能感，忍受贫穷等。美国社会学家奥卡·刘易斯（O. Lewis）经过研究提出了"贫困文化"的概念，认为在这种文化中，人们世代相袭的应付贫困的方式是忍受贫困，父辈教育后代的内容也是如何接受贫困而不是设法改变贫困[②]。

---

① 李炳全. 儿童观的演变与教育理念的变革 [J]. 青岛大学师范院学报，2010（03）：27–32.

② 李炳全. 中国人的心理和行为解密 [M]. 广州：广东教育出版社，2016：14.

正因为文化是制约人的心理发展的重要因素，所以，教育的一个首要任务是依据社会的发展建构一种积极的文化，通过这种积极文化培养具有适应并能促进社会健康发展的积极心态的人；教育应重视对人的文化心态的塑造，以培养人的良好文化心态为己任，通过它促进社会经济与文化的发展以及人与社会的和谐；教育应重视文化对人的影响，充分利用已有的文化资源并创建新的文化资源去达成培养社会所需要的人的目的的实现。

就学前教育而言，应当营造一种积极向上的幼儿园文化，通过文化培养孩子的良好行为习惯和积极心理品质。例如利用儿童文学作品。儿童文学作品是文化的重要组成部分，无论中国的还是世界其他国家的儿童文学作品都极具教育意义，都可以在培养学前儿童的积极心理品质尤其是匠心品质中发挥重要作用。在利用文学作品进行教育时，可以利用国内外已有的优秀儿童文学作品，也可以根据学前儿童的实际情况自编；既要注意文学作品中的共性因素，又要注意不同文化背景下的文学作品的文化心理因素。在开展儿童文学作品教育时，要特别注意挖掘其中的具有心理教育意义的内容，以通过文学作品陶冶孩子们情趣，增长他们的知识，使他们懂得道理，提高他们的自信、使他们学会交往、磨砺他们的意志、规范他们的行为，帮他们摒弃不良行为，养成良好行为习惯，为幼儿模仿美好的事物提供平台。例如，《丑小鸭》这则童话故事反映出自尊自强、尊重人性、追求美好、承受并排除挫折、感悟人生等哲理，在教授这个故事的过程中，可用游戏法、讨论法等进行教学，给予孩子丰富的想象空间和表现体验机会。

拓展阅读材料3-9：针对孩子的问题自编故事开展教育 [①]

有一位男孩很聪明，但是，性情暴躁，有攻击行为，经常欺负小朋友，对小朋友们"恶作剧"，许多小朋友都害怕他。为了帮助这位男孩改掉身上的缺点，让他能与同伴们一起快乐地学习与生活，教师针对他身上存在的问题，创编了故事"没人理睬的小猴子"，并让这位男孩子在故事中扮演小猴子。他在扮演小猴子的过程中深深体验到伤害其他小朋友导致大家都不愿与他玩、不理他的问题，由此受到很大的教育。后来，老师又创编了一首儿歌

---

① 幼教网"培养幼儿良好个性促进幼儿心理健康 [EB/OL].[2018-07-06].http://www.youjiao.com/e/20180706/5b3f2299c17ae_2.shtml.

"小兔子的红雨靴"，再让他扮演乐于助人的小兔子。通过扮演这两个性格迥异的角色，这位小男孩明辨了是非，懂得了道理。

随后，经过不断的教育和培养，这位小男孩发生了很大的变化。他的脾气不再暴躁了，也不再搞"恶作剧"欺负小朋友了。有一天，他从家里带来一本图书送给老师。他告诉老师"这本图书里有小猴子帮助小乌龟找妈妈的故事"，要求老师把这个故事讲给小朋友听，让小朋友知道小猴子进步了……老师很理解这位男孩的心思，他是在暗示老师"他已经进步了"，他是想让小朋友们知道他已经改掉了自己的问题，进步了。

在这个案例中，幼儿教师并没有对孩子的过错行为采用简单地制止或批评教育的方式，而是采用编故事和角色扮演的办法，使孩子在故事的角色扮演中深深体会到自己的过错行为给自己造成的后果，从中受到教育，明白并想改变自己的过错行为。在孩子有想改变的愿望后，教师再因势利导，由此，教育就变得容易了。反之，如果这位老师像现在一些幼儿园教师的通常做法一样对孩子进行批评制止，很有可能引发孩子的抵触情绪甚至反感，这样不仅不利于对孩子的教育，还增加了教育难度。

七、家园携手共教

之所以强调家园携手共教，是因为在学前期，家庭尤其是抚养孩子的成人对孩子的影响十分巨大。倘若没有得到家庭的配合或协同教育，就非常有可能出现"5+2=0"的现象，即幼儿园五天的教育被两天的家庭生活的负面影响所抵消。不仅如此，还可能引发学前儿童的内心冲突或矛盾，给孩子的健康成长带来严重障碍。例如，一些家长娇惯孩子，很容易使孩子养成唯我独尊的自我中心性格。也有一些家长认为孩子还小，长大就自然变好了，因此对孩子的过错不在意，放任孩子形成不良习惯。所有这些，都有可能抵消幼儿园的教育。这就告诉我们，必须保持家园教育的一致性。

在家园结合的过程中，幼儿园教师应发挥主导作用，争取家长的配合，帮助家长改变一些不正确的教育观念和做法，指导家长掌握科学正确的育儿方法，使家庭教育与幼儿园教育形成合力，产生"1+1>2"的整体效应。为此，幼儿教师应掌握主动性，在以下几个方面给予家长指导性帮助：①教会家长"理性"教育孩子，克服溺爱孩子的心理；②帮助家长走出教育孩子的

"误区"，重视对孩子的素养培养，而不是一味地注重知识技能教育，引导孩子积极参加社会活动；③真诚地向家长提供有关家教方面的书刊，指导家长以身作则，摆正家庭成员之间的关系，平等民主地对待孩子；④建立"家园联系册"，加强家园之间的沟通与反馈，尤其是利用现代教育技术手段，如微信群等加强家长与家长、教师与家长等的沟通，使家长们或老师们能够互通有无，共享育儿的经验体会，共同提高育儿技能；⑤多请家长参与幼儿园的教育活动，请家长参与到幼儿园的教育和管理中，对幼儿园的教育提出自己的意见或建议；⑥拓展家园沟通的渠道或途径，通过网络、开家长会、孩子做中介等多种途径把家园结合起来[1]。

拓展阅读材料3-10：家园结合，共"治"孩子哭闹[2]

某幼儿园有一个很聪明、观察力非常敏感的孩子，在小班刚入园时，哭闹现象特别严重，哭起来没完没了，家长为此经常站在教室的窗户外徘徊观察，不愿离园，虽然教师运用了很多办法，但是孩子的哭闹情况并没有得到改善。于是教师与其家长进行了多次沟通，可家长非但不配合，还经常给老师不定时地打电话。

针对这一情况，教师首先了解到由于孩子的父亲在外地工作，与孩子接触较少，认为亏欠了孩子，导致他教育孩子的方式很不恰当，一味地溺爱，甚至放纵孩子。这是导致孩子哭闹现象得不到改善的根本原因。

了解到这一情况，教师不厌其烦地与家长沟通，与家长进行坦诚的谈话，让家长认识到教师和他是为了同一个目标在努力，家长敞开心扉接纳了教师，于是家园一起来客观地分析孩子哭闹的原因。通过交流，教师帮助家长认识到孩子入园哭闹是入园焦虑症的表现，几乎每个孩子都会出现，只要家长积极配合，孩子会很快度过这一时期。所以家长不必过分担心，应以平和的心态面对孩子的分离焦虑。同时，教师将该家长请到幼儿园，与教研室的其他老师一起帮助家长更新教育观念，掌握正确的育儿方法，采取多种方式和途径与家长交流。例如，吸纳家长为班级的家委会成员、利用早晚接送

---

① 幼教网.培养幼儿良好个性促进幼儿心理健康 [EB/OL].[2018-07-06].http://www.youjiao.com/e/20180706/5b3f2299c17ae_2.shtml.

② 幼师宝典网.家园共育 | 家园沟通案例分析及应对措施 [EB/OL].[2020-07-07] https://www.youshibaodian.com/a/cbf8a8a2b5044c578f5fcadbf27f5554.html.

幼儿的时间，或电话、微信等方式，谈孩子在园吃饭、游戏、睡觉等方面的进步表现。另外，利用一些园里开展的活动，如，新生家长会、家长开放日活动、亲子运动会、秋游活动等，让家长分享教育理论、经验等。

经过与家长有效沟通，家长由学期初的不配合到渐渐理解认同教师的想法，再到最后支持和配合教师的工作。在家园的共同努力下，孩子的哭闹现象终于在第二学期得到了彻底解决。家长看到孩子每天高兴地上幼儿园，对教师的辛勤付出表示由衷的感谢。有效的沟通为教师搭建了专业化成长的平台，也成为教师与家长互动的桥梁。

从这一案例可以看出，家园沟通是学前教育的重要方式或途径。在培养学前儿童的匠心时也是如此。家园沟通有以下几种做法：第一，让家长明白培养孩子匠心对孩子将来发展的重要性，积极取得家长的配合；第二，与家长一起探讨在家庭中培养孩子匠心的方法或途径，使家长能够在家庭中对孩子进行恰当的影响、教育；第三，老师与家长共同交换教育心得、经验和方法；第四，家长与教师一起共同探讨培养匠心的方法。

第四章　学前中华文化故事教育模式

学前期是培养儿童形成中华优秀文化心理品质的关键和基础性时期，是实现人的文化化和实现文化传承与发展的重要阶段。因为中华文化中蕴含着丰富的匠心品质，如自强不息、容忍坚韧、化功、责任心、定力、驭心力等，所以，为培养学前儿童的匠心品质，有必要在学前教育阶段开展中华文化教育，以促进学前儿童的文化化。对于学前教育阶段开展的中华文化教育而言，中华文化故事是非常适宜的素材。因此，应在学前教育阶段对学前儿童开展中华文化故事教育，以通过中华文化故事培养学前儿童的中华优秀文化心理品质。

第一节　中华文化故事是中国学前教育的重要内容和途径

中华文化故事是中华文化的重要构成部分，在中华文化的传承和发展中发挥重要作用，因此，应当成为中华文化教育的内容。中华文化故事契合学前儿童的心理发展特点，据此可以说，中华文化故事是学前教育的重要内容和途径，对于培养学前儿童的包含匠心品质在内的中华优秀文化心理品质尤其是中华文化精神，促进学前儿童的中华文化化，有重要的积极价值和意义。

一、故事与中华文化故事的概念

"故事"是通过叙述的方式讲一个带有寓意的事件，或是陈述一件往事，它是"叙事性文学作品中一系列为表现人物性格和展示与主题相关的有因果联系的生活事件"[①]，"侧重于时间过程的描述，强调情节的生动性和连贯

---

① 中国社会科学院语言研究所词典编辑室 . 现代汉语词典 [M]. 北京：商务印书局，2002：1514.

性"①。罗伯特·麦基（Robert McKee）和托马斯·格雷斯（Thomas Gerace）在《故事经济学》中将故事界定为"一系列由冲突驱动的动态递进的事件，在人物的生活中引发了意义的重大改变。"② 由于故事具有叙事性、情境性、情感性、趣味性等特点，契合学前儿童的心理特征，故学前儿童对故事感兴趣，将其作为组织和理解经验和知识的重要途径。

中华文化故事是在中华文化形成和发展过程中由历代中国人民创编的反映中华文化精神以及中华文化精神所具体化的中华民族心理品质和行为特征的故事。从故事创作的历史时期来看，中华文化故事可分为古代故事、近代故事、现当代故事；从题材或内容上看，它可分为神话故事、传说故事、寓言故事、民间故事、科幻故事等；从主要反映的心理品质看，它可分为中华精神故事、中华智慧故事、中华民族品格故事、中华价值理念故事等。所有的中华文化故事，不管是哪种类型，哪种题材，都既具有故事所具有的一般特征，与学前儿童的心理发展相契合，可以且应当作为学前教育的素材和途径；又具有一般故事所不具有的独有的特征——体现或反映中华文化精神及其所具体化的中华民族心理品质与行为特征，并以此为故事的核心。这说明，中华文化故事是培养人的中华文化心理品质的重要途径和内容，是中华文化教育的重要组成部分，是实现儿童尤其是学前儿童的中华文化化，即由自然的人转变为具有中华文化心理特征的中国人的素材和途径，同时也是传承、弘扬和发展中华文化的途径③。

二、开展中华文化教育的必要性和重要性

中华文化的传承和发展是通过一代代中国人的中华文化化而实现的。人的中华文化化实质上就是培养人具有中华文化心理品质。由于教育是培养人的社会活动，反过来说，培养人的过程就是教育过程，因此可以说，文化化是教育，是培养人的文化心理品质的文化教育。所以，培养人的中华文化

---

① 中国社会科学院语言研究所词典编辑室. 现代汉语词典 [M]. 北京：商务印书局，2002：1514.

② 罗伯特·麦基，托马斯·格雷斯. 故事经济学 [M]. 天津：天津人民出版社，2018：49.

③ LI BING-QUAN, & DU HAI-XIN.On the value of Chinese cultural stories in preschool cultural education [J].SSRG International Journal of Humanities and Soial Science (SSRG-IJHSS), 2020，7(05)：55-60.

心理品质实质上就是中华文化教育①。

2014 年，习近平总书记在中共中央政治局第十三次集体学习时指出，博大精深的中华优秀传统文化是我们在世界文化激荡中站稳脚跟的根基。中华文化源远流长，积淀着中华民族最深层的精神追求，代表着中华民族独特的精神标识，为中华民族生生不息、发展壮大提供了丰厚滋养②。明确指出中华传统文化对中华民族存在与发展的重要性和必要性。由于中华文化是中华民族枝繁叶茂的根，是中华民族赖以立足和发展之本，因此必须传承和发展中华文化。2017 年中共中央办公厅、国务院办公厅印发的《关于实施中华优秀传统文化传承发展工程的意见》提出："文化是民族的血脉，是人民的精神家园。文化自信是更基本、更深层、更持久的力量。中华文化独一无二的理念、智慧、气度、神韵，增添了中国人民和中华民族内心深处的自信和自豪。"③明确指出了中华文化是中华民族的精神支柱，能够为中华民族的生存和发展提供无穷无尽的巨大精神力量。正是在中华文化的养育、支撑和激励下，中华民族才能不断战胜巨大艰难险阻和一次次危机而屹立于世界之林，不断发展强大，经久不衰。可以说，中华文化是中华民族文化自信的底气和基石，因此，我们必须以坚定的信心和决心继承和发展中华文化，把她发扬光大。继承和发展中华文化的根本路径就是人的文化化，即把新生代的自然人培养成具有中华文化心理品质的文化人或社会人。这就凸显出开展中华文化教育的必要性和重要性。2019 年颁布的《新时代公民道德建设实施纲要》开篇指出："中华文明源远流长，孕育了中华民族的宝贵精神品格，培育了中国人民的崇高价值追求。"④既指出了中华文化及文化心理品质的价值，坚定了弘扬和发展中华传统文化的信心，同时还指出了弘扬和发展中华文化的路径。该路径就是培育公民具有中华民族的精神品格和价值追求。这就需要

---

① LI BING-QUAN. & DU HAI-XIN.On the value of Chinese cultural stories in preschool cultural education [J].SSRG International Journal Humanities and Soial Science(SSRG-IJHSS).2020.7(05).55-60.

② 培育和弘扬社会主义核心价值观必须立足中华优秀传统文化 [EB/OL].[2014-02-24]http: //www.fjnet.com/whys/whysnr/201402/t20140226_217962.htm.

③ 中共中央办公厅，国务院办公厅.关于实施中华优秀传统文化传承发展工程的意见 [EB/OL].[2017-01-25]http: //www.gov.cn/zhengce/2017-01/25/content_5163472.htm.

④ 中共中央国务院.新时代公民道德建设实施纲要 [EB/OL].[2019-10-27]http: //www.gov.cn/zhengce/2019-10/27/content_5445556.htm.

开展中华文化教育。而中华文化教育要从娃娃抓起。

中华优秀传统文化教育是落实立德树人根本任务的重要基础，也是近年来教育研究和实践领域的重要问题和热点话题。2014 年教育部颁布的《完善中华优秀传统文化教育指导纲要》从中观层面将中华优秀传统文化教育内容划分为以天下兴亡、匹夫有责为重点的家国情怀教育；以仁爱共济、立己达人为重点的社会关爱教育；以正心笃志、崇德弘毅为重点的人格修养教育等三个方面 ①。针对当前我国优秀传统文化传播与教育的现状以及反映出的问题，指出要"分学段有序推进中华优秀传统文化教育"，并且要"加强各学段的有机衔接" ②。

三、中华文化教育应从学前教育开始

依据个体的心理发展和文化的形成和发展规律，人的文化化从小就已经开始了，人一出生就已经处于文化化过程中。由于学前期是人生发展的第一个关键期，因此，在幼儿阶段开展中华文化教育以培养学前儿童的中华文化心理品质非常重要和必要。

学前教育阶段是幼儿初步了解和接受中华优秀传统文化熏陶的关键学段和基础性阶段，是中华文化教育十分重要和必要的初始阶段。这一阶段的中华文化教育做得好，能够为以后的教育打下坚实的基础，甚至可以说是基础中的基础。正因为如此，历经悠久历史发展而形成的中华文化理应成为学前教育的重要内容，其中蕴含的自强不息、厚德载物、仁爱、勤劳、勇敢、善良等中华文化积极心理品质应当成为包括幼儿在内的学生的文化心理素养。由于这些文化心理品质中有许多是匠心品质，二者存在交叉性和重合性，因此，在培养中华文化心理品质的同时，也培养了儿童的匠心品质。正因为如此，无论是从中华文化的传承和发展的角度看，还是从培养当代人所应具备的匠心心理素养的角度看，学前阶段的中华优秀文化教育和匠心教育应以培养学前儿童的中华文化心理品质为目标和任务。在培养学前儿童的中华文化心理品质时，中华文化故事是非常适宜的教育内容和途径。

---

① 完善中华优秀传统文化教育指导纲要 [S]. 教育部，2014.
② 完善中华优秀传统文化教育指导纲要 [S]. 教育部，2014.

四、中华文化故事是学前期中华文化教育和匠心教育的重要内容和途径

之所以说中华文化故事教育是学前中华文化教育的重要方式和有效途径，是因为：中华文化故事中蕴含着丰富的中华文化心理品质，而中华文化心理品质包含匠心内容；中华文化故事契合学前儿童的心理发展需要。

在培养学前儿童的中华文化心理品质时，中华文化故事是非常适宜的教育内容和途径。中华优秀传统文化故事中蕴含丰富的中华文化精神（民族精神）、中华智慧等中华文化心理特质，因此，深受中华传统优秀故事熏陶的一代代中国人在文化基因中就传承了中华文化精神、中华智慧等中华文化心理特征。例如，"大禹治水"的故事既反映了中华民族勇于克服困难、战胜灾害的自强不息的精神品质，也体现出中华民族依据事物的特性顺其自然治理天灾人祸和变害为利的智慧，以及天下为公或天下为先的德行。哈佛大学神学院的大卫·查普曼（David Chapman）教授通过对中西神话故事的比较发现，中华文化故事中充满了自强不息、发愤图强、坚韧不拔、勇于抗争的精神。"如果你们去读一下中国神话，你会觉得他们的故事很不可思议，抛开故事情节，找到神话里表现的文化核心，你就会发现，只有两个字：抗争……中国人听着这样的神话故事长大，勇于抗争的精神已经成为遗传基因，他们自己意识不到，但会像其祖先一样坚强。因此你们现在再想到中国人倔强的不服输精神，就容易理解多了，这是他们屹立至今的原因"[1]。这说明，中国的神话故事富有教育意义，它们记载着中华文化精神等中华文化心理特质，通过它们，中国文化心理特质被一代代传承，永不泯灭。英国 Demos 智库创始人之一马丁·雅克（Martin Jacques）博士通过对中国神话故事的分析，发现中国人相信自己，而不是信仰"外力"，这与西方人把命运寄托给神明根本不同。这种信仰和思维方式，使他们爆发出西方人难以想象的力量，创造出不可思议的奇迹[2]。不仅神话故事如此，中华文化故事都承载着中华文化精神、中华智慧等中华文化心理特质的某一或多个方面。如管鲍相交、围魏救

---

[1] 美篇网.哈佛大学教授解读——中国人的信仰和民族精神 [EB/OL].[2017-12-16] https://www.meipian.cn/zhmqo7t.

[2] 搜狐网.中国如今有多强大？英国专家研究 20 年：中国人将团结印在骨子里 [OB/OL].[2019-12-05] https://www.sohu.com/a/358452087_120269993.

赵、晏子使楚、苏武牧羊、桃园三结义、孔融让梨、司马光砸缸等，都是如此。这些故事都具有教育意义，对于中华优秀文化的传承和培养人的中华积极文化心理有十分重要的意义。因此可以说，它们完全可以而且应当作为学前教育的素材或内容，是学前期开展中华文化教育的重要途径。

第二节　中华文化故事中的中华积极文化心理和匠心蕴含

前面的分析表明，中华文化故事中蕴含和讲述着中华文化积极心理和行为品质，中华文化心理和行为品质或特征是中华文化故事的主题或核心。如前所述，中华优秀文化心理品质与匠心品质存在很大程度上的一致性，因此可以说中华文化故事中蕴含丰富的匠心品质。综观中华文化故事，它所蕴含或表达的中华文化心理、行为品质以及匠心主要有以下几个方面。

一、独具中华文化灵魂的中华文化精神

人的存在是文化存在，文化是人的生活方式和存在形式。从层次结构上看，文化可分为表层（器物层或物质文化）、中层（制度层或制度与行为文化）和深层（精神层或意识文化）。其中深层是人的文化心态及其在观念上的对象化，是文化的主体和核心部分，体现出文化心理和社会意识的诸多形式。从精神文化的结构看，它由文化目标、哲学、文化精神、种群道德和风气等组成，其中文化精神最为重要，是文化价值观的主要部分[1][2]。文化精神是文化的根和魂[3]，是文化心理的核心，通常被称为文化基因或原始—古代积淀层。中华文化精神是自强不息和厚德载物，张岱年先生称之为中华民族精神[4][5][6]。如第一章所述，自强不息和厚德载物亦是当代想要成功的人们所必须具备的匠心品质，因此培养儿童的中华文化精神必然也就培养了他们的

① 李炳全.中国人的心理和行为解谜——中国文化心理学研究与建构 [M].广州：广东教育出版社，2016：60.
② 李炳全.文化心理学 [M].上海：上海教育出版社，2007：221-226.
③ 肖群忠.民族文化自信与传统美德传承 [J].道德与文明，2020，(01)，28-30.
④ 张岱年.《周易》与传统文化 [J].周易研究，1991(01)：5-7(6).
⑤ 张岱年.中国传统文化的分析 [J].理论月刊，1986(07)：34-39(38).
⑥ 张岱年.中国传统文化之我见 [J].人民论坛，1998(06)：50.

这些匠心的核心品质。

既然中华文化精神是中华所有的文化活动和文化载体或素材的核心，那么作为中华文化重要组成部分的中华文化故事必然蕴含着中华文化精神，其目的是以人们喜闻乐见的形式传承和弘扬中华文化精神。愚公移山、大禹治水、钻木取火等都是"自强不息、厚德载物"的中华文化精神的承载与表达。在中华民族发展的历史长河中所创作的神话、传说、寓言、民间故事等中华文化故事是中华民族的智慧和思想，在千百年的传承与发展中，融入了中华民族的精神基因，承载着中华民族的人生观、价值观、世界观，是中华民族的精神所在，是中华民族宝贵而独特的精神食粮，能够给予人以精神的支撑和依托，使人在内心深处产生一种归属感和文化自信。

有许多中华文化故事，如盘古开天辟地、哪吒闹海、宝莲灯、钻木取火、愚公移山、大禹治水、囊萤映雪、凿壁偷（借）光、卧薪尝胆、悬梁刺股、宋濂苦学等都表达了自强不息精神。正是自强不息精神，为中华民族战胜各种困难并在其中增长智慧，超越自我提供了强有力的精神支撑和不竭动力[①]。二十四孝故事、孔融让梨、六尺巷等故事都表达出厚德载物的中华文化精神。

二、蕴含中华文化人格特质

文化人格特质是文化精神所表现出的人格特征。上述中华文化精神的自强不息中包含自我超越、刚毅坚卓、发愤图强、拼搏进取、勇于克服艰难困苦、迎难而上等文化心理特征；厚德载物中包含着宽厚、仁爱、承受力、忍耐性、宽容心和包容性等文化心理特征[②]。人们通常所说的中华民族所具有的勤劳、勇敢、善良、智慧等文化人格特征也包含在其中[③]。习近平总书记在2020年3月10日到武汉疫情前线考察防疫情况时指出："武汉人民识大

① LI BING-QUAN, & DU HAIi-XIN.On the walue of Chinese cultural stories ni preschool cultural education[J].SSRG International Journal of Hunanities and Soial Science (SSGG-LJHSS).2020，7(05):55–60.

② LI BING-QUAN. & DU HAI-XIN.On the value of Chinese cultural stories in preschool cultural education [J].SSRG International Journal of Humanities and Soial Science (SSRG-IJHSS).20207(05):5–60.

③ 李炳全.中国人的心理和行为解谜——中国文化心理学研究与建构 [M].广州：广东教育出版社，2016：41.

体、顾大局，不畏艰险、顽强不屈，自觉服从疫情防控大局需要，主动投身疫情防控斗争，作出了重大贡献，让全国全世界看到了武汉人民的坚韧不拔、高风亮节。""正是因为有了武汉人民的牺牲和奉献，有了武汉人民的坚持和努力，才有了今天疫情防控的积极向好态势。武汉人民用自己的实际行动，展现了中国力量、中国精神，彰显了中华民族同舟共济、守望相助的家国情怀[①]。"其中的"识大体、顾大局、不畏艰险、顽强不屈、坚韧不拔、高风亮节、同舟共济"等是中华优秀文化心理品质，它们是中华文化精神的具体体现。

作为中华文化重要组成部分的中华文化故事都讲述了一定的中华文化人格特征。虽然每一个故事不可能展现全部中华积极文化心理特质，但它们都从某一或某些方面弘扬积极的人性，抑制消极的人性。比如，故事中的主人公大都表现出真善美慧等品质，战胜骄傲、自私、懒惰等消极心理，进而实现了自身的目标。例如《愚公移山》故事中智叟胆小怯懦而愚公则坚持不懈，最终感动上天移走了大山；《三个和尚》故事的一开始，自私贪婪、斤斤计较的三个和尚都没水喝，到后来寺庙失火三个和尚齐心协力灭火，再到团结合作一起担水都有水喝；《揠苗助长》告诉我们只有顺应自然规律、求真务实、勤劳才有大收获的道理等。这些中华优秀传统故事不仅仅是人类智慧的结晶，更包含着中华民族所崇尚的道德观念与精神追求，它们所传达积极正面的人格品质也是学前儿童融入社会必须具备的核心素养。

三、涵养中国社会主义核心价值观

从文化心理学角度讲，社会主义核心价值观属于文化和文化心理的深层（精神文化）核心，是社会和人的精神支柱与行为导向，对引领社会发展，培育和提升人的精神境界，丰富人的精神生活，具有基础性、根本性作用。社会主义核心价值观具有时代性和历史继承性，是对中华积极文化心理的继承与发展，是中华传统文化中的积极精神在当代的体现与发展。社会信仰和价值观一直是文化深层的核心部分，是人的精神寄托和精神支撑。社会主义核心价值观也是如此，它与中华文化和中华文化心理密不可分，它是基于中华文化和文化心理，在积极汲取世界先进文化思想和文化心理的基础上而形

[①] 习近平. 在湖北省考察新冠肺炎疫情防控工作时的讲话 [J]. 求是，2020(7)：4-11.

成的。

价值观是基于人的一定的思维感受而做出的认知、理解、判断或抉择，对个体的长期发展起着至关重要的作用。正确的价值观有利于个体的身心健康发展，错误的价值观则容易导致个体无法明辨是非对错，偏离正确的发展方向，无论对个人还是对社会都是不利的。2013 年 12 月，中共中央办公厅印发的《关于培育和践行社会主义核心价值观的意见》中明确提出："以'三个倡导'① 为基本内容的社会主义核心价值观，与中国特色社会主义发展要求相契合，与中华优秀传统文化和人类文明优秀成果相承接。"② 习近平总书记在主持中共中央政治局第十三次集体学习时曾指出："培育和弘扬社会主义核心价值观必须立足中华优秀传统文化。"③ 中华优秀传统故事作为中华优秀传统文化的重要组成部分，涵括丰富的道德理念和规范，在世界多元文化相互碰撞融合的现当代不断被演绎，故事中体现的评判是非对错的价值标准亦与时俱进，有利于人们正确价值观的树立并潜移默化地影响着人们的行为方式。

第三节　中华文化故事与学前儿童心理的契合性

一、中华文化故事契合学前儿童的诗性思维

众所周知，学前儿童都喜欢听故事，究其原因，主要是故事契合了学前儿童的心理 ④。学前儿童的思维与远古人类类似，主要是一种诗性思维或称原始思维。"'诗性的'含义是指人的'创造性的想象力'或者说是'凭想象来创造'，所以，'诗性的智慧'或'诗性的思维'就是指'凭想象来创造'的

---

① "三个倡导"是指倡导"富强、民主、文明、和谐"，倡导"自由、平等、公正、法治"，倡导"爱国、敬业、诚信、友善"。实际上就是国家、社会和公民三个层面的社会主义核心价值观。这是在中国共产党第十八次代表大会上提出并特别强调的。

② 关于培育和践行社会主义核心价值观的意见 [N]. 人民日报，2013–12–24.

③ 习近平. 在中共中央政治局第十三次集体学习时的讲话［EB/OL］.http: //www.gov.cn/ldhd/2014–02/25/content_2621669.htm，2014.02.25/2018.07.28.

④ 刘丽萍. 幼儿民间故事教育研究——民间故事用与幼儿语言教育实践探索 [D]. 济南：山东师范大学，2009: 9–10.

那种想象力极为发达的思维"①。它是"人类儿童时期所具有的特殊思考方式。其特征为主客不分，运用想象力将主观情感过渡到客观事物上，使客观事物成为主观情感的载体，从而创造出一个心物融合的主体境界"②。它是一种以己度物的思维，具有情感性、具体性和创造性等特征③。由于故事特别是儿童故事是由想象力创建的心物融合在一起的以主体为中心的事件，符合学前儿童的诗性思维，因此很容易被学前儿童所接受。中华文化故事更是如此。

中华文化故事与一般故事一样是中华民族运用想象力所创造的心物相融的主体性事件，具有情感性、具体性和创造性等特征，契合学前儿童的诗性思维特点，同时它还具有中华文化基因，体现或反映着中华民族的致思方式、价值追求、核心理念、人文精神，因此它比其他故事更契合中国的学前儿童，更加容易被中国的学前儿童接受。由此可以说，中华文化故事是更适合中国儿童的故事教育内容，是促进儿童的中华文化化即培养儿童的中华文化心理品质的更恰当的途径。

众多研究表明，"文化是人类自己创造自己的行为或活动过程及其结果，人类在创造文化的过程中创作了自身以及人的心理"④。由此来看，作为中华文化重要组成部分的中华文化故事是中华民族创造和发展自己的过程及其结果，反映出中华民族创造和发展自己的心路历程与中华民族所具有的文化心理特征。意大利著名思想家维柯（G. Vico，1668—1744年）指出，人类文化史是人类自我创造的历史，"世界确实是由人类创造出来的，所以他的原则必然从我们自己的人类心灵各种变化中就可找到"⑤。人类有一种进行文化创造的诗性智慧（sapienza poetica）或创造性智慧，人类运用诗性智慧或创造性智慧创造了文化，而所创造的文化又反过来发挥对人类的锻造作用，把人文化化为具有特定文化心理特质的人⑥。作为中华文化一部分和载体的

① 刘渊，邱紫华. 维柯"诗性思维"的美学启示 [J]. 华中师范大学学报（人文社会科学版）2002，41（1）：86—92.
② 林雪玲. 以"启发诗性思维"为导向的新诗教学设计及其实作成果分析 [EB/OL]. [2013-07-11] http://www.docin.com/p-676546486.html.
③ 刘渊，邱紫华. 维柯"诗性思维"的美学启示 [J]. 华中师范大学学报（人文社会科学版）2002，41（1）.86—92.
④ 李炳全. 中国人的心理和行为解密 [M]. 广州：广东教育出版社.2016：8.
⑤ 维柯. 新科学 [M]. 朱光潜，译. 北京：商务印书馆，1989：154.
⑥ 李炳全. 中国人的心理和行为解密 [M]. 广州：广东教育出版社，2016：8.

中华文化故事就是如此，它既是中华民族用诗性智慧或创造性智慧创造出来的，同时已被创造出来中华文化故事又发挥着把一代代中国人文化化的作用。由于学前儿童具有人类创造文化所使用的诗性智慧，因此中华文化故事对他们来说更为适合，更能发挥培养幼儿的中华文化心理特质的教育作用。

二、中华文化故事契合学前儿童的叙事智能

叙事智能或叙事思维是学前儿童探索世界获得并组织系统化经验的重要方式或途径。认知结构主义教育家、心理学家布鲁纳在《有意义的行为》[①]中提出的"叙事智能理论"指出，叙事思维是人们获得和建构生活世界和意义的主要途径。依据该理论，儿童的智能是在他们探索世界中不断成长的，他们所探索的世界充满丰富的可能性，富有想象性。正因为如此，儿童对世界充满了好奇心，激励他们不断地去探索发现或想象世界所充满的可能性。在探索发现世界的可能性时，儿童运用他们所具有的叙事性智能把他们所探索的世界中的各种各样的事物都看作是相互联系的生命，它们共同构成有意义的有故事的生命世界。由此，他们通过想象和叙事性智能，赋予所探索的世界及其中各种各样的事物灵性和生命意义，把它们相互联系起来，从他们赋予事物的意义及其相互关系上去认知、理解和把握世界及其中的事物，由此把他们所探索的世界及其中的所有事物通过赋予它们的关系联系成一体[②]。对于学前儿童而言更是如此。他们通常以故事的形式组织并理解自己所生活于其中的世界及其中的各种事物，获取关于世界的经验[③]，通过故事叙事来获得认知或智能的增长[④]。故事的叙事在儿童认知或智能生长中的解决问题的能力主要有：经验模块化（chunking experience）、事件因果关联化（imputing causal relations between events）、问题处理模式化或典型化（managing typification problem）、行为序列化（sequencing behaviors）、拓展智

---

① 布鲁纳. 有意义的行为 [M]. 魏志敏译. 长春：吉林人民出版社，2011
② 幼儿园论坛. 儿童的叙事性智能理论与语言教育文学化倾向 [EB/OL].[2012-01-14] http: //ping.ci123.com/firms/topics/94205/43310.
③ 刘娜. 基于叙事的幼儿生命教育实施之路 [J]. 网络导报·在线教育，2012（37）：5.[EB/OL][2015-06-17] https://www.doc88.com/p-2377732295581.html
④ 唐伟胜. 叙事研究中的认知取向——《叙事理论与认识科学》评介 [J]. 天津外国语学院学报，2005，12（1）：35-40.

力（distributing intelligence）^①。由此看来，故事所表现出的情节内容的叙事性特别契合学前儿童叙事性智能发展需求，是促进学前儿童的心理顺利发展的良好素材与途径。中华文化故事也是如此，它契合学前儿童的叙事思维或叙事智能，它所具有的叙事性和情节性等特征，与学前儿童的叙事性智慧相一致。

除此之外，中华文化故事还具有一般故事所不具有的特异性特征。它是由历代中国人民创作并世代传承和弘扬的反映中华民族社会生活及理想愿望的叙事性优秀文学体裁。

就中华文化故事的内容来看，中华文化故事蕴含并反映中华民族的"讲仁爱、重民本、守诚信、崇正义、尚和合、求大同等核心思想理念"^②，"自强不息、敬业乐群、扶危济困、见义勇为、孝老爱亲等中华传统美德"^③，"求同存异、和而不同的处世方法，文以载道、以文化人的教化思想，形神兼备、情景交融的美学追求，俭约自守、中和泰和的生活理念等"，"有利于促进社会和谐、鼓励人们向上向善"^④的中华人文精神。所以更契合培养学前儿童的中华文化心理品质的需要，更适合中华文化的传承和发展，对于培养学前儿童的家国情怀、中华文化人格、"仁爱共济、立己达人"的品性极为有利。

就中华文化故事的认知方式来看，中华文化故事蕴含并体现中华民族的"二元相即"的整体认知方式。葛兰尼特（Marcel Granet，1884—1940年）、李·约瑟（Joseph Needham，1900—1995年）、汉德森（John B. Henderson）、葛瑞汉（Angus Charles Graham，1919—1991年）等西方学者称之为关联性思维（correlative thinking），冯达文等中国学者称之为类归认知方式^⑤。这种认知方式迥异于西方的分析式、二元式、因果式的认知方式。它具有如下特征：①二元双方可以相互分离，具有不同的特征；②二元双方相互依存，不可割

---

① 唐伟胜. 叙事研究中的认知取向——《叙事理论与认识科学》评介 [J]. 天津外国语学院学报，2005，12（1）：35-40.

② 中共中央办公厅，国务院办公厅. 关于实施中华优秀传统文化传承发展工程的意见 [OB/OL].[2017-01-25] http://www.gov.cn/zhengce/2017-01/25/content_5163472.htm.

③ 中共中央办公厅，国务院办公厅. 关于实施中华优秀传统文化传承发展工程的意见 [OB/OL].[2017-01-25] http://www.gov.cn/zhengce/2017-01/25/content_5163472.htm.

④ 中共中央办公厅，国务院办公厅. 关于实施中华优秀传统文化传承发展工程的意见 [OB/OL].[2017-01-25] http://www.gov.cn/zhengce/2017-01/25/content_5163472.htm.

⑤ 冯达文，Chi Zhen. 重评中国古典哲学的宇宙论 [J]. 孔学堂，2015，2（04）：68-77+208-220.

裂，彼此赋予对方存在的意义①；③二元双方相互作用，相互转化，互为因果，相生相克；④彼此都在对方中有自己的影子，可以通过一方认识另一方；⑤双方纠缠在一起，就如同量子纠缠一样。这种认知方式具有儿童的叙事性智能特点，更加契合学前儿童的叙事智能发展，对于培养学前儿童的辩证的整体的认知方式大有裨益。因此，有必要选择优秀的中华文化故事用于学前教育，满足学前儿童健康成长的需要，既能促进中华优秀文化的传承和弘扬，亦有利于培养学前儿童形成中华文化中所蕴含的当代社会要求具备的积极心理素养。

三、中华文化故事契合幼儿的好奇心

意大利思想家维柯认为，文化源自人的好奇心。通常情况下，越是人们难以把握或了解的，越能激发起人们的好奇心，促使人们越想弄个清楚，以便能够更好地对其加以把握。但由于能力或知识水平等限制，人们难以把它们弄明白，于是只好寄托于有着特殊本领或神性的人，于是就把那些他们认为能够推测人的命运的人以及推测或把握命运的过程神化②。这就是神话等神奇故事的心理根源或心理机制。

幼儿都有强烈的好奇心，他们爱问这问那就是其好奇心的驱使和表现。在这一阶段，幼儿的运动能力使孩子有了主动探究世界的能力，他们自我意识的形成和发展使他们有了认识世界的需要或动机以及好奇心，需要或动机和好奇心为他们探究世界提供了动力，促使他们积极主动地对世界进行认识。故事恰恰满足了幼儿探究和理解世界的需要或动机和好奇心，为孩子对世界的认识、理解以及经验组织提供了一个重要的框架。

四、中华文化故事契合幼儿的自我意识

自我意识是个体对自己及周围环境关系的觉察、认识、和评价。自我觉察表现在："我与其他人不同""不同在什么地方""我长得怎么样""我叫什么名字""我家住在哪"等。环境包括自然环境和社会环境，与周围环境的关

---

① 单虹泽. 论中国哲学体用关系的发展历程 [J]. 衡水学院学报，2018，20（4）：100-105.

② 李炳全. 中国人的心理和行为解密 [M]. 广州：广东教育出版社，2016：254.

系即与这两方面的关系。比如，"与生活环境的关系""我生活在什么样的环境中""自然条件是否恶劣"等；与周围人的关系，如我们的父母、朋友、敌人等。也有人把自我意识定义为："对自己身心活动的觉察，即自己对自己的认识，具体包括认识自己的生理状况（如身高、体重、体态等）、心理特征（如兴趣、能力、气质、性格等）以及自己与他人的关系（如自己与周围人们相处的关系，自己在集体中的位置与作用等）。"① 它包括自我认知、自我体验、自我调节三个方面。自我认知是对自己的认识、判断、评价，包括自我感觉、自我观察、自我概念、自我评价。其中，"自我观察是指对自己的感知、思维和意向等方面的觉察；自我评价是指对自己的想法、期望、行为及人格特征的判断与评估，这是自我调节的重要条件"②。自我认知对任何人来说都非常重要，一个人若不能够恰当地认识自己，不知道自己能做什么，不能做什么，该做什么，不该做什么，就会迷失方向，不能恰当定位自己；如果低估自己就会自卑，消极退缩，缺乏信心和自尊，自己看不起自己，甚至自暴自弃；如果高估自己则会狂妄自大，盲目乐观，不能理智地分析情况，导致失败或挫折。自我体验是个体对自己的情感体验，它是个体在自我认识的基础上而产生的对自己的内心体验，即主我对客我所持有的一种态度体验，包括自尊、自信、自卑、自豪感、自我效能感、自我成功感、内疚感等。如"我喜欢自己""讨厌自己""我觉得自己很可耻或是很令人讨厌"，是悦纳自己还是消极对待自己，在此基础上人们会产生一种心理体验，自尊、自卑都属于这种体验。自我调节是指个体对自己的心理和行为的监督、控制和调节作用，包括自制、自立、自主、自我监督、自我控制、自我教育③。

学前儿童心理发展的一个最为重要的特征就是自我意识的形成④。自我意识确立了个体的"我"的人性意义，是个体拥有的具有自我独特性的选择和加工各种信息的加工系统或认知结构，是个体用于界定自己的经验系统。正是自我意识使人认识到自己的独特性，并借此把自己与他人区别开来，才使得个体逐渐形成与发展自己的独特性，以及认知、规划、预期、指导和反

---

① 李炳全 . 认知心理学 [M]. 武汉：武汉大学出版社，2016:183.
② 李炳全 . 认知心理学 [M]. 武汉：武汉大学出版社，2016:184.
③ 李炳全 . 认知心理学 [M]. 武汉：武汉大学出版社，2016：183-184.
④ 范德赞登，L. 克兰德尔，H. 克兰德尔 . 人类发展 .8 版 [M]. 俞国良，黄峥，樊召锋，译 . 北京：中国人民大学出版社，2011：297.

映自己的心理和行为的能力。在幼儿期，随着自我意识的形成和发展，孩子开始把自己看作行为或活动的设计者、操控者或创造者，从设计、操控、创造行为中获得成就感，对行为或活动表现出越来越多的主动性，积极要求自己做事情，独立完成活动。

个体成长到三岁时，自我意识开始形成和发展起来。最先形成的是身体或生理自我，孩子在两岁两个月左右，能够认出镜子中的自己的影像，能够把自己的身体、物品等与其他人的区别开来。此时，幼儿的认知具有十分明显的具身性特征，身体在幼儿的认知过程中发挥关键作用，认知是通过幼儿的身体体验及其活动方式形成的，幼儿的身体活动方式和体验方式决定了他们的认知内容、性质和方式，幼儿以身体为中心组织对世界的认知和对经验的系统化。在这一时期，幼儿将身体和思想都一体化在身体中，具有明显的泛灵论想法，认为外界的一切包括动植物也像自己一样具有自我和思想①。到六岁左右，幼儿开始区分身体和思想，由此他们逐渐开始认识到自己的身体和心理的独特性，意识到每个人都有自己的感受和想法，开始对自己的天赋和独特性进行认知和欣赏，并产生与认知相对应的情感。他们开始从内部而不是外部界定自我，认识到身体和思想或心灵的区别②。

精神分析学家雅克布森（E.Jacobson，1897—1978 年）将儿童的自我发展分为前共生、共生、分化、恒常性四个阶段。其中分化阶段发生在 2 ~ 3 岁。在该阶段，孩子形成自己的表象和对象的表象，并把二者区分开来。此时，他们能够辨别自己和他人的情绪，检查内外部的实际情况，把自己从对象中分化出来，促进自我的自主性发展。恒常性阶段从 4 ~ 5 岁开始，这是自我的稳固化。在此阶段，孩子将理想化的自己表象和对象表象整合为自我理想，并把自我理想整合为超我的一部分，完成本我、自我和超我完整的心理结构的构建。依据雅克布森的理论，自我主要形成在幼儿期，其最为重要的特征或标志是把自我与外部对象区别开来③。精神分析学家马格尼特·玛

①范德赞登，L. 克兰德尔，H. 克兰德尔 . 人类发展 .8 版 [M]. 俞国良，黄峥，樊召锋，译 . 北京：中国人民大学出版社，2011：298.
②范德赞登，L. 克兰德尔，H. 克兰德尔 . 人类发展 .8 版 [M]. 俞国良，黄峥，樊召锋，译 . 北京：中国人民大学出版社，2011：298.
③叶浩生 . 西方心理学的历史与体系 .2 版 [M]. 北京：人民教育出版社，1998：342–343.

勒（M.Mahler，1897—1985 年）把个体出生后早期的自我形成的过程分为自闭（autism）、共生（symbiosis）、"分离—个体化"三个阶段。其中，"分离—个体化"又可依次分为身体意象的分化与发展亚阶段（陌生人焦虑）、实践亚阶段（母亲替代者）、和解亚阶段（协调危机）、个体化的巩固与客体恒常性亚阶段（客体我形成）。真正自我的形成即自我从亲子关系中独立出来发生在个体化的巩固与客体恒常性亚阶段，即在两岁之后开始的。自此，经过幼儿期（3～6 岁）的发展，个体逐渐形成自我概念或自我同一性[①]。随着自我意识的形成，个体认识到自己与他人和外部世界的不同，为了自我生存和发展，开始对世界进行认识。由于此时孩子还没有有关世界的知识经验，因此他们对世界充满了好奇，迫切想要通过各种各样的途径或方式了解或认识世界及其中的事物或现象。故事就是他们认识和理解世界并组织自己的经验的主要方式。

根据美国心理学家霍尔（Granville Stanley Hall，1844—1924 年）和鲍德温（James Mark Baldwin，1861—1934 年）等人的"心理复演论"（recapitulation theory）可知[②③④]，幼儿期对应于人类的自我意识萌发或形成时期。

罗伯特·麦基（Robert McKee）和托马斯·格雷斯（Thomas Gerace）认为，故事源自人类形成与发展史上的两次觉醒[⑤]。第一次是自我意识的产生，由此人类把自己与一般的动物区别开来。自我意识是人类区别于动物的根本特征，它使得人能够对自己及周围环境进行认知，进行思与反思，从内外世界对自己加以审视、看待或对待。一般的动物只会对环境做出反应，依据反应的结果反馈调整自己的行为，但却不会审视和反思自己。第二次觉醒是创造故事，通过故事来认知、理解世界，组织经验。通常，人在刚产生自我意识时，由于对世界的经验十分匮乏，世界给予人的是不确定性，由此使人产

---

① 叶浩生.西方心理学的历史与体系.2 版 [M].北京：人民教育出版社，1998：339-341.

② 心理复演论认为，个体心理的发展实际上是一系列或多或少复演种系进化历史，每个个体的成长发展与人类进化过程是平行的。从受精卵开始，像蝌蚪的胚胎，复演人类最初在水中生存的时期；婴儿期的爬行复演人类进化的猿猴时期；青年期情绪不稳定复演人类进化的混乱期；成年后身心成熟复演人类进化的文明期。

③ 李炳全.西方心理学史 [M].武汉：人民教育出版社，2017：68-70.

④ 叶浩生.西方心理学的历史与体系 [M].北京：人民教育出版社，1998：160-162.

⑤ 罗伯特·麦基，托马斯·格雷斯.故事经济学 [M].天津：天津人民出版社，2018：39-48.

生不安全感，产生无限的忧虑、恐惧或焦虑。比如，人们看到人世间的生老病死之苦，其他凶猛动物伤人，在自我意识的作用下，会把发生在他人或动物身上的事情内摄到自身，由此产生忧虑、恐惧或焦虑等。为了减少乃至消除忧虑、焦虑或恐惧，减少不确定性，人类就积极主动对自身和外部世界加以认识、理解和重新组织。在远古时期缺乏科学知识和方法的情况下，人们只好依据自己的主观理解去创造故事。故事实际上就是远古人类对世界的理解、组织经验以及应对处境问题的方式或途径[1]。个体的幼儿期相当于人类发展史上的自我意识觉醒时期，所以他们对故事情有独钟。

"在日常生活中，人们总是力图理解并解释发生在身边的各种现象，尤其是与自己的生存密切相关现象。对一些现象，人们可用已有的经验或知识来理解或解释，或者通过一定时间的观察能够理解或解释，这时人们不会觉得它们神秘，更不会赋予它们神秘色彩。这样的以事实为基础的理解或解释可称为科学的理解或解释。但人们不是只理解或解释那些用自己的经验或知识能够理解或解释的东西，而且还要尽力理解或解释那些用自己的经验或知识不能理解或解释的东西。在这样做的时候，人们通常会去寻找一些神秘的力量或原因。如把理解不了或解释不通的现象归结为鬼神的作用。在现实生活中，常有人说某个地方闹鬼，实际上是对这个地方的一些现象没法作出合理的理解或解释的结果。在远古时代，由于人们的知识经验有限和认识水平的限制，在对当时神秘现象加以理解或解释时，通常会用一些神秘东西来理解或解释，如人的生老病死，在古时人们无法解释时，只好用一些灵性或魔性的东西解释。"[2] 由此就会编造出神话故事或离奇故事。幼儿探究世界的过程与这一过程类似，也是试图对他们觉得神秘离奇的事情加以理解或解释。故事恰恰为他们提供了这样一个解释的框架结构。由于中华文化故事是在中华民族形成和发展中创造出来的，体现出中华民族对世界的认识和理解、解释的心路历程，所以它对中国的儿童而言更具有合适性，尤其是对培养中国幼儿的中华文化心理品质来说是非常合适的素材。

学前期是幼儿想象最为活跃的时期，想象几乎贯穿于幼儿的各种活动

---

① 简书网.我们为什么喜欢听故事？[EB/OL].[2018-08-30] https://www.jianshu.com/p/ed44e139cb46.

② 李炳全.中国人的心理和行为解密[M].广州：广东教育出版社，2016：242.

中。中华优秀文化故事所具有的民俗性、幻想性、传奇性等特点与幼儿求知欲望强、好奇心强的心理特点有一种天然的结构契合，符合中国幼儿的心理发展需求[1]。如《西游记》中，神通广大的孙悟空有七十二般变化，脚踏筋斗云飞天遁地，手持金箍棒降魔除妖；《嫦娥奔月》的故事里描绘了嫦娥成仙升月的美好画面，故事主人公们超脱常人的能力，令人惊叹不已；《曹冲称象》中曹冲的睿智令小朋友们神往。对幼儿来说，这些神奇的中华优秀文化故事可以满足他们的自我意识觉醒和发展需要以及认知需要，激发其浓厚的学习兴趣。

《幼儿园教育指导纲要（试行）》中特别指出："引导幼儿接触优秀的儿童文学作品，使之感受语言的丰富和优美，并通过多种活动帮助幼儿加深对作品的体验和理解。"[2]中华传统文化故事中语言的叙事性、通俗性、文化性、教育性，有助于幼儿从中习得一定言语技巧，感受语言的丰富和优美，从而促进幼儿语言能力的发展；故事中的传奇情节能够使幼儿认真倾听，进而培养他们良好的学习习惯；故事学习结束后幼儿大胆复述故事、续写故事、分享感受，从而不断锻炼他们的口语表达能力；教师对故事中主人公所展现的优秀精神品质加以总结凝练，可以进一步加深幼儿对作品的体验和理解，有利于对幼儿健全人格的培养。

五、中华文化故事契合幼儿的情商、逆商等积极心理品质发展的需要

（一）中华文化故事能满足幼儿心理整体发展的需要

人的心理发展是整体性发展，个体在成长过程中，其认知水平在发展的同时，其情商、逆商等也不断地发展起来。心理学研究表明，无论是人类心理的形成与发展，还是个体心理的形成与发展，都是在日常生活的各种各样的活动中实现的。由于人的活动尤其是复杂困难的任务都需要依靠人的多方面心理品质来完成，因此，在活动中发展出来的心理品质也是多方面的。

---

[1] 刘丽萍.幼儿民间故事教育研究 [D].济南：山东师范大学，2009.

[2] 教育部基础教育司.幼儿园教育指导纲要（试行）[M].南京：江苏教育出版社，2002：31-32.

换言之，心理发展是多方面心理品质的协同发展、整体发展。例如，人在面对艰难困苦时，在克服艰难困苦的过程中，他们的智慧、认知水平、心理韧性、自信心、对生活的态度等，都得以协同形成与发展[①]。幼儿的心理发展更是如此。中华文化故事恰恰契合幼儿的情商、逆商等心理品质整体发展的需要。

如前所述，随着幼儿的自我意识的形成和发展，在好奇心的驱使下，他们积极主动地去认知和理解世界。但由于所要认知的世界对他们来说具有太多的不确定性，因此他们需要得到鼓励或激励。除得到父母、老师等成人的鼓励或激励外，中华文化故事中的主人公的不畏艰险、勇于克服困难的精神和壮举也对他们起到积极的激励作用。这些故事主人公既发挥榜样作用对幼儿产生积极影响，使幼儿学习他们的睿智、不畏险阻的拼搏进取精神和高尚的道德情操，又发挥着对幼儿的情商、逆商等积极心理品质的锻造作用。如前所述，中华文化故事中包含着自强不息、厚德载物的中国文化精神，家国为先、勤劳、勇敢、善良、坚韧不拔、通权变达、乐天知命等积极文化心理特质。包括马丁·雅克、大卫·查普曼在内的中外许多学者的研究都表明，中华文化故事表达着战天斗地、自信自强、迎难而上、解决困境等积极文化心理品性。这些都具有培养幼儿积极心理品质的作用，切合幼儿的情商、逆商等积极心理品质发展的需要。

(二) 中华文化故事能满足幼儿的情感需要，促进其情商发展

在故事教育中，无论是家长或幼儿教师给孩子讲故事，还是他们与孩子一起学故事，抑或他们指导孩子采用游戏的方式展现故事，都体现出一种陪伴与互动，由此可以增强家长或教师与孩子之间的情感，满足孩子的情感需求，充分发挥家长或教师全方位的教育与影响作用。

家长或教师在给孩子讲故事时，对孩子发挥重要教育作用的不只是故事。尽管故事在故事教育中发挥主要作用，但贯穿于这一过程中的家长或教师与孩子的沟通交流，家长或教师的表情与言谈举止，家长或教师对孩子问题的回答，家长或教师对故事问题的设计，家长或教师对故事的理解或解

[①] 李炳全. 文化心理学的心理发展观探析 [J]. 苏州大学学报 (教育科学版)，2014，2 (02)：19-27.

读，家长或教师在讲故事中所表现出来的耐心等，都会对孩子产生自觉或不自觉地受到影响。即使没有这些，单纯的陪伴就能体现出家长或教师的关爱，给予孩子心理满足感。如若在故事教育中家长或教师与孩子相互依偎，有近距离的身体接触，有肢体语言（包括面部表情、身段表情）交流以及绘声绘色、充满感情的言语表达等，都会给予孩子心灵震动与感悟，使孩子切实体会到家长或教师发自内心的关爱。所有这些对于幼儿来说都具有强烈的吸引力，甚至能起到故事本身所起不到的作用。故事教育中蕴含着许多行之有效的教育素材、途径和价值，只要幼儿教师和家长能积极地去挖掘，就可以使故事教育起到一般的教育所起不到的出人意料的积极效果。甚至在一些时候，讲故事本身变得不太重要，有陪伴、情感交流等就已经足够了[1]。

在日常生活中，人们尤其是学前儿童通常都有被人爱、被人理解、被人尊重、被人信任等几种非常重要的情感需求[2]。这些情感的满足，将使他们的精神生命得以成长。所有优秀的儿童故事尤其是中华文化故事，都包含满足孩子的这些情感需求的内容，他们在听和阅读以及表演这些故事的过程中，能够体验到这些情感的满足。

被人爱，指的是孩子渴望被他人尤其是自己最亲近的成人的无条件关爱。无条件关爱是指无论在什么条件下，关注、关爱、肯定孩子[3]。按照人本主义心理学家罗杰斯的看法，积极关爱既是儿童的一种需要，也是教师或家长的教育方法或措施。就儿童的需要而言，积极关爱是指儿童在自我知觉形成之后所开始产生的想要得到他人的爱、被他人喜欢和认可的需要。儿童的这一需要能否获得满足以及满足的程度，会形成儿童对他人的自我关爱的评价。如果这一需要得以满足，儿童就容易发展出积极的自我关爱；如果得不到满足，则容易形成消极的自我关爱，严重的可能产生心理问题乃至心理疾患，进而影响自我的健康发展，甚至迷失自我。积极关爱是积极的自我关爱和良好的自我发展的先决条件。倘若积极的自我关爱建立起来，它就会与他人的关爱相互作用，并融合起来发挥系统效应。就教育方法或措施而

---

① 心理减压俱乐部. 为什么小孩子喜欢听故事，即使这个故事他已经听了无数遍？[EB/OL].[2015-11-05] https://www.douban.com/note/523517054.

② 新浪博客. 儿童为什么喜欢听故事？[EB/OL].[2014-05-05] http://blog.sina.com.cn/s/blog_816c005a0101ucu3.html.

③ 李炳全. 西方心理学史 [M]. 武汉：武汉大学出版社，2017：245.

言，无条件积极关爱是指，在教育过程中，教师或家长对孩子的言谈举止等给予积极、正面的认知、评价和引导，进而促进孩子形成正确的世界观、人生观、价值观以及对人对事的积极的心态，激励孩子积极地去改变、超越自我，形成积极的心理品质①②。这种无条件积极关爱包含教师或家长对孩子的积极的基本认识和基本情感。它要求教师或家长在教育过程中，看到孩子心灵深处的潜能，把孩子的潜能充分地挖掘出来，让他们的潜能充分发展，培养并强化孩子的优秀品质，培养孩子的积极力量。在教育中，教师和家长不应只是盯着孩子身上的短处、不足或缺陷，而应该认识并锻造孩子身上的长处或优点，将他们身上的这些优秀品质转变成促进他们幸福生活的动力。概言之，就是发现孩子身上的长处或优势，并培养促进它们。在教育过程中，教师和家长如果对孩子身上的积极力量积极主动地予以鼓励和培养，孩子就能真正克服自己的缺点。相反，教师和家长一味训斥、批评他们，容易打击孩子的信心，抑制其积极力量，不利于对孩子的教育或培养③。在现实教育中通常可以发现这样一种现象，家长或老师越是对孩子指责、批评，孩子表现得就越差。其实质是一种社会建构和心理暗示。这就告诉我们，如果想要使孩子变得糟糕，那就经常寻找发现其不足之处或问题行为并加以指责、训斥、批评。相反，要想使孩子变优秀，那就去鼓励或激励他。现今社会人们普遍认识到，好孩子是夸出来的。孩子越得到夸奖尤其是他们所尊敬或佩服的人的夸奖，他们就越容易向人们所夸的方向发展。这即是教育中人们常说的"发现孩子的闪光点，即积极的方面"，并从积极的方面去鼓励、培养孩子④。孩子希望得到家长或老师的陪伴实际上就是孩子被人爱的需要之一。在日常生活中，我们经常看到幼儿要求父母陪自己去玩耍、在自己床边看着

---

① 百度百科. 无条件积极关注 [EB/OL].[2018-04-20]. https://baike.baidu.com/item/%E6%97%A0%E6%9D%A1%E4%BB%B6%E7%A7%AF%E6%9E%81%E5%85%B3%E6%80%80/22500873.

② 知乎网. 心理学中的「无条件积极关注」是什么，具体应用有哪些？ [EB/OL].[2019-03-15]. https://www.zhihu.com/tardis/landing/360/ans/722828999？query=%E6%97%A0%E6%9D%A1%E4%BB%B6%E5%85%B3%E6%80%80&guid=9270F4ACAF71074CBC8259717A04833A.1592445188673.

③ 李炳全. 积极心理学：打开幸福与成功之门的金钥匙 [M]. 北京：科学出版社，2016：13.

④ 李炳全. 积极心理学：打开幸福与成功之门的金钥匙 [M]. 北京：科学出版社，2016：15.

自己睡觉、陪着自己看书、要求父母与自己一起做游戏等。这些都是孩子想让父母关注关爱自己的表现，是他们的被爱需要的表达。按照人际交往的白金法则①，既然幼儿有这类需要，那就要以恰当的方式去满足他们的这种需要。这是教育有效性的必要条件。

从沟通的角度看，每个个体都具有一个独立的心灵系统，出入这个心灵系统的关键或主动权掌握在每个个体自己手里。沟通的有效性取决于彼此向对方打开自己的心灵之门即向对方敞开自己的心扉的意愿及程度。能否彼此向对方打开自己的心灵之门，关键是双方的心灵由相互接触到相互适应与融合，尤其是视域的融合。要彼此打开心灵之门，沟通双方应相互了解并融入沟通对象的立场、思想等，用一种合作、对话、交流的形式相互平等地对待对方，彼此相互尊重乃至赞赏对方。概言之，最为有效的沟通措施是：沟通双方彼此了解对方的需要，并在此基础上采取有效措施②。在教育过程中，师生之间的关系实际上也是一种沟通关系，因此师生双方都应向对方打开自己的心灵之门。对于教师而言，应当十分清楚，无论是幼儿还是小中大学生，他们都"具有独立性、自主性、能动性，其心灵是一个独立的系统，进入这个系统有一扇门，只有这扇门打开后，教师的教育才能对他们产生有效的影响。而打开这扇门的钥匙或主动权不是在教师或家长等人手中，而是掌控在孩子手中。只有当孩子愿意打开其心灵之门时，教育才会有效；如果孩子不愿打开这扇门，甚至把这扇门关得更紧（产生抵触心理），教育就是无效的，甚至是有害的。因此，教育的首要任务是让孩子主动打开他们的心灵之门。在日常生活中，人们经常可以看到许多教师和家长'不厌其烦、诲人不倦'地对孩子进行教育，但成效甚微，究其原因，主要是没有打开儿童的心灵之门。而要想让孩子打开其心灵之门，教师和家长就需要了解并顺应孩子的心

---

① 白金法则是由美国最有影响的演说人之一和最受欢迎的商业广播讲座撰稿人托尼·亚历山德拉博士和人力资源顾问、训导专家迈克尔·奥康纳共同提出著名的人际交往的法则："别人希望你怎样对待他们，你就怎样对待他们。"白金法则提出了一个十分重要的与黄金法则不同的理念，那就是以别人为中心，即根据别人的需要，来组织交往的技巧与技术，这样才能更好地打动他的心，建立良好的人际关系。它明确告诉我们，不要自我中心。若自我中心，将使自己陷入并困于人生最大的陷阱。虽然人人都有一个"自我"，都有自己的需要、立场、观点、方法、性格、喜好、人生观等，但要做一个聪明人，就不能够只站在自己的角度，而应该多替他人着想，因为没有他人，也就没有自己。

② 李炳全，张丽玲．人际关系心理学 [M]．北京：科学出版社，2017：100-101．

理，否则，任何方法和措施都将是徒劳。因此可以说，教育过程最为重要的基本规律是：了解孩子的需要，即了解孩子愿意学什么，并在此基础上采取有效措施"①。讲故事就是满足幼儿被爱需要的最为恰当的方式或途径之一。之所以这么说，有两点原因：①讲故事的过程是确确实实的陪伴过程，满足了幼儿对亲近的成人陪伴自己的需要；②在讲故事过程中，父母或教师对孩子提出问题的回答，与孩子的亲密接触，与孩子的情感交流，基于故事对孩子寄予的希望等，都体现了对孩子的关注与关爱。

被人理解，是指孩子尤其是学前期的儿童渴望他人理解自己，包括理解自己的想法、理解自己的难处、理解自己的情绪、理解自己的处境等。之所以说幼儿更需要成人理解，是因为他们怀着强烈的好奇心去探究世界，但由于他们的知识经验、认知水平等限制，使他们形成相对于家长和教师来说似乎非常幼稚的看法或做法，由此儿童生怕不被他人理解。通常，由于家长、幼儿教师与幼儿之间存在知识层次、经验的丰富性、认知发展水平、兴趣、立场、思考方式、看问题的角度等多方面差异，家长或幼儿园教师与幼儿对同一事件、同一问题、同一事物等会有不同的看法和理解。幼儿认为很难的问题，对家长或老师而言不一定难；幼儿感兴趣的事情，家长或老师不一定感兴趣；幼儿觉得好奇的事情，家长和幼儿园教师不一定会觉得好奇；引发幼儿喜怒忧思悲惊恐等情绪的事情，不一定会引发家长和幼儿园教师同样的情绪；对幼儿来说是件大事，对家长和幼儿园教师而言可能根本就不是一件大事；抑或某件事对家长或幼儿园教师而言是件大事，但幼儿却不这样认为。概言之，幼儿与其家长或教师之间通常会出现理解偏差，由此导致幼儿得不到家长或教师的理解。究其原因，主要是因为家长或教师未能站在孩子的角度或立场去看问题。这也表现在对故事的理解上。要解决这方面问题，家长和教师有必要站在孩子的角度去想问题，与孩子进行角色互换，设身处地地理解孩子，站在孩子的角度谅解他们，而不应以自我为中心，单单从自己的知识经验、立场、感受出发。在幼儿教育中，亲子、师生间的相互理解是有效教育的前提和基石。若不能相互理解，这些差异就可能导致双方的隔阂乃至对抗，成为教育的障碍。尽管日常生活中人们常说"知子莫如父，知女莫如母"，但实际上并非如此。现实生活中的亲子矛盾甚至严重的冲突并不少

① 李炳全 . 文化心理学视域中的教学模式探析 [J]. 天中学刊, 2010, 25 (1)：13-15.

见。要消除或解决亲子或师幼关系间的障碍或冲突，父母和教师就应当站在孩子的角度去理解他们。唯有如此，才能够对孩子的心理有非常恰当的了解，才能真正将心比心，设身处地为孩子着想[①]。事实上，教育过程实际上是"一个理解、解读的过程。其间，教师把自己的理解、解读告诉儿童，儿童把自己对知识或世界的理解、解读与教师的理解、解读结合起来，形成自己对教育内容新的理解、解读。一方面，儿童拥有直接对世界理解、解读获取的知识（意义）；另一方面，儿童又接收教师对知识或世界的理解、解读，其实质是对教师的理解、解读的再理解、解读。同时，教师要了解儿童的理解或解读，在此基础上进一步对儿童、知识或世界加以新的解读、理解，形成一种双向的理解、解读过程"[②]。表现在讲故事上，父母或教师应当认真对待孩子所提出的问题，体验孩子的情感感受，依据孩子的心理发展水平来组织故事的内容和表现形式。

被人尊重，是指孩子希望得到他人尤其是自己最亲近和尊重的人尊重，如尊重自己的意见、态度、兴趣和感受等，平等对待他们。心理学、社会学等学科的研究表明，尊重是人的基本需要，它包括尊重他人和被他人尊重这两个密不可分相互影响的方面。在现实社会生活中，人人都希望被他人尊重，而尊重是相互的。按照人际交往的黄金法则——你想要别人怎么对待你，你就要怎么对待别人。换言之，想要别人尊重你，你就要尊重别人。如果人人都尊重别人，当然每个人都会得到别人的尊重，由此形成相互尊重的良好的社会氛围。这即是说，"尊重在人与人之间存在一种交换关系。倘若一个人不尊重别人，肆意践踏、侮辱他人的尊严，他人也会反过来同样对待他。懂得并会尊重他人，才会赢得他人的尊重；而被尊重，就更能懂得和会尊重他人"[③]，由此形成一种良性循环。常言道："送花的人周围满是鲜花，种刺的人身边都是荆棘。"这句话生动形象地告诉我们相互尊重的重要性。"尊严不是一个很抽象的东西，在我们的工作和社会生活中随时随处可体现出来。人都有自己的尊严，都希望得到别人的尊重；而每个人受到别人尊重时

①李炳全，张丽玲．人际关系心理学 [M]．北京：科学出版社．2017.115-116.

②李炳全，胡海建．文化心理学论有效教学的条件 [J]．肇庆学院学报，2011，32（4）：65-68.

③李炳全．幸福与尊严的心理和谐之源 [J]，肇庆学院学报，2010（6）：14.

也需要替别人着想，善待他人"①。对于幼儿来说更是如此。他们初次主动满怀热情地探究世界，渴望得到成人尤其是自己的父母和老师的肯定，不愿意被成人轻视甚至瞧不起。接受故事教育也是如此。他们希望自己对故事的理解、意见、感受等得到父母或老师的肯定、理解或尊重。希望自己的想法和感受有人理解，同时也希望他人尊重自己的想法和感受，希望自己在故事上能与父母平等交流沟通。倘若父母和教师能够尊重孩子的理解、感受、意见、态度等，孩子就会感受到来自父母和教师的尊重，进而顺利解决主动对内疚的矛盾，形成积极的情商和逆商等品质，并从成人的尊重中学会尊重人。

被人信任，是指学前儿童希望得到成人尤其是父母和教师对自己能力的肯定和信任。在日常生活中，许多家长总认为孩子还小，还不懂事，能力有限，所以自觉不自觉地对孩子表现出不放心、质疑。这就会使孩子感受到自己不被信任，进而影响孩子的心理健康发展。其实，家长对孩子的信任能够提升孩子的自信心、自尊心，使孩子真正体验到父母或老师对自己的关爱，进而激励孩子探究世界的勇气、热情、信心和兴趣②。故事教育也应如此。在故事教育中，教师应给予孩子充分的信任，鼓励他们自己积极主动地阅读理解故事，根据自己的理解进行角色扮演，学习故事中主人公的积极心理品质或行为。教师或家长对孩子的信任，会成为孩子探究世界的动力，并使他们更容易接受教师或家长的故事教育，并从故事教育中获得心理的满足。

依据鲍德温（James Mark Baldwin, 1861—1934 年）、埃里克森（Erik Erikson, 1902—1994 年）、克莱茵（Melanie Klein, 1882—1960 年）、霍妮（Karen Horney, 1885—1952 年）、弗洛姆（Erick Fromm, 1900—1980 年）、皮亚杰（Jean Piaget, 1896—1980 年）、柯尔伯格（L.Kohlberg, 1927—1987 年）等人的心理发展理论，幼儿的情感需要满足过程，实际上是情商、人格、道德品质、精神等形成和发展的过程。幼儿的情感需要满足，除了在日常生活中通过教师和家长等人给予满足外，也可以在人们寄予美好愿望创作的故事中得到满足③。由于中华文化故事是中华民族在其发展过程中创造的，反映

---

① 范以锦 . 传媒人的底线与尊严 [J], 中国新闻周刊, 2010(9): 44-45.

② 李炳全，张丽玲 . 人际关系心理学 [M]. 北京：科学出版社, 2017: 30.

③ 新浪博客 . 儿童为什么喜欢听故事？ [EB/OL].[2014-05-05] http://blog.sina.com.cn/s/blog_816c005a0101ucu3.html.

出中华民族的情感诉求和情感体验，因此更能满足中国幼儿的情感需求，可以促进他们的情商、逆商等健康发展。心理学、社会学等研究表明，在孩子感受到自己的想法、行为和成就与其所处的文化所认同、接受的标准相符合时，他们容易获得自豪感。相反，当他们觉得自己的想法、行为和成就等不符合文化标准时，他们就容易感到内疚和羞愧[①]。由于中华文化故事是中华文化的组成部分，孩子通过中华文化故事会学会和感受到与中华文化精神一致的想法、行为等，故中华文化故事能够很好地促进他们的情感、行为等健康发展。例如《哪吒闹海》中哪吒机智勇敢、活泼可爱、本领高强，满足了幼儿希望独立、自信自强的心理需求；哪吒的行为虽然不被其父认可，但他的母亲和师父却对他非常关爱、欣赏，满足了孩子的被人爱、被人信任的需要。所有这些都说明中华文化故事能满足孩子的多方面需要，能促进幼儿的想象力、创造力、情商、逆商等心理品质的发展。

第四节　中华文化故事的学前教育价值

一、培养幼儿的中华积极文化心理品性，促进文化传承

中华文化故事语言朴素简洁、内容通俗形象，教师还能对故事进行娴熟生动的演绎，所以大多数幼儿都喜闻乐见，故事教育是幼儿园教育教学活动常见形式。中华优秀文化故事作为中华传统文化突出的载体之一，涵括在其内的神话、传说、寓言、民间故事等内容都体现了中国先民所积累和创造出的各领域的基本知识和生活经验，为幼儿园教育教学提供了丰厚的课程资源。不同于常见的取材当下生活的国内外优秀绘本故事，中华文化故事是从古代民众真实生活中取材，对幼儿来说是新鲜的、充满传奇色彩的人物事件。学习中华优秀文化故事，有助于幼儿扩大视野，并在教师正确的引导下借鉴先人的做法和经验，掌握和运用人类优秀智慧成果，涵养内在精神，追求真善美的统一，进而发展成为有宽厚文化基础、有高尚精神追求的人。

---

① 简妮·爱丽丝·奥姆罗德.学习心理学[M].江玲，李燕平，廖凤林，等，译.北京：中国人民大学出版社，2015：342.

二、促进幼儿心理健康发展

幼儿期是人的心理发展的关键期。如果在这一时期采取恰当的方法或措施对人的身体和心理的机能或品质进行恰当的培养或训练，就可以极大促进这些生理和心理机能或品质的形成与发展，并为它们及其他生理和心理机能或品质的发展奠定坚实的基础。心理发展的关键期是人的心理发展的最为敏感、最为容易、最为基础的时期。在这一时期，人的某些心理品质和行为最容易获得，最容易形成。如果错过这一时期，这些心理和行为就错过了形成和发展的最佳时机，由此很难形成和发展起来。幼儿期是人的社会化、智力、个性等心理发展的关键期。对于这些心理品质和特征，故事教育是培养它们的最佳途径或方式。故事教育对言语包括口头言语和书面言语、自我意识①、个性、主动性与自主性、良好习惯以及探索精神等方面的形成和发展十分重要。

故事是由富有趣味性的语言来描述的，好故事之所以能够吸引幼儿，其中最为重要的方面就是其语言的表达方式非常适合幼儿，因此，故事可以促进幼儿的语言发展，这在语言发展的关键期尤为重要。言语能力被李玫瑾等许多学者认为是必须在孩子小时候培养起来的终身受益的品质②。

如前所述，中华文化故事中表达出中华文化精神和中华优秀文化心理品质，通过这些故事，可以培养孩子的吃苦耐劳、自强不息等积极心理品质。中华文化故事尤其是神话故事富有想象力，能够促进孩子的想象力、创造力等能力的发展。故事是组织知识和经验的方式，对于幼儿来说，故事是组织知识和经验的最佳方式，因此故事教育能够促进孩子的认知发展。故事中包含着为人处世的方法及社会规范，因此，能够促进孩子规矩意识的形成和发展。

幼儿期是人个性形成的关键期③。在此阶段，孩子逐渐形成一整套行为

---

① 范德赞登，L. 克兰德尔，H. 克兰德尔. 人类发展 .8 版 [M]. 俞国良，黄峥，樊召锋，译 . 北京：中国人民大学出版社，2011：297-299.

② 搜狐网 . 李玫瑾：让孩子受益一生的"四种能力"，最好在 12 岁之前学会 [EB/OL].[2020-10-16] https://www.sohu.com/a/425098771_120894202.

③ 豆瓣网 . 心理发展的关键期 [EB/OL].[2006-12-26] https://www.douban.com/group/topic/1350023/.

习惯，动力定型也逐渐形成和稳固化，个性心理特征和个性倾向性的雏形基本形成。此阶段所形成的个性品质或特征虽然在以后的发展中有可能得以改变，但仍对以后儿童的发展起着十分重要的作用。如果该阶段孩子形成了不良的行为习惯、对他人对社会的消极态度、消极的为人处事方式等，将来改起来比较困难，将对学龄期的发展产生较为持久的消极影响。相反，倘若在这一时期形成了良好的行为习惯、对人对事恰当的态度或心态、积极的为人处事的方式等，就会为其良好的个性品质的形成奠定坚实的基础。在培养幼儿的个性中，故事可以发挥十分重要的作用。故事中的主人公通常具有良好的人格特征，幼儿在听故事、讲故事、做故事游戏等过程中，会不知不觉地在品行或道德品质、精神和行为等方面受到故事主人公的影响，明白什么是真善美，什么是假恶丑，形成恰当的观念，掌握辨别真假、善恶、美丑等价值标准，知道自己该做什么，不该做什么。

正因为中华文化故事对幼儿的个性发展具有上述多方面的积极作用，因此，应组织开展多种形式、多元化的中华文化故事教育，培养幼儿的人际交往能力、团队与合作精神、仁义谦让的品质、控制并合理利用自己的情绪和欲望的情商、不惧艰难险阻的逆商、勤观察爱思考的良好习惯等①。

三、促进学前儿童文化化

文化化是当代教育的一个重要目标，人本主义、建构主义、文化主义等教育思想都非常重视这一目标，其实质是人的内在自然人化的过程，即个体了解、认同并逐渐内化生活于其中的文化的过程。其最终目标是人们能够适应自己所生活于其中的文化，并对文化的发展做出一定贡献。在人的文化化过程中，文化为个体提供了一个建构的工具，给予个体对社会文化进行个体化再建构，把社会文化内化为个体自己的思想观念、心理和行为特征以及应对环境及其中的刺激的文化方式或模式。中华文化故事恰恰就是中国人实现中华文化化的最为恰当的工具和途径。

从进化心理学、文化心理学、个体心理发展等多个视界来看，个体在出生时，虽然已经获得了一定的文化基因，但此时个体只是自然的或生物学

---

① 豆瓣网 . 心理发展的关键期 [EB/OL].[2006–12–26] https://www.douban.com/group/topic/1350023/.

意义上的人，并不具有真正的社会人所具有精神品质和心理特征。要由自然的或生物学意义上的人转变成真正意义上的社会人或文化人，个体必须要经历一个文化化或社会化过程。在这一过程中，"个体通过与他人接触或交往、他人的教养与训练以及社会的潜移默化的作用，逐渐掌握并使用语言、风俗习惯、思维方式、认知方式、宗教等文化因子而成为人，并形成和发展起人的心理和行为"[1]。可以这样说，文化为生活于其中的人提供了心理组织的有意义的方面[2]。个体所表现的行为如站姿、坐姿、说话的语气与神态等及其原因，都受其生活于其中的文化制约[3]。不仅如此，文化由通过把个体锻造成具有一定文化特性的人来承载、表现、传承和发展。进化心理学认为，个体是文化得以不断传承和发展的工具和途径。人一生下来就通过遗传获得了一个由进化得来的内在机制即文化基因，随着个体的成长，在一定刺激的激发下，个体按照这一内在机制表现出一定文化行为，即对环境或刺激尤其是社会环境或社会性刺激做出文化所规定的行为反应，由此实现文化以及文化心理和行为品性的不断传递和发展。幼儿阶段是人的文化化的基础性阶段，而在该阶段的中国儿童的文化化中，中华文化故事发挥着十分重要的作用。

中华文化传统故事作为特殊文学作品，具有深厚丰富的内涵，无不蕴含着对家园、对人民、对长辈的爱；自强不息，厚德载物的中华文化精神；勤劳、勇敢、善良、坚韧、容忍等中华文化心理特征。如《后羿射日》故事中，后羿果敢地弯弓射日拯救万物，表达出不畏强暴、勇于抗争的精神，治国平天下的责任感和建功立业的人生目标，天下兴亡匹夫有责的勇于担当精神；《大禹治水》故事中，大禹置个人利益于不顾"三过家门而不入"，率领民众团结协作最终战胜了洪水灾害，表达出为大家舍小家的天下为公精神，顺应事物特性因势利导的智慧，勇敢面对困境，积极想办法解决困境，不逃避退缩，不惧艰难的精神；《孔融让梨》故事中，表达出遵守公序良俗的规矩意识，尊敬长辈的良好情操，谦让有礼的恕之道。幼儿在中华文化故事教育中，潜移默化地接受故事中所蕴含的勤劳、勇敢、仁爱、奉献、谦让等传统美德的熏陶和教化，摒弃懒惰、胆小、自私、蛮横等恶习，逐步形成良好品

---

① 李炳全 . 中国人的心理和行为解密 [M]. 广州：广东教育出版社，2016: 11.

②WAAL, F B M. Evolutionary psychology: the wheat or chaff[J]. Current Directions in Psychological Science, 2002, 11(6): 187–191.

③ 李炳全 . 中国人的心理和行为解密 [M]. 广州：广东教育出版社，2016.10.

德和积极个性，对弘扬民族精神和传统美德，促进社会和谐，都有极强的现实意义。

第五节　对学前儿童开展中国文化故事教育的路径和方法

上述分析表明，中华文化故事作为中华文化的重要组成部分，其内容反映了中华民族历代以来的社会生活，映射了中华民族优秀精神品质及行为准则，对幼儿的中华文化心理品质的培养具有十分重要的价值和积极作用。因此，在学前教育中开展中国文化故事教育是非常重要和必要的，它既是弘扬和发展中华文化的重要途径，也是培养幼儿形成中华积极文化心理品质的有效途径或方式，同时也是中华文化持续传承和发展的必不可少的途径。既然如此，那究竟该怎样在学前教育阶段开展行之有效的中华文化故事教育呢？开展有效的中国文化故事教育应从幼儿园教育教学活动、幼儿园文化建设、课程体系构建等多方面入手。

一、确立明确的中华文化故事教育目标

要开展中华文化故事教育，首先要明确其目标。目标是人要达到的境地或标准，它是人在活动之前对活动的结果所做出的预期性设定，为活动的开展指明方向。中华文化故事教育目标是开展中华文化故事教育所要达到的预期教育效果，指明了中华文化故事教育的方向，它是确立中华文化故事教育的内容、方法的基础。依据幼儿的身心发展特征和需要、中华文化的传承与发展的需要、《关于实施中华优秀传统文化传承发展工程的意见》和《新时代公民道德建设实施纲要》等，可将中华文化故事教育的目标确定为培养幼儿具有中华优秀文化心理品质，实现幼儿的中华文化化。依据《关于实施中华优秀传统文化传承发展工程的意见》，可以将这一目标细分为：①培养幼儿具有中华文化核心思想理念，如讲仁爱、重民本、守诚信、崇正义、尚和合、求大同等；②培养幼儿具有中华传统美德，如自强不息、敬业乐群、扶危济困、见义勇为、孝老爱亲等；③培养幼儿具有中华人文精神，如求同存异、和而不同的处世方法，文以载道、以文化人的教化思想，形神兼备、

情景交融的美学追求，俭约自守、中和泰和的生活理念等[①]。中华文化故事教育要根据这一目标选择适合幼儿的中国文化故事作为教育内容。

二、构建中国文化故事教育课程体系

"课程是对教育的目标、教学内容、教学活动方式的规划和设计，是教学计划、教学大纲等诸多方面实施过程的总和。广义的课程是指学校为实现培养目标而选择的教育内容及其进程的总和，它包括学校老师所教授的各门学科和有目的、有计划的教育活动。狭义的课程是指某一门学科。"[②] 依据这一课程概念，可将中华文化故事教育课程体系界定为"为实现中国文化故事教育目标而确立的教育内容体系，它由一系列中国文化故事组成。"

课程内容的编排应依据幼儿身心发展特点按照由易到难、由浅入深的顺序进行安排。除此之外，可根据主要要培养的幼儿的心理品质进行分类，如培养自强不息精神、厚德载物精神、自我意识、智慧、道德情操等；也可依据中华文化故事的类型进行分类；如神话故事、传说、人物故事、寓言故事等进行分类。

三、利用多种形式开展中国文化故事教育

开展中华文化故事教育的形式多种多样，不单单是给儿童讲故事。讲故事只是中华文化故事教育的一种形式。除此之外，还可以使用游戏法、模拟科学实验法、幼儿主体法、讨论法、文化学习法等。

(一) 游戏法

游戏法是把中华文化故事转变成游戏的形式，由幼儿来完成游戏，并在游戏中学习知识和培养心理品质。游戏是幼儿的最基本和最自然的活动方式、学习和组织经验的方式，也是幼儿在学习中获得快乐即快乐学习的

---

① 新华网．中共中央办公厅国务院办公厅印发《关于实施中华优秀传统文化传承发展工程的意见》[EB/OL].[2017-01-25] http://www.xinhuanet.com//politics/2017-01-25/c_1120383155.htm.

② 360百科．课程 [EB/OL].[2019-07-22] https://baike.so.com/doc/1393324-1473044.html.

原动力①，是实现幼儿天性成长和社会性协同发展的最佳途径②。正是基于此，游戏是学前教育活动中最普遍和最基本的表现形式③。游戏能够激发幼儿言语交往的积极性，促进幼儿言语的发展；游戏能够满足幼儿的多种心理需要，促进幼儿情感等心理品质发展；游戏可以培养和增强幼儿的规矩意识和遵守规矩的习惯；游戏可以培养幼儿为人处世的素养和人际交往与沟通的能力；游戏可以培养幼儿自由平等、主动探索、自主能动和开放创新的游戏精神①⑤。正因为游戏有如此众多的积极作用，把中国文化故事教育转变成游戏的方式，让孩子在游戏中接受故事教育，可以激发孩子接受故事教育的兴趣或动机，取得良好的教育效果。

2016年教育部颁布施行的新版《幼儿园教育规程》十分重视游戏活动，把游戏作为学前教育的基本方式。其"第二十五条幼儿园教育应当贯彻以下原则和要求"中的第五项是，学前教育"以游戏为基本活动，寓教育于各项活动之中。"⑥其"第二十八条"是"幼儿园应当将游戏作为对幼儿进行全面发展教育的重要形式。"幼儿园应当根据幼儿的年龄特点指导游戏，鼓励和支持幼儿根据自身兴趣、需要和经验水平，自主选择游戏内容、游戏材料和伙伴，使幼儿在游戏过程中获得积极的情绪情感，促进幼儿能力和个性的全面发展"⑦。2001年教育部颁布施行的《幼儿园教育指导纲要》总则第五条明确指出："幼儿园教育应尊重幼儿的人格和权利，尊重幼儿身心发展的规律和学习特点，以游戏为基本活动，保教并重，关注个别差异，促进每个幼儿富有个性的发展"⑧。这些都说明用游戏方式开展中华文化故事教育是适应幼儿身心发展特点的。

① 石妍. 幼儿园区域游戏的探索和思考 [J]. 基础教育研究，2019(8)：86-87.
② 李学翠，郝红翠. 游戏人：幼儿教师教学角色的重新定位及其精准归位 [J]. 教育理论与实践，2019，37(29)：28-30.
③ 李学翠，郝红翠. 游戏人：幼儿教师教学角色的重新定位及其精准归位 [J]. 教育理论与实践，2019，37(29)：28-30.
④ 石妍. 幼儿园区域游戏的探索和思考 [J]. 基础教育研究，2019(8)：86-87.
⑤ 王金娜. 论教育的游戏精神 [J]. 宁波大学学报 (教育科学版)，2013，35(4)：38-42.
⑥ 搜狐网. 新版《幼儿园教育规程》[EB/OL].[2018-11-06] https://www.sohu.com/a/273600726_768344.
⑦ 搜狐网. 新版《幼儿园教育规程》[EB/OL].[2018-11-06] https://www.sohu.com/a/273600726_768344.
⑧ 360百科. 幼儿园教育指导纲要 [EB/OL].[2020-06-17] https://baike.so.com/doc/5388464-5625039.html.

(二) 模拟科学实验法

模拟科学实验法是指用类似科学研究的实验方法对中华文化故事中的内容进行验证、解释或说明，使幼儿能够通过科学实验直观领悟。科学实验法是根据一定的科学研究目的，运用一定的仪器设备，创设并控制一定的条件，排除各种无关因素 (变量)，干预、控制研究对象 (变量变化)，以通过干预或控制研究对象所造成的效应，研究变量或事物属性之间关系的方法。

在中华文化故事中，有些直接是科学故事，如墨家的小孔成像，张衡制造的地动仪，神话故事中的星表等。这些故事涉及天文、地理、农业、医学、数学等多个领域或学科。这些故事中的许多现象可以通过改造成幼儿可以直观认知和理解的模拟科学实验来验证。通过这样的实验验证，可以培养幼儿的好奇心、求知欲、科学精神、创新求异精神等。也有一些包含着一定科学知识的故事，如《大禹治水》《曹冲称象》《火烧赤壁》等。《大禹治水》中，大禹是根据水往低处流的特性采用疏通引导的办法因势利导，这可以转化成模拟科学实验来让幼儿直观地了解水的特性和大禹治水的办法和过程，教会学生顺其自然、因势利导的理念。《曹冲称象》中蕴含着浮力定律，通过模拟科学实验直观展示曹冲称象的过程和原理，可以激发孩子对自然的好奇心和探究欲望，并使其直观了解并运用浮力定律。《火烧赤壁》中蕴含着"火借风势，风助火威"的风与火的关系，把这些现象通过模拟科学实验演示出来，使学前儿童能够生动直观地认知风、火等自然现象及其相互关系，培养和激发学前儿童的科学兴趣和探究欲望。

《幼儿园教育指导纲要》明确把"科学"作为幼儿园教育的主要内容之一，对幼儿园科学教育的目标、内容与要求等都做出了具体规定[①]。《纲要》在幼儿园科学教育的"指导要求"中明确指出，"幼儿的科学教育是科学启蒙教育，重在激发幼儿的认识兴趣和探究欲望。要尽量创造条件让幼儿实际参加探究活动，使他们感受科学探究的过程和方法，体验发现的乐趣。科学教育应密切联系幼儿的实际生活进行，利用身边的事物与现象作为科学探索

---

① 360百科.幼儿园教育指导纲要 [EB/OL].[2020–06–17] https: //baike.so.com/doc/5388464–5625039.html.

的对象"①。中华文化故事中的科学知识和技术是非常适合幼儿科学教育的内容，完全符合幼儿园科学教育的"指导要求"，用模拟科学实验法进行展示或讲解，能够很好地实现幼儿科学教育的目标。新版《幼儿园工作规程》要求"创设与教育相适应的良好环境，为幼儿提供活动和表现能力的机会与条件"。"教育活动过程应注重支持幼儿的主动探索、操作实践、合作交流和表达表现"。用模拟实验法"讲"中华文化故事中蕴含的科学知识，恰好与《幼儿园工作规程》中的要求相一致，能使孩子更好地理解掌握科学知识和科学探究技能，培养他们对科学的积极情感和态度。

（三）幼儿主体法

幼儿主体法是把幼儿作为中华文化故事教育的主体，由幼儿在教师的引导下完成教育活动，在活动中体验理解故事内容。例如，由幼儿在听完故事或看完动画片后或照着图片来讲故事；科学演示实验由孩子在教师的指导下来操作。

布鲁纳等世界著名教育家、心理学家的研究都表明，幼儿阶段教育的主要方法是发现法。发现法是学生在教师的指导下，通过儿童自己的思考、探索，获得经验，掌握知识和技能，培养良好的心理品质的方法。发现法的指导思想和基本特征是儿童的主体性，因此，在运用发现法时，儿童是发现的主体，教师在儿童探究发现的过程中只是起到引导作用，他们只是给儿童提供一些事实、问题和方向，由儿童去积极思考，自主分析探究，发现并掌握知识。幼儿的中华文化故事教育也是如此。在教育中，幼儿的主体性发挥可以发挥积极作用，具体体现以下几方面：①能提高幼儿的智慧，挖掘、发展幼儿的潜力；②培养和激发幼儿的求知欲、兴趣、认知内驱力、内在动机；③掌握探究的方法，培养幼儿发现问题、解决问题的能力，养成积极的科学态度；④把经验或知识系统化、结构化，便于经验或知识的保持、检索、理解和应用②③。这说明，在中华文化故事教育中，充分发挥幼儿的主体

---

① 360 百科. 幼儿园教育指导纲要 [EB/OL].[2020–06–17] https://baike.so.com/doc/5388464–5625039.html.

② 陈琦，刘儒德. 当代教育心理学 [M]. 北京：北京师范大学出版社，1997：85.

③ 360 百科. 发现法 [EB/OL].[2016–06–24] https://baike.so.com/doc/2181122–2307907.html.

性，对于培养他们的自主性、能动性、恰当的动机等是十分有益的。

（四）讨论法

讨论法是在家长或教师的指导下，幼儿就某一问题展开讨论，在讨论中各抒己见，发表各自的观点并为自己的观点寻找证明以自圆其说，通过各种差异的观点以及对不同观点的整合来进行学习的一种方法或方式。该方法可以有效地调动孩子们的积极性、自主性，培养孩子的言语能力、探新求异力、批判力、思与反思能力，养成他们爱思考、勤质疑和善整合的习惯。在中华文化故事教育中运用讨论法时，第一，教师要从故事中找出幼儿感兴趣的问题，把问题展现给他们。只有孩子感兴趣，才能吸引他们的注意力，引发他们积极思考。第二，要营造自由宽松的讨论氛围，不要使孩子有任何心理负担，每个孩子都能十分放松地敢说、想说、愿说、自由说。在讨论中，不去批评指责任何一种观点，最好积极去发现每个观点的独特新颖之处。第三，要鼓励每个孩子发表自己的见解，尽可能给予每个孩子发言机会。第四，教师或家长要给予孩子适当的激励性反馈，对讨论过程进行总结。

例如，在《三个和尚没水吃》故事教学中，教师把故事转化成问题：一个和尚是怎么吃到水的？两个和尚又是怎样做的？三个和尚为什么会没水吃？提供给孩子让其讨论。通过讨论，孩子认识到分工协作的重要性，从而可以培养他们的合作精神。

（五）文化学习法

文化学习过程是个体重新构建自己的文化模式和形成文化特质过程，即把所积淀下来的文化产品或文化成果转化成个体自己的东西。[①] 这一过程包括符号化和保持—丢失化。符号化是把生活中的各种各样的刺激、情境、行为举止等转变成文化所具有的一定意义的符号。如向人竖大拇指表示对其称赞。保持—丢失化是指在后天的生活中，因得到强化，事物所具有的文化意义或信息得以保留，而可能代表的其他意义或信息则逐渐失去。如在中华文化故事中，蛇蝎成为冷血、恶毒的象征，而它们所具有其他意义或信息逐渐丢失。中华文化故事教育的文化学习法就是通过符号化和保持—丢失

① 李炳全. 文化心理学 [M]. 上海：上海教育出版社，2007：129.

化这两方面使幼儿文化化。如通过故事使孩子认识到故事中的人物的哪些行为是勇敢，哪些是善良，哪些是懦弱，哪些是自强不息等，并把这些认知运用到自己的生活中，模拟故事中的人物来做。通过这种方式，让幼儿学习中华文化，培养他们的中华文化心理品质。

四、把中华文化故事教育融入幼儿园文化建设中

如前所述，中华文化故事是中华文化的组成部分，它完全可以融入幼儿园的文化建设中，成为幼儿园文化的有机组成部分，发挥文化对幼儿的锻造作用。

幼儿园的文化建设与所有的文化建设一样，应当从文化的表层（物质文化或器物层）、中层（制度文化）、深层（精神文化或精神层）三个层面入手。文化的表层是以物质形态表现出来的文化，物质或器物是文化价值或意义的载体[1]，是人们在生活、生产活动中直接使用的人造物[2]。如中国结、神话或历史人物雕像、名人使用过的器物等。文化中层是处理人与自然、人与人、个体与群体、群体之间关系的那一部分文化产物，是文化种群用以约束、规定或制约人的行为的规范或规则等的集合或总称[3]。它包括秘方、传统信仰、规范、法律等，在保持和传递活动方式或方法和信仰等方面起十分重要的作用[4]。文化深层是人的精神或心理层面的东西[5]，是人的文化心态和它在观念上的对象化，是文化的主体和中心或核心部分，体现出文化心理和社会意识的诸形式[6]。

把中华文化故事融入幼儿园的文化建设中也要从上述三个方面入手。在文化的器物层面，可以把中华文化故事中的人物、场景、事迹等以雕像、图画、动画、玩具等方式置于幼儿园环境中，营造具有丰富中华文化故事色彩的环境氛围。幼儿置身其中，犹如置身于中华文化故事的海洋中，使他们在其中潜移默化地受到感染熏陶。在文化的制度层面，把中华文化故事中的

① 李炳全．文化心理学 [M]．上海：上海教育出版社，2007：221.
② 李炳全．文化心理学 [M]．上海：上海教育出版社，2007：138.
③ 李炳全．文化心理学 [M]．上海：上海教育出版社，2007：222.
④ 李炳全．文化心理学 [M]．上海：上海教育出版社，2007：138.
⑤ 李炳全．文化心理学 [M]．上海：上海教育出版社，2007：138.
⑥ 李炳全．文化心理学 [M]．上海：上海教育出版社，2007：224.

积极规范、方法、信念、责任感如仁、义、礼、智、信等融入幼儿园的制度或规范建设中，用他们来约束幼儿的行为。这样幼儿更容易接受。在文化的精神层面，把中华文化故事中所蕴含的积极心理品质和行为如自强不息精神等融入整个幼儿园教育活动中，把中华文化故事中所蕴含的积极精神品质和行为方式作为幼儿教育的内容和途径。

上述三个方面是相互影响、相互作用的，其中文化的精神层面建设更为重要与关键，器物层面、制度层面的建设效果最终都要归结到幼儿教师和幼儿的精神和行为培养上。倘若积极的精神和行为没有培养出来，再好的器物、制度都是摆设。例如，一些幼儿园斥巨资把幼儿园建得非常豪华，制订了有关规范或准则，但没有培养出幼儿对人对事对物的正确态度、永不言弃等积极心理品质、自信自强拼搏进取的精神、规矩意识、责任意识以及良好行为习惯，那这样的幼儿园的良好文化就没有构建起来。倘若幼儿教师和幼儿的精神层次没有提升，积极的内在精神素养没有形成，良好的行为习惯没有养成，再好的环境和制度不仅不起作用，甚至还会遭到践踏或破坏。比如，随意扔丢垃圾，乱涂乱画，破坏玩具，偷摘园中树上的果实，诸如此类的不良行为。这就告诉我们，幼儿园的文化建设应主要体现在幼儿园教职员工和幼儿的积极精神塑造与良好行为习惯培养上，因此应切实采取有效的措施或途径培养或提升幼儿园人尤其是幼儿的文化精神与行为习惯，形成幼儿园独特的精神文化。

五、充分挖掘中华文化故事的教育内容

中华文化故事中蕴含着丰富的教育内容，要充分发挥其教育作用，就需要充分挖掘其教育内容，并依据幼儿的身心发展特征对这些内容进行组织。比如，《愚公移山》中蕴含着脚踏实地、吃苦耐劳的精神；面对困难，毫不畏惧，敢拼敢干的精神；自己的事情自己做的自力更生、自强不息的精神；勇于抗争，战胜困境的信心和决心；坚定不移的坚韧性和毫不动摇的信念；稳固的心性等。《大禹治水》中蕴含依据事物的特性因势利导，变害为利的智慧；艰苦奋斗、不屈不挠、战胜困难的勇气和信心；以人为本、天下为公的理念；公而忘私，为大家舍小家的牺牲精神；以民为本，民为邦本，民族至上的民本思想；不墨守成规，勇于求变的创新精神。因此，在开展中

华文化故事教育时，要充分挖掘中华文化故事中所蕴含的教育内容。

六、提升幼儿教师的故事教育素养

所有教育的效果和质量取决于教师的教育素养和水平，幼儿的中华文化故事教育更是如此。这是因为，幼儿生活经验不足，理解水平和阅读能力有限，导致他们在学习和理解故事时通常依赖教师的讲述、引导、设计问题等来从中获取经验，组织经验与知识，理解掌握故事的内涵，从而形成故事所蕴含的文化心理特质和行为品质。由于现在的幼儿教师在开展包括中华文化故事在内的故事教育时，受自己的故事教育素养的限制，或对故事中所蕴含的教育内容挖掘不够，或对故事中所蕴含的心理特征和行为品质理解不深，或缺乏利用中华文化故事进行全面教育的意识，或没有掌握合适的开展故事教育的方法或能力，等等，使得中华文化故事的教育价值未得以充分发挥。他们要么就讲为故事而讲故事，抑或仅仅重视故事知识教育，而用中华文化故事培养幼儿的中华文化心理和行为品质的并不多见。这说明培养或提升幼儿教师的中华文化故事教育的素养非常重要和必要。

在培养和提升幼儿教师的中华文化故事教育素养时，首先，要培养或提升幼儿教师的文学修养，增强他们对故事的认知与领悟能力，以便他们能充分挖掘故事的教育价值，依据幼儿的身心特征来选择故事，组织安排好故事教育活动；其次，培养和提升幼儿教师的故事教育的技巧或方法，使他们能够积极开发并运用多样化的教学形式或方法来进行中华文化故事教育，这样的教育能够促进幼儿对中华优秀文化故事的教育内容的有效理解和接受；再次，培养或提升幼儿教师依据幼儿身心发展特点改编故事的能力或素养，使他们能够根据幼儿身心发展的特点对故事内容进行选择改编，将故事语言童趣化、简单化，便于幼儿理解，激发幼儿的学习兴趣，更好地引导幼儿进入故事情境；最后，培养或提升幼儿教师把中华文化故事与当代社会相结合的能力或素养，以便其根据当代社会需要对故事进行加工处理，把故事融入现代色彩，引导幼儿思考和探索古代和现代在各方面存在的异同之处，更好地利用中华文化故事培养幼儿的当代社会所需要的品质，如社会主义核心价值观、情商、逆商、积极心态、心理韧性等。

在进行中华文化故事教育时，除了讲故事外，教师还可利用幼儿园环

境创设将故事内容呈现出来，以给予幼儿潜移默化的影响；设置"文化故事角"区域，组织"我演古代人讲故事"活动，让幼儿在安静阅读绘本与参与情境游戏中进行故事学习；结合幼儿一日生活，巧妙利用晨谈、睡前故事、离园准备时穿插中华优秀文化故事的讲述等。

七、形成家园共育教育合力

家园共育是幼儿园教育的重要组织与实施方式，即通过教师与家长的合作，双方互通信息、互相支持与配合，使家庭教育和幼儿园教育在中华文化故事教育的目标上一致、内容上互补、教育方法上互通，从而实现最佳的教育效果，真正促进幼儿的全面发展。对此，可从以下几个方面入手。

(一) 家园共同重视中华文化故事教育

在开展中华文化故事教育时，仅是幼儿园开展作用还是比较有限，需要幼儿园、家庭和社区的结合构建完整的教育系统，尤其是家园协同形成合力，保证教育的一致性。为此，幼儿园教师可通过微信、家园联系栏等交流平台以及家长开放日、亲子阅读等活动形式，积极向家长宣传中华文化故事的文化价值和教育价值，激发家长开展中华文化故事教育的意识，引导家长重视中华文化故事在幼儿的中华文化优秀心理品质培养中所发挥的突出作用，提倡家长与幼儿进行中华文化故事亲子阅读活动，并广泛发动家长搜集故事素材，家园双方共同营造良好的学习环境和氛围，形成教育合力。

(二) 家园一致把中华文化故事教育融入幼儿的日常教育中

幼儿园教师和家长一起把中华文化故事的内容融入幼儿的日常生活中。比如，在孩子摔倒的时候家长或教师可对他说："宝宝像哪吒一样坚强，不怕跌倒，会自己站起来。"在孩子遇到难题要解决而求助于家长或教师时，家长或教师可以说："宝宝像曹冲一样聪明，很会动脑筋想办法解决问题。"在此基础上引导孩子积极思考。在孩子生病去医院打针而害怕时，家长或教师可对他说，"宝宝像关公一样勇敢，不怕疼"等，把孩子比作中华文化故事中的有榜样作用的人物，引导孩子向这些人物学习，培养孩子具有这些故事人物所具有的积极文化心理品质。

（三）家园协同探讨，形成系统效应

为了把中华文化故事教育落到实处，家园应协同挖掘中华文化故事的教育内容，探讨行之有效的教育方法或途径，互通有无，分工协作，形成家园协同教育的系统效应。在这一过程中，幼儿园教师应发挥主导作用，积极主动组织家长探讨中华文化故事教育的内容，结合现代社会发展和幼儿的身心发展特征创新改编故事，探索并不断改进、完善中华文化故事教育的方法或措施。在做这项工作时，尤其要发挥知识经验水平和文学素养比较高的家长的作用。

第五章　培养匠心的学前艺术教育模式

音乐、美术、舞蹈等艺术活动是学前教育的重要内容，也是促进学前儿童身心发展的重要的教育活动方式，因此，可以把它们作为培养学前儿童匠心的不可或缺的途径或方式。依据具身认知心理学取向的理论，身体的"感觉—运动"系统在心智的形成与发展过程中起着非常重要的作用。在该取向看来，身心是一体的，是协同发展的。在身心协同发展过程中，"感觉—运动"系统发挥着很大作用。该系统是心理的本构（constitutive），而不只是因果关系，心理活动既发生于中枢系统，也发生于"感觉—运动"系统[①]。换言之，身体不仅在心理或智能中起因果作用，而且是其中关键的组成要素，发挥着建构作用[②]。这就启示我们，在培养学前儿童的匠心时，可考虑通过刺激"感觉—运动"系统活动并对其活动加以调节和控制的方式或途径来进行。由于音乐、舞蹈、绘画等是迄今为止最为恰当、高雅的富有艺术性的"感觉—运动"系统的刺激或活动方式，因此可把音乐、舞蹈、绘画等作为培养学前儿童匠心的重要途径或方法、手段。

第一节　精神性或心理性是艺术作品之魂

一、艺术作品一定具有精神性

精神性或心理性是艺术作品之魂，好的艺术作品之所以好，就在于它有着丰富的精神或心理蕴含，能够给受众以精神感染或心灵震撼、净化等。古今中外，但凡流传下来、极具价值的艺术作品，莫不具有深邃的精神性或

①　ADAMS F. Embodied Cognition[J]. Phenomenology and the cognitive Sciences, 2010, 9 (4): 619–628.

②　COSTA M R, KIM S Y, BIOCCA F. Embodiment and embodied cognition[J]. Lecture Notes in Computer Science, 2013, 8021, 333–342.

心理性。这是因为，人是有灵魂的生灵，人之所以活着，是因为有精神支撑或情感、思维等心理活动。倘若没有精神或心灵，人就是与其他无生命的东西一样的物质存在。人从其成为人那天起，就开始具有精神性或心理性。

从某种意义上可以说，整个人类历史，是人类创造并不断提升自己的精神性或精神层次的历史，是不断地产生并满足精神需要，进而产生并追求更高层次的精神需要的过程。人类社会的发展，是人不断优化自己的过程，尤其是人的精神的提升、充实与完善，即人的精神创造活动和人的精神演进过程。人类文明历史的各时期的标志是这一过程中人所创造的精神产物的积淀。"精神创造活动是指创造并使用各种各样的精神产品如语言、音乐、书画、报刊杂志、电影电视、仪式等的活动；精神积淀物或产物指人创造或作用过的而非纯自然的主要作用于精神的东西，包括语言、规范、信仰、价值体系以及所形成的心理品质等非物质的东西"[1][2]。它是人的精神与意义世界，反映人的生存价值和生存意义，表达人的内心活动、精神世界以及作为人的精神世界客观表达的文化传统及其辩证关系[3]。由此来看，人存在的最为本质特性是精神性，人类的创造与生产活动应当能够满足人们的精神需要，如审美需要、精神寄托需要、精神熏陶需要等。音乐、舞蹈、绘画等艺术创作活动更是如此，它们是主体的精神创造或精神追求以及满足精神需要的活动，而艺术作品是这些活动的产品，是人的精神性或心理性的体现或表现，既是人们追求精神境界提升的结果，又是人们追求和展现或表现精神的途径或方法。艺术作品的价值或生命力主要体现在其创作者的精神追求、精神表达与其欣赏者的精神追求和精神需求满足的契合、相融、统一，即艺术创造者和艺术欣赏者是知音。换言之，艺术作品不仅要体现出作者的精神境界或精神追求，蕴含作者所赋予给它的精神，而且能够使欣赏者产生精神共鸣，用其所蕴含的精神感染与熏陶欣赏者。否则，无人接受或欣赏，就只能被淹没。只有那些能不断被人接受和欣赏的艺术作品才能够被一代代传承下来，并在后人获得精神需要满足的过程中被赋予价值。可以说，没有精神性

---

① 车文博，叶浩生.中外心理学思想比较史：第三卷 [M].上海：上海教育出版社，2009.

② 朱为鸿，李炳全.大学文化视域的书院制理论建构 [M].北京：高等教育出版社，2013.

③ 王青."大众文化"对文化的解构——法兰克福学派大众文化批判理论新解读 [J].齐鲁学刊，2013（2）：77–81.

的"艺术品"，充其量是一个残次的"艺术品"。古今中外，具有强大的生命力和高价值的艺术作品，能够经受历史的洗礼而更加有生命力和价值，最重要的原因就是它们所蕴含强大的精神力量和深刻的精神元素，并通过它所蕴含的精神表达感染人、锻造人。

二、具有精神性的艺术作品对人的心灵有锻造作用

既然艺术活动及其作品的核心是精神品性，因此它是塑造人的心灵的有效途径，匠心的培养当然也不例外。在培养匠心时，对艺术活动及作品的选择应注意以下几个方面。

(一) 已有的有价值的富有精神性尤其是有匠心内涵的艺术作品

在培养匠心时，选用的艺术活动和艺术作品需要具有匠心尤其是名匠精神内涵。比如贝多芬的《生命交响曲》、冼星海的《黄河大合唱》等充满了积极向上的生命力；凡·高的《鸢尾花》《向日葵》系列，充满了不屈不挠的抗争精神；刘欢首唱的《从头再来》充满了不服输、不言弃的勇敢精神。这样的艺术作品，可用来感染、熏陶人，通过感染和熏陶激发人的精神需求，改变人的精神世界或提升人的精神层次；也可引导人在对其进行欣赏、分析、评价的过程中影响自己的内心世界。

(二) 个体自己的艺术活动及作品

可以把它作为人的心理或精神表达或塑造的途径或方式，通过个体自己的艺术创作活动来展现其心灵，锻造其灵魂，提升其精神境界。

(三) 针对匠心培养需要而设计的艺术活动和艺术作品

学前艺术活动或艺术作品要能够培养学前儿童的匠心，就必须以匠心为主题。因此，在开展培养匠心的学前艺术教育时，应当围绕匠心来设计学前儿童的艺术活动。

三、利用艺术活动和艺术作品培养学前儿童匠心

对于学前儿童的匠心培养，可以选用适合他们的、其中蕴含名匠品质

的艺术作品。例如，波兰儿歌《小小粉刷匠》以活泼、风趣的曲调和轻松、幽默的歌词，描绘了小小粉刷匠愉快劳动的情景，韵律清晰明快，充满了劳动愉快的乐观主义精神和积极的劳动态度、敬业精神。如果教师在学前教育活动中加以合理设计、组织，可以发挥培养幼儿匠心的作用。

拓展阅读材料 5-1:《小小粉刷匠》的教案设计 ①

【设计依据】

孩子们在户外活动时喜欢在涂鸦区拿着小刷子蘸着颜料粉刷旧轮胎、纸盒、纸箱等，粉刷得有模有样，刷子飞舞的同时，嘴里还不停地哼唱着，每次活动都非常开心快乐。

【设计意图】

满足孩子喜欢独立做事和探索的愿望，体验劳动的快乐，增强孩子的自信心，不断提高孩子的自主性、独立性。

【教学目标】

1. 理解歌词，能用轻松愉快的声音表现小小粉刷匠工作时的快乐。

2. 能根据歌词创编小小粉刷匠工作时的动作，尝试替换部分歌词演唱。

3. 体验小小粉刷匠劳动时的愉快，产生热爱劳动的情感。

【教学重难点】

重点：能理解歌词内容，会熟练快乐地演唱歌曲，根据歌词内容进行动作表演。

难点：自主创编歌曲。

【教学准备】

1.《小小粉刷匠》音乐伴奏、歌曲音乐 CD、电子琴。

2. 每名幼儿一套小围裙、工作帽、不同颜色的颜料桶和小刷子。

3. 大纸箱做的小房子两个，小熊头饰一个。

---

① 快资讯. 中班音乐教案《小小粉刷匠》[EB/OL].[2019-10-27] https://www.360kuai. com/pc/9fdd1e0b13c6a09b6？ cota=4&kuai_so=1&tj_url=so_rec&sign=360_57c3bbd1&refer_ scene=so_1.

【教学过程】

1. 创设情境，激发幼儿劳动兴趣

师幼谈话：小朋友，森林里的小熊搬新家了，想请小朋友帮忙把房子粉刷得漂亮些，大家愿意去帮忙吗？

提问：粉刷房子要用哪些材料？怎样粉刷？（上下刷，左右刷，来回刷）

引导幼儿表演粉刷动作。

2. 引导幼儿在表演中学习歌曲

（1）初步感知歌曲旋律。

师：去小熊家帮忙，听着音乐粉刷会更带劲儿。（播放伴奏音乐，师幼随音乐一起自由表演动作，初步感知歌曲旋律）

（2）完整欣赏歌曲，理解歌词。

师：有个小朋友边粉刷边这样唱，大家一起来听听。（播放歌曲）

第一，听了这首歌，你有怎样的感觉？（好听、快乐）

第二，你觉得哪句最好听？

第三，"哎呀，我的小鼻子怎么变了样儿呢？"（感受歌词带给幼儿的幽默、风趣）

第四，播放伴奏音乐，听歌曲旋律，引导学生随乐曲节奏用身体部位（拍手、拍肩、点头、转手腕、扭腰等）自由表现，说歌词。

（3）教师弹琴伴奏，幼儿演唱歌曲。

（4）播放歌曲，幼儿之间边唱边把对方当作房子来粉刷。

（5）引导幼儿感受劳动的快乐！师：小朋友在粉刷时，心情怎样呢？（高兴、快乐）

小结：劳动让大家快乐，也使我们的生活变得更加美好。在劳动的同时，我们还需要注意什么？（安全、卫生）

（6）替换歌词，创编歌曲。

第一，除了粉刷房顶和墙，还可以粉刷房子里的哪些地方呢？（窗子、门、桌子、椅子等）

第二，教师引导幼儿把自己感兴趣的词，替换到歌曲里演唱。

（7）角色表演。

幼儿自由进行角色表演、哼唱自己创编的歌曲，感受创编的快乐。教室里摆上纸箱做的小房子，教师戴上小熊头饰，和幼儿一起穿上围裙，提上小桶，拿着刷子，去粉刷小熊的新家。

3.活动结束总结

师：房子粉刷得这么漂亮，现在大家累了吧？让我们放下工具，一起到院子里玩玩吧！(师幼共同收拾整理活动材料)。

活动延伸：把活动材料投放到户外涂鸦区，以便幼儿日常户外活动时使用。

【设计反思】

中班幼儿在平时的户外涂鸦区已经有了粉刷的经验，动手能力也比较强。所以设计了帮小熊去粉刷新房的情境，让幼儿自己说出粉刷需要的工具、材料和粉刷的方法，放手让孩子自己想办法，把主动权交还给孩子。让孩子在扮演粉刷匠的角色中自主感受音乐，体会歌曲，学唱歌曲，并自主表演，最终在熟练演唱歌曲的基础上替换歌词，创编歌曲，做到孩子能做的，教师绝不包办。每一步设计目标明确，思路清晰，引导孩子参与活动的兴趣逐步提升。为保证活动时间，在围裙的设计上可以再改进一些，做成吊带围裙，方便孩子自己套进脖子里，围裙后面设计成粘口，方便孩子相互帮忙就能把围裙后面粘好，既节省时间，又锻炼孩子的自理和合作能力。

在这一案例中，教师以歌唱、角色扮演、创编歌词等多种方式来呈现教学内容，让幼儿在活动中充分体验小小粉刷匠愉悦劳动的心情，体验到劳动的快乐，培养孩子们的乐观主义精神；通过积极引导，培养孩子们对劳动的恰当态度和敬业精神；通过合理安排情境，引导孩子们在粉刷房屋时要认真细致，尽可能把自己的房屋粉刷得漂亮，培养孩子们的精益求精精神；通过安排孩子们自己选择组织活动以及在粉刷房屋的过程中相互帮助，合理分工协作，培养孩子们的自主性和合作精神。所有这些都告诉我们，《小小粉刷匠》这类儿童艺术作品中蕴含着丰富的匠心培养的内容或素材，如果对这些内容进行积极挖掘、组织选用，合理设计，能够在学前儿童的匠心的培养中发挥积极作用。因此可以说，这些艺术作品是培养学前儿童匠心的有效途径和内容。

再如，儿歌《蜗牛与黄鹂鸟》中的主人公蜗牛表现出坚韧不拔、永不言弃的精神品质；面对他人的嘲讽与讥笑却不忘初心、毫不动摇的定力；依据

自己的实际情况，一步一个脚印的踏实品格；认识到自己不足而刻苦进取的心理特征等。如果教师能够对这些心理品质积极挖掘，充分利用，就能够发挥其培养儿童匠心的作用。

拓展阅读材料5-2:《蜗牛与黄鹂鸟》教学设计

【设计依据】

学前儿童的最佳活动是游戏，欢快诙谐的音乐符合学前儿童心理发展需要。

【设计意图】

培养学前儿童的匠心品质，如不畏艰难，向目标奋进的顽强不屈精神；毫不动摇的定力；坚韧不拔的品质；恰当认识自己的能力等。

1.创设情境，诱幼想动。

教学模式：带入情境，激趣动情→丰富情境，析难解情→深化情境，品美冶情→渲染情境，即兴抒情。

2.指导学法，导幼会动。

通过以上教学模式来让幼儿在提高审美的同时产生快乐体验。

3.通过这堂课来给孩子们一个表演的机会，激发他们的表现欲望、培养他们创新的动机，为他们创设进行发散思维的环境，真正确立幼儿的主体地位，让他们自由发展、自由表演、自由创作、自由评价。

【教学目标】

1.认知目标：学习带休止符的节奏，并为歌曲伴奏。

2.情感目标：通过学唱歌曲使孩子们懂得不能像黄鹂鸟那样自以为是，以自己的长处取笑别人的短处，在生活中要学习蜗牛不畏艰难、对奋斗目标执着追求的顽强精神。

3.能力目标：通过创编、表演，培养幼儿的创新性、发散性思维、探究精神和团结精神，初步学会评价一些行为。

这些目标具体表现为以下四个方面。

第一，学会用情绪化声音演唱，在演唱中表现出歌词所蕴含的情感或心理活动。学会用不同的语气、语调、音强、语速表达人物的内心活动，如黄鹂鸟的自大自满，对蜗牛的讥讽轻视；蜗牛的坚定、锲而不舍的精神，面对嘲笑而保持镇定不改初心的定力等。

第二，根据歌曲进行角色扮演的游戏活动，在游戏活动中获得积极的心理体验。

第三，从体验中学会正确的言行。如要像蜗牛那样不畏艰难，朝着自己的目标坚定奋进，面对黄鹂鸟的贬低、嘲笑不改初衷，坚定走自己的路；不要像黄鹂鸟那样嘲笑别人，自以为是，骄傲自满。

第四，通过演唱和游戏活动培养孩子们的自我认识能力、思维能力、坚定走自己的道路的信心等。

【教学重难点】

重点：对歌曲中所蕴含的心理活动进行体验，感受音乐情绪，表现音乐内涵。

难点：培养匠心品质。

【教学准备】

1.音乐视频、电子琴、视频播放器、投影仪。

2.扮演蜗牛、黄鹂鸟的服装道具，游戏用的葡萄藤等教具。

3.蜗牛、黄鹂鸟等图片或模型、头饰等。

【教学过程】

1.展示模具，轻松谈话，导入教学主题。

展示蜗牛与黄鹂鸟的图片或模型，让孩子们辨认。

在辨认的基础上提出问题，让孩子们描述他们所认识到的蜗牛和黄鹂鸟的特征。

通过提出"为什么展示蜗牛与黄鹂鸟？"这一问题，引出它们之间发生一个故事，进而引入课程主题。（它们的故事就发生在我们今天要学的歌曲《蜗牛与黄鹂鸟》里）

2.播放音乐视频，感受体验旋律与音乐情感。

（1）初步感知歌曲旋律。

播放音乐视频，教师和孩子们一起模仿视频中蜗牛与黄鹂鸟的动作神态。

（2）理解歌曲含义，学习演唱。

老师跟着视频唱一句，孩子学唱一句。

在教唱的过程中，教师用夸张的语气凸显歌曲中人物的心理活动。

3.提出问题，引发思考

（1）教师提出的问题主要有：蜗牛为什么要在葡萄树刚发芽时往上爬呢？蜗牛在遭受黄鹂鸟的嘲笑时有没有生气？蜗牛怎样回答黄鹂鸟嘲笑自己的问题？（葡萄成熟还早得很，你现在上来干什么？）（阿黄阿黄你呀不要笑，等我爬上它就成熟了！）蜗牛的回答体现出蜗牛什么样的想法或做法？黄鹂鸟在嘲笑蜗牛时的语气是怎样的，应该怎样唱？蜗牛在回应黄鹂鸟的嘲笑时语气会是怎样的，应该怎么唱？

（2）让孩子们尝试回答。

4.老师示范演唱，强化孩子们的感受体验

老师把歌曲完整地唱一唱，小朋友们注意听老师唱到蜗牛时和唱到黄鹂鸟时语气有什么不一样的地方？小朋友们尽量把老师唱的不一样的地方指出来，动脑筋想想为什么会不一样？这些不一样的地方说明了什么问题？在日常生活中有没有听到有人用这样的语气说话？

老师示范唱。

学生学老师唱。

5.分析歌曲，引入生活，加深感受

（1）葡萄树：

①老师唱第一句，你们听一听，这句唱了谁？

②"请你们一边唱一边用你的身体表现刚发嫩芽的葡萄树，注意我们的葡萄树长的是不一样的，而且还会随着音乐动一动。

③上半句强唱，后半句弱唱。

（2）蜗牛：

①蜗牛从葡萄树刚刚发嫩芽的时候就开始爬，一直爬到葡萄成熟。你知道蜗牛从什么季节爬到什么季节吗？

②"蜗牛从春天一直爬到秋天"，启发学生要学习蜗牛"坚韧不拔、永不放弃"的精神。

③哪一句最能体现蜗牛不怕困难，勇往直前精神？

④老师看谁能把蜗牛的这种坚定的感觉唱出来。

⑤请你一边唱一边用你的动作表现出来。

（3）黄鹂鸟：

①我们来唱唱第三句，里面唱了谁？

②黄鹂鸟对蜗牛的这一做法是什么态度呢？

启发孩子们说出黄鹂鸟对蜗牛的嘲笑、蔑视、骄傲、看不起……

③教师示范唱。

④下面我们把嘲笑、蔑视、骄傲、看不起人的黄鹂鸟的歌词读一下，再唱一遍。

⑤这次请你一边唱一边用你的动作来表现傲气的黄鹂鸟。

（4）蜗牛：

蜗牛在黄鹂鸟的嘲笑下不仅没有退缩，还告诉黄鹂鸟一个什么道理呢"幼答（启发孩子们说出笨鸟先飞的道理）。我们用"坚定"的语气把结尾唱出来。

6. 创设活动，角色扮演，加深体验

（1）再次播放音乐视频，让孩子们再次感受歌曲情感，启发孩子们进行想象和即兴创作。

（2）引导组织孩子们进行角色扮演。

教师：这是一首寓言式的叙事歌曲，旋律轻快、活泼，如果我们能把不同角色表演出来，那就非常棒，我们实行自愿组合的原则，请你们扮演葡萄树、黄鹂鸟、蜗牛，进行情景表演，需要头饰的小朋友到我这边来拿，请大家先讨论一下。（师巡视，鼓励大家都参与活动，同时播放歌曲）情景表演的小朋友谁先上来表演给大家欣赏一下，小朋友看完后说说他们表演得怎么样，有哪些精彩的地方，还有哪些不足的地方，发表一下你的宝贵意见，如果是你，你会怎么表演，大家轮流进行表演。

［教学设想：通过歌曲情感体验，激发孩子们的即兴创作灵感，启发引导孩子们感受和理解歌曲的音乐形象和音乐内涵。］

（3）教师总结性点评。

教师：小朋友们刚才的表演都不错，×××表演的蜗牛最能体现蜗牛不怕苦的精神，×××表演的蜗牛最能体现蜗牛不怕别人嘲笑，×××表演的黄鹂鸟最能体现对别人嘲笑的语气，×××表演的黄鹂鸟最能体现听到蜗牛回答后感到羞愧的神情……

6. 教师引导，拓展延伸

教师：小朋友们，通过学习这首歌曲，你能从蜗牛和黄鹂鸟身上分别学到一些什么？（鼓励孩子们畅所欲言，注意孩子们回答问题的完整性）

让孩子们分析和辨别黄鹂鸟身上存在的我们不应该学习的缺点，我们要学习的蜗牛身上那种对目标执着追求的顽强精神。

7. 小结下课

今天我们一起听了蜗牛与黄鹂鸟的故事，你们蜗牛是怎样爬行的吗？（幼："×××。"师："好。"）我们从故事中明白了一个什么道理呀？（幼："做任何事情都要有坚韧不拔的进取精神。"师："很好，我相信小朋友们在今后的学习生活中一定都能做到，是不是？"幼："是！"）

在这个课程设计中，教师试图通过歌词、曲调、角色扮演等来凸显教学内容中的匠心品质和行为，以期通过教学对孩子的良好心理品质进行培养。这说明，学前艺术教育中有很多培养学前儿童匠心的内容或素材，如果对它们积极地加以挖掘、组织利用，完全可以通过艺术教育培养学前儿童的匠心。由此可以说，学前艺术活动和艺术作品是培养学前儿童匠心的重要途径或方式。

第二节　培养学前儿童匠心的音乐教育模式

《幼儿园教育指导纲要》中指出，培养幼儿喜欢艺术活动，并能大胆地表现自己的情感，用自己喜欢的方式进行艺术表现活动。让幼儿在音乐游戏中与同伴交流情感，彼此建立起信任、了解和友谊[1]。明确指出了音乐在培养学前儿童心理品质方面发挥着十分重要的作用，因此，在培养学前儿童匠心时，有必要把音乐教育作为一个十分重要的途径。

---

[1] 太平洋亲子网.幼儿园教学反思：小班音乐游戏《网小鱼》教后反思.[EB/OL].[2015-04-17] https://edu.pcbaby.com.cn/223/2237352.html

一、音乐实质的字源探秘 ①②

要搞好学前音乐教育，就首先需要明确音乐的性质及其所能发挥的育人作用。在中国文化中，音乐中的"音"是有旋律的、有规律变化的、和谐的声音，音乐中的"乐"（yuè）同快乐的"乐"（lè），两字同源。因此，如果从中国文化心理学视界看，可根据其字义将其理解为"使人快乐的声音"或"人在快乐时发出的声音"。前者强调音乐的熏陶、感染作用，后者则突出音乐的情感表达作用。无论前者还是后者，都突出音乐的心理功用或心理性。它既是基于人的心理而生，是人的心理的一种重要的外部表达方式，又能够引发、影响人的心理活动，对人的心理活动具有锻造作用。概言之，音乐的实质或根本性特质是心理性尤其是情感性，缺乏心理或情感，就不能称为音乐。

在"音乐"二字中，"音"指的是声音或按一定规则变化的声音，学界对此并没有多大异议或多少歧义，因此对于理解音乐的实质并不关键。而"乐"则不同，它对于理解音乐的实质十分重要和关键。

"乐"在甲骨文中的写法是"𢆷"，金文是"𢆷"。许慎在《说文解字》中认为它是"五声八音总名。象鼓鞞。木，虡也。玉角切"。清代段玉裁的《说文解字注》把它注解为"音下曰：宫商角徵羽，声也。丝竹金石匏土革木，音也。乐之引伸为哀乐之乐。像鼓鞞。鞞当作鼙，俗人所改也。象鼓鼙，谓谓𢆷也。鼓大鼙小。中像鼓，两旁像鼙也。乐器多矣，独像此者。鼓者春分之音。《易》曰：'雷出地奋，豫；先王以作乐崇德，是其意也。'木，谓从木。虡也。虍部曰：虡，钟鼓之柎也。五角切，古音在二部"。③④ 其义是说，乐为象形字，鼓放置于木架之上⑤，或放置于木架上的鼓，其会意为"音乐"⑥，

---

① 李炳全，周莹，梁琰，金凯.中国文化心理学视界下的音乐实质探究 [J].心理学探新，2017,37(01):8–11.

② 李炳全.中国文化心理学视界下的音乐心理治疗探源 [J].江苏师范大学学报（哲学社会科学版），2017,43(02):137–142.

③ 词典网.乐 [EB/OL].[2013–09–17].http://www.cidianwang.com/shuowenjiezi/le72.htm.

④ 汉典网.乐 [EB/OL].[2013–09–13].http://www.zdic.net/z/1c/sw/6A02.htm.

⑤ 周欢珍."樂"义探源 [J].濮阳职业技术学院学报，2014，27(6)：83–87.

⑥ 许兆昌."樂"字本义及早期樂与藥的关系 [J].史学月刊，2006(11)：20–24.

是乐器或音乐的总称①。有学者通过研究，认为"'乐'字构形及语义起源于先民歌舞活动中的悬铃架"②。由于鼓是中国先民最早最广泛使用的乐器，且"长于节奏，而节奏在早期音乐艺术中具有最重要的意义。先秦时期，由于鼓与音乐发生着广泛的联系，因此'鼓'字后来还发展成为表示演奏音乐的一个动词"③。既然"乐"源自"鼓"，"鼓"为乐器之首——"乐之君"，所以其既可以指代乐器，又可以指代音乐，因此理解"音乐"的原初含义不能离开"鼓"。

鼓在音乐中起调节、控制或者指挥节奏之作用，"五音非鼓不竭"，由此古人将其称为音律的统帅或指挥棒。《五经要义》指出，"鼓所以检乐，为群音之长也"④。由于越是原始的音乐，对节奏的要求越强，因此鼓在中国古代音乐中占重要地位。"因为建鼓为'为众乐之节'，而远古的时候'奏歌舞三者，常常合而为一'……以源于建鼓之象的'乐'字总称奏歌舞之复合形态与集体行为是自然而然的，而且以建鼓击奏所统帅的'乐'概念称呼诸乐器之奏以及它们的奏声也是自然而然的"⑤。由于鼓音铿锵有力、威武雄厚，因此鼓音具有振奋精神、促人兴奋、鼓舞士气的作用。现今中国许多词语诸如"鼓吹""鼓动""鼓角""鼓劲""鼓励""鼓舞""鼓掌""闻鼓而进""一鼓作气"等，在古时说的都是鼓声的这种令人兴奋、情绪激昂的作用。

明代毛氏刊津逮秘书本《握奇经》记载："金有五，革有五，退则听金，进则听鼓，鼓以增气，金以抑怒，握其机关，战不失度……乍犇乍背，或纵或擒，行伍交错，正在鞑音。"⑥《易·系辞》说："鼓之以雷霆，润之以风雨。"林桂榛等人考证后认为："鼓声如雷一样的奋人血气之功能，此《内经·素

---

① 周欢珍."樂"义探源[J].濮阳职业技术学院学报，2014，27（6）：83-87.

② 林桂榛，王虹霞."樂"字字形、字义综考——《释"樂"》系列考论之二[J].音乐与表演，2014（3）：68-78.

③ 李纯一.中国上古出土乐器综论[M].北京：文物出版社，1996:1-2.

④ 读书网.论衡校释·定贤篇·卷第二十七[EB/OL].[2015-01-15]. http://www.dushu.com/showbook/101144/1037210.html."

⑤ 林桂榛，王虹霞."樂"字字形、字义综考——《释"樂"》系列考论之二[J].音乐与表演，2014（3）：68-78.

⑥ 林桂榛，王虹霞."樂"字字形、字义综考——《释"樂"》系列考论之二[J].音乐与表演，2014（3）：68-78.

问》所谓'雷气通于心'，鼓的这种血气功能首先是有生理、心理依据的。"①《乐记》中所说的"鼓鼙之声欢，欢以立动，动以进众"②就是这个意思。据此有人认为，"音乐之于人类，其初质即具有愉悦感官的作用"③。这样，"乐"字的字源含义由乐器（鼓——乐之君，后演变为以鼓为君的乐器群体）衍生出声音（敲击鼓发出的声音，后衍生出弹奏乐器发出的声音即音乐），由声音再衍生出人的心理感受即音乐的心理含义或心理作用（兴奋、振奋、快乐、愉悦，后泛化为情感）。这样，"乐"（yuè）就具有了"乐"（lè，快乐、愉悦、欢喜、快活等，或令人快乐、愉悦等，或由于心情愉悦使人心甘情愿等）的意义，进而可将音乐定义为"令人快乐的声音"。由于使人开心、快乐的东西人们都喜欢，"乐"也就具有了"乐"（yào，喜好、欣赏之义）的意义。由此，"乐"字就具有了乐器、乐音、情感（心理）三层含义。这三层含义密切联系，乐器发出动听的声音使人动情。林桂榛等人通过仔细研究后认为，"'乐'本为建鼓，后指乐器奏鸣（含所奏之曲）或综合性歌舞活动，并基此衍生愉悦、快乐、和乐等语义"④。字源意义上的"乐"有七种含义："①奏歌舞综合性群体活动（以鼓为帅）；②诸乐器（以鼓为君）；③操奏诸乐器（以鼓为首）；④乐器所鸣之声曲（凡乐器声曲皆曰乐）；⑤心神兴跃（凡心动诸情皆曰乐）；⑥心神欢乐（凡喜好皆曰乐）；⑦心神和乐"⑤。其中第三、第四种为物理性含义，第五、第六、第七种为心理性含义。"这两类含义密切相关，而且每类中的小含义又紧密相关"⑥。

---

① 林桂榛，王虹霞."樂"字字形、字义综考——《释"樂"》系列考论之二 [J]. 音乐与表演，2014（3）：68-78.

② 戴圣. 礼记·乐记 [EB/OL]. [2021-07-08]. https://www.gushiwen.cn/guwen/liji.aspx.

③ 许兆昌."樂"字本义及早期樂与藥的关系 [J]. 史学月刊，2006（11）：20-24.

④ 王虹霞，林桂榛. 音乐的概念、音乐的功能与血气心知 [J]. 人民音乐，2011（6）：66-69.

⑤ 林桂榛，王虹霞."樂"字字形、字义综考——《释"樂"》系列考论之二 [J]. 音乐与表演，2014（3）：68-78.

⑥ 林桂榛，王虹霞."樂"字字形、字义综考——《释"樂"》系列考论之二 [J]. 音乐与表演，2014（3）：68-78.

二、"音乐"原初内涵中的心理意义及其衍生 ①②

音乐的最为原始、本质、基本的含义是能够使人振奋、兴奋、愉悦（有一定节奏或旋律）的声音。荀子说："夫乐者，乐也，人情之所必不免也。故人不能无乐。乐则必发于声音，行于动静，而人之道，声音动静，性术之变尽是矣。"③ 明确指出，音乐感于人的快乐情绪而发，产生于人类对快乐的需求；又可以使人快乐，感化人性。这即是说，快乐、愉悦是音乐的根源和基础性功能。《乐记》也表达了与荀子同样的观点，它指出，"夫乐者，乐也，人情之所不能免也"④，明确告诉我们"音乐是要给人愉悦或快乐的感受"⑤，这是人之常情。荀子、《乐记》的这种观点，为许多人所认可，成为最为流行的一种观点。许多人认为，音乐是为表达愉悦的感情和使人愉悦而产生的。由于愉悦或快乐都是人所想要的，这是人的"趋乐避恶"的本能或心理倾向，因而人们必然会喜欢音乐，音乐由此成为人类社会必不可少的东西。这明确指出了音乐的实质在于其心理性，尤其是令人愉悦、快乐、心神舒适等特性。古汉字中音乐的"乐"（yuè）与"悦"（yuè）通假就恰恰表明了这一点。据此，可将"音乐"称为"音悦"，即声音使人愉悦；可将"乐音"称为"悦音"，即令人愉悦的声音。换言之，音乐的心理性主要体现在心理感染和心理蕴含这两个相互联系密切相关、缺一不可的方面。

（一）使人愉悦——心理感染

使人愉悦是音乐最根本的特质和功能，是"乐"最根本的体现。前述的音乐令人振奋、愉悦等说的就是音乐的心理感染作用。荀子指出："性者，天之就也；情者，性之质也；欲者，情之应也。以所欲为可得而求之，情之所必不免。以为可而道之，知所必出也"⑥。由于追求身心愉悦，是人的天性

---

① 李炳全，周莹，梁琰，金凯. 中国文化心理学视界下的音乐实质探究 [J]. 心理学探新，2017,37(01):8–11.

② 李炳全. 中国文化心理学视界下的音乐心理治疗探源 [J]. 江苏师范大学学报（哲学社会科学版），2017,43(02):137–142.

③ 荀子. 荀子·乐论 [EB/OL]. [2021–07–08].http://www.guoxue.com/?book=xunzi.

④ 戴圣. 礼记·乐记 [EB/OL]. [2021–07–08]. https://www.gushiwen.cn/guwen/liji.aspx.

⑤ 戴圣. 礼记·乐记 [EB/OL]. [2021–07–08]. https://www.gushiwen.cn/guwen/liji.aspx.

⑥ 荀子. 荀子·正名 [EB/OL]. [2021–07–08].http://www.guoxue.com/?book=xunzi.

或最基本欲望，是"趋利避害""趋乐避恶"的本能，因此人们会喜爱能使自己愉悦的音乐；当然，音乐要使人喜爱，就必须能够满足人对愉悦的需要或欲望，即能使人愉悦。反过来说，倘若音乐不能使人快乐，甚至使人痛苦，人们就不会喜欢它，它也就不可能是音乐。概言之，音乐的最为根本性的特质之一是对人的愉悦情绪的感染。

音乐的这一属性随后得以衍生、发展，乐（lè，快乐、愉悦等）逐渐衍生、扩展为情感，音乐也就有了情绪感染，即通过音乐感染使人产生某种情感，即唤醒或激发人的某种情感的意蕴。这样，情感感染就成为音乐的一个不可或缺的特质。由这一功能或特质，也逐渐衍生出人们借由音乐表达、发泄、疏导情感的机能和性质。尤其是在人们无法用语言、姿态、身体动作等方式恰当表达微妙、细致、复杂的情感、心理感受等心理活动时，可以通过音乐把它们恰当表述出来。这样，音乐的"令人乐"（lè，快乐、愉悦等）的特质就拓展得更为广阔、丰富和深入。

（二）心理蕴含和表达

这是音乐成为"乐"的基本前提。音乐中所蕴含的愉悦、快乐等，一是音乐创作者赋予音乐的愉悦、快乐，其实质是音乐创作者要通过音乐表达的情感；二是音乐作为一种美的旋律所具有的一种审美特性，这种美能使人愉悦，其重要原因是它与人的愉悦情感相一致或符合。这两个方面是密切联系的，其中第一个方面最为根本或基础。正是因为音乐创作者赋予了音乐愉悦的心理情感，它才具有与愉悦的情感相符合或一致的美的特性，才具有与愉悦情感规律相符合的美的属性。可以说，音乐实际上就是音乐创作者所构建的表达其内心之乐（lè，快乐、愉悦等）或愉悦的恰当的美的形式或途径。

随着音乐的发展，音乐的这种本质属性逐渐衍生、发展，愉悦、快乐等逐渐衍生为情感，美的属性和审美需要逐渐衍生为志趣、情趣、梦想和精神需要。这样，音乐的心理蕴含就得以深化和拓展，音乐成为蕴含着能够满足人的精神需要和培养或激发人的精神品质如志向、情趣、士气等的东西。

现在，人们普遍认为，音乐是以声音为载体，运用各种方式或方法对声音进行组合，以表达人的情感、思想、信仰、理想、价值取向等为目的的听觉艺术。其中，声音是手段或方式，而精神或心理内涵是实质。音乐作为

艺术，它必须能够给人以美感，满足人的精神需求。由此，它必然具有一定的心理蕴含。否则，它只是声音甚至噪声，而不是音乐。

既然音乐具有心理表达和心理感染作用，即心理疏导和心理激发功能，那么它必然具有心理训练和治疗的功效以及培养人的育人作用。其育人作用主要表现在对人的情感、审美情趣、志向等心理品质的塑造上。对学前音乐教育的作用也是如此。

三、音乐的心理作用[①]

上述分析表明，对音乐而言，心理性含义是最为重要、关键、不可或缺的，缺了它，音乐也就不能称为音乐，它的其他含义也就失去了意义。较具体地说，好的音乐都具有以下作用。

(一) 言志

通常情况下，远古时代的"鼓乐"都是在有收获时庆祝、祈祷、祭祀、节日等重要时刻的仪式中使用的，体现出人们的一种愿望、祈求、期盼等。有学者指出："在音乐出现之初及其发展的早期阶段。它的主要功能是服务于原始宗教及其他社会活动的。"[②]音乐表达人的愿望、期盼等心理或情感活动这一性质，在随后的音乐发展中，逐步演变为人们言情言志的重要方式或途径，人们普遍通过音乐表达自己的志向、趣味、诉求、喜好、愿望等，吐露自己的心声。可以说，音乐是最能生动形象并真实地反映人的志向、思想、精神的方式或形式。

由于音乐能够展现出创作者的志向、情趣、愿望等，即言情言志，因此人们通常可以通过音乐洞察音乐创作者的精神追求、志向抱负、思想境界、情调趣味、眼界胸怀、人格品性，甚至内心深处的心灵或灵魂。一曲好的音乐，一定是具有灵魂的音乐，否则它就不具有生命力。而音乐所具有的灵魂，正是音乐创作者的心灵的体现或表达。因为，只有音乐创作者具有某种精神境界和灵魂，他才能赋予其音乐作品这样的品性。反之亦然。

---

① 这部分主要采用李炳全、周莹、梁琰、金凯的《中国文化心理学视界下的音乐实质探究》《心理学探新》，2017，37（1）：8–11.

② 许兆昌．"樂"字本义及早期樂与藥的关系 [J]. 史学月刊，2006（11）：20–24.

这就告诉我们，在学前教育中，完全可以利用音乐的言志作用培养幼儿积极的志向与愿望，培养学前儿童的积极人生态度和动机。在学前音乐教育中，教师首先要利用音乐的言志功能培养学前儿童的志向和抱负的意识；其次要探索科学的儿童教育的方法；最后要对儿童音乐作品进行科学的选择、改编和表现。

（二）激励激发

前述作为"乐之君"的"鼓"的重要作用是振奋人的精神，提升人的士气，使人情绪激昂，这即是说，音乐在其词源意义上就已经包含了精神激发或激励的内涵。正因为如此，一首好的音乐作品应当能够激发人的精神力量，提升人的信心，激励人奋发向上，积极进取，努力拼搏，不畏艰难。纵观古今中外，许多优秀的音乐作品都具有这一特征，它们之所以能广泛流传，经久不衰，具有持久的生命力，也是因为它们具有这一特质。换言之，音乐作品的激励作用与其生命力、价值密切相关，音乐的激励特质是它的价值中最为重要的方面。

由于音乐具有激励激发作用，在学前教育中完全可以利用音乐的这一作用激励孩子不惧艰难困苦，勇于拼搏进取，不断战胜挫折的良好心理品质。要做到这一点，就需要依据学前儿童的心理年龄特征和心理发展水平，科学地选择具有激励作用的儿童音乐作品。

（三）表达情感

从音乐的字源意义上看，表达情感是音乐最为根本的重要特质之一，是音乐的心理实质的一个方面。音乐的旋律、音调、强弱等与人的情感的动态变化如兴奋、平静、紧张、松弛、愉快、悲哀等非常一致，十分明显地表明了这一点。质言之，音乐是人的内在心理活动（主要是情感活动）的外在声音表现形式，没有任何东西比音乐能更精准细致地表达人的丰富且微妙的情感。

人是有情感的，情感是人的本质特征之一。既然如此，人当然有表达自己的情感的愿望或需要。人表达情感的方式有很多，但其中最适合人、最文雅的表达情感的方式或途径便是音乐。音乐是情感的旋律，在音乐中有很多用情感词汇可以用来形容乐曲，如欢快、激昂、浑厚、悲壮、美妙、婉转、轻快、迷幻、舒缓、凄凉、伤感等。我国古人曾用金木水火土五行来表示音乐的五种声音，"金声者，悦耳和润；木声者，高亢响亮；水声者，缓急相间；火声者，焦急暴烈；土声者，沉重厚实"①。指出了音乐与情感密切相关，甚至可以说同为一体。但事实上，作为物理刺激的声音本身并无情感，音乐所具有的情感实际上是人赋予它的，其实质是人的情感在音乐中的表现，即人通过音乐表达自己的情感。《乐记》指出："凡音者，生人心者也。情动于中，故形于声。声成文，谓之音。"②因此可以说，表达情感是音乐的基本特质，是其心理实质的重要方面。正因为如此，可以说音乐是情感的载体，是最恰当的表达情感的符号。正如尼古拉·哥白尼（Mikolaj Kopernik）所言，"音乐并不仅是一种娱乐，而是音乐诗人，音乐思想家所表达出的高尚情感。这些情感必须符合人类逻辑的规律。它是人们所感觉、理解、表现东西中的一部分"③。

音乐表达的情感，既可以是音乐创作者通过音乐表达的自己的好恶及喜怒哀乐，也可以是音乐的表演者如歌唱者、弹琴者等通过音乐表现出的情感。无论哪种，都需要音乐本身蕴含情感，且音乐表现者要表现出音乐本身所蕴含的情感即音乐创作者所赋予音乐的情感。如果音乐表现者具有与音乐所蕴含的情感或与音乐创作者有同样的感受，那么他会把音乐表演得非常充分。因此可以说，音乐是人表达情感的重要方式或途径，甚至可以说是表达情感的最为直接、恰当的形式或方式，它"在传递情感、激发人类想象力方面具有无可比拟的优势。"④能"将人类对生活的感知与认识淋漓尽致地描绘出来，并带给人们以丰富的联想"⑤。

由于音乐具有表达情感的作用，因此，在学前教育中可以针对学生的情况创作音乐作品或由教师指导学生改编音乐作品作为帮助学生疏导情感的恰当方式，充分发挥音乐在维护儿童的心理健康中的积极作用，以恰当的儿童音乐培养来提升学前儿童的情商，使他们学会用音乐表达、疏导自己的情感的方法或途径。

---

① 道客巴巴网. 从音调的抑扬顿挫中看破对方的心理 [EB/OL]. [2012-01-15]. https://www.doc88.com/p-996294863842.html.

② 戴圣. 礼记·乐记 [EB/OL]. [2021-07-08]. https://www.gushiwen.cn/guwen/liji.aspx.

③ 张勐萌，江敏. 大学音乐教程 [M]. 北京：清华大学出版社，2011:1-5.

④ 张勐萌，江敏. 大学音乐教程 [M]. 北京：清华大学出版社，2011:1-5.

⑤ 张勐萌，江敏. 大学音乐教程 [M]. 北京：清华大学出版社，2011:1-5.

(四)情感培养或锻造

既然音乐具有表达情感的功能，当然也就具有培养或锻造情感的作用。人们通过音乐表达情感除了发泄、疏导自己的情感外，还有一个最为重要的目的是"动人"即"以情动人"，使音乐感受者能够产生情感共鸣。正因为如此，音乐具有培养和塑造人的情感或心理品质的作用。《乐记》记载"乐者，音之所由生也，其本在人心之感于物也。是故其哀心感者，其声噍以杀；其乐心感者，其声啴以缓；其喜心感者，其声发以散；其怒心感者，其声粗以厉；其敬心感者，其声直以廉；其爱心感者，其声和以柔。六者，非性也，感于物而后动。……是故先王之制礼乐也，非以极口腹耳目之欲也，将以教民平好恶而反人道之正也……是故志微噍杀之音作，而民思忧；啴谐慢易，繁文简节之音作，而民康乐；粗厉猛起，奋末广贲之音作，而民刚毅；廉直劲正庄诚之音作，而民肃敬；宽裕肉好顺成和动之音作，而民慈爱；流辟邪散狄成涤滥之音作，而民淫乱。……致乐以治心"[1]。明确指出了音乐可以感人，古代统治者可以通过音乐感化去培养人品性。唐代孔颖达在其《疏<乐记>》中说："善乐感人则人化之为善，恶乐感人则人随之为恶。"[2] 他借用孔子之言"移风易俗，莫善于乐也"。充分说明音乐对人的陶冶作用。荀子在其《乐论》中提出，"故声乐之入人也深，其化人也速"[3]。司马迁在《史记·乐书》中也指出，"故音乐者，所以动荡血脉、通流精神而和正心也"[4]。这些都说明了音乐对人的塑造作用。其实质是音乐的瑞化人[5] 即对人的心灵化成作用的体现。这种化成作用常常是在人们聆听或欣赏音乐的过程中不知不觉形成的，是一种潜移默化的熏陶，正如"好雨瑞物细无声"一样。

音乐对人的瑞化主要表现在以下几个方面。第一，通过动人或感人调节人的心情。如前所述，音乐蕴含着情感，而情感能够动人或感染人，使人

---

① 戴圣.礼记·乐记 [EB/OL]. [2021–07–08]. https://www.gushiwen.cn/guwen/liji.aspx.

② 李学勤.礼记正义·卷三十七 [EB/OL]. [2021–04–15].(汉) 郑玄 注,(唐) 孔颖达 疏. http://www.hygx.org/ebook/book/214.

③ 荀子.荀子·乐论 [EB/OL].[2021–07–08].http://www.guoxue.com/?book=xunzi.

④ 司马迁.史记·乐书 [EB/OL]. [2021–06–10]. https://www.shicimingju.com/book/shiji.html.

⑤ 王虹霞，林桂榛.音乐的概念、音乐的功能与血气心知 [J]. 人民音乐，2011，(6)：66–69.

产生一定的情绪，从而起到调节人心情的作用。第二，陶冶人的情操或精神。音乐可以通过它所表达的志向、精神、情感熏染人，使人具有一定的精神、情操。第三，开阔人的胸襟，给给人启迪感悟。音乐可以通过表达一些思想、对事物的看法，给人以启迪感悟，使人对一些事情如失败、挫折等能够看得开，具有平和的心态。第四，锻造人格。音乐可以在潜移默化的熏陶中培养人的某些人格特征。

音乐之所以能够影响甚至锻造人，是因为它有特定的精神指向或功能，可以引导人的心理定向。当然，有些音乐的心理定向是积极的，有些则是消极的。因此，幼儿教师在选用音乐时应慎重。《旧唐书·卷二十一·礼仪一》指出："人生而静，天之性也；感物而动，性之欲也。欲无限极，祸乱生焉。圣人惧其邪放，于是作乐以和其性，制礼以检其情，俾俯仰有容，周旋中矩。"① 林桂榛认为："歌以涵志、舞以养情。……音乐生活本是有韵律且和谐的生活方式和心灵体验，只有超越原始冲动性质的情感宣泄，才能达到'乐而不淫，哀而不伤'的圆融、灵透的心灵境界，乃至达到……'大音希声，大象无形'的艺术境界"②。其观点明确指出了音乐有"情深文明，气盛化神'的"立人"作用，能够"愉悦身心，涵养心性，丰富情感，培养和谐协作精神，建构情感模式、思维模式、行为模式"③。还有人指出：好的音乐有"美善人性和健全人格"④的作用。概言之，音乐对人的情感有培养和锻造的作用。

由于音乐具有培养或锻造情感的作用，因此，可以且应当把它作为育人育心有效途径和方式。在学前教育中更是如此。这是因为，孩子越小，音乐对孩子的影响越大，即音乐的育心作用越大。可以想象一个从小在积极音乐熏染下成长的儿童很有可能具有积极的心理品质，如乐观、自信、自强等。

---

① 刘昫 . 旧唐书 [EB/OL]. [2021-07-08]. h https://www.shicimingju.com/book/jiutangshu.html.

② 林桂榛 . 论音乐教育的和谐立人旨趣 [J]. 美与时代（下），2012.（4）：13-16(14).

③ 林桂榛 . 论音乐教育的和谐立人旨趣 [J]. 美与时代（下），2012.（4）：13-16(15-16).

④ 田晔 . 音乐旋律中的情感铸炼 [J]. 交响——西安音乐学院学报，2010，29（1）：92-95.

(五) 音乐的移情化性作用 ①

既然音乐是情感艺术，那么它就具有移情化性的作用。既然它能够移情化性，当然就能改变或转化人心理上的"情"和"性"。其实质是音乐激起人的情感共鸣即"以情动人"，进而达到移情化性的目的。最为重要和基本的方法是：通过音乐培养人的心理品质如信心等，用积极的心理品质取代消极的心理品质，以达到育心的目的。

徐光兴认为：好的音乐能够给人一种整合性、调和感和安心感，调和人的意识和潜意识，使人获得一种心理解放感、宁静感和精神的创造力 ②。即是说，好的音乐不仅能够用于心理治疗，而且能够发挥心理训练作用 ③，培养人的积极心理品质，并通过培养起来的积极心理品质预防和治疗消极的心理问题，实现传统中医学所说的"祛邪"和"扶正"的统一 ④。

音乐的这种移情化性作用可以用到学前教育中培养学前儿童的良好心理品质，包括精神创造性、自强不息、坚韧性等匠心品质。

拓展阅读材料5-3：音乐游戏"网小鱼" ⑤

在组织小班音乐游戏活动"网小鱼"前，教师认真研究了教材，根据小班孩子的年龄特点，在活动前为了先丰富幼儿的经验，准备了许多直观道具以及做了其他各方面的准备工作，由于这节课内容较多，分成了两个课时来上，第一课时学习歌曲，第二课时进行"吃小鱼"和"吃小虫"的律动游戏。

1. 激发幼儿的表现欲。为了激发幼儿的表现欲，教师在一开始就为幼儿播放小鱼游泳的视频，幼儿在观看视频时学着视频里的小鱼开始做一些简单的动作，如用小手来表现小鱼游动的动作，这个环节在无形中激发了幼儿

---

① 李炳全. 中国文化心理学视界下的音乐心理治疗探源 [J]. 江苏师范大学学报 (哲学社会科学版)，2017,43(02):137–142."，

② 徐光兴. 君子乐：中国古典音乐心理分析 [M]. 合肥：安徽人民出版社，2014：234–240.

③ 陈燕. 音"药"疗法 [J]. 校园心理，2009,7(05)：350.

④ 朱杰，朱文. 李鼎生. 药也——音乐与中西药的不解缘 [J]. 南京中医药大学学报 (社会科学版)，2006,7(3)：135–137.

⑤ 太平洋亲子网. 幼儿园教学反思：小班音乐游戏《网小鱼》教后反思 .[EB/OL].[2015–04–17] https://edu.pcbaby.com.cn/223/2237352.html.

的学习兴趣，为接下来的学习打下了基础。

在表演环节，教师运用夸张的动作、形象的语言将幼儿带到了想象中的大河里，一起游泳、一起吃鱼虫、一起躲避捕鱼人，玩得不亦乐乎。

2. 音乐活动要符合幼儿的年龄特点和实际水平。小班幼儿比较喜欢模仿，本节音乐游戏课正好适合幼儿。另外，小班幼儿的动作发展水平不是很高，所以教师没有苛求幼儿一定要做出许多优美的动作来表现歌曲的内容，而是循序渐进地提升幼儿的动作难度。教师采用循序渐进的教学方法，由浅入深，由易到难，以保持幼儿主动参与的热情，幼儿不会因太简单而感到枯燥乏味，也不会因太复杂而感到缩手缩脚，进而激发他们的学习兴趣，使他们体验到成功感，提高他们的学习积极性。

3. 利用多种形式为音乐律动做铺垫。要上好一节好的音乐律动课，还需要很多的准备工作。比如在这节课中，小鱼有节奏地吃鱼虫是一个重点。在教学中，教师用循序渐进的方式来和幼儿一起学习吃鱼虫。首先，教师用比较慢的节奏给幼儿做示范，然后请幼儿参与到这个活动中来，渐渐加快速度，让幼儿逐渐掌握旋律的节奏；教师在做示范时，动作夸张是吸引幼儿兴趣的一个方法。幼儿学会了有节奏地吃鱼虫后，在接下来的捕鱼游戏中动作也会比较整齐。

4. 及时表扬、重点指导、鼓励幼儿参与到活动中。表扬是激发幼儿表现自己的良药，表扬还能保护幼儿刚刚萌芽的自尊心，让幼儿体会到活动的乐趣。在请幼儿模仿小鱼游泳时，有的幼儿畏畏缩缩不愿上来表现自己，或是表现得不够自信。在这时，教师鼓励幼儿上来表演，幼儿表演后再用表扬强化幼儿表现自己的主动性、积极性。

在最后网小鱼的环节，幼儿出现了拥挤的现象。这时，教师并没有停下游戏去批评他们，而是在不打断其他幼儿的前提下，轻轻地游到他们身边提醒他们，这样既保护了他们的自尊心，又维护了游戏纪律。而那些没有兴趣参与到游戏中的幼儿，教师则请他们当小尾巴，用形象的语言将他们引入情境之中，体会游戏的乐趣。

在这个案例中，教师充分利用音乐游戏来对学前儿童移情化性，根据学前儿童的心理发展特征让孩子在音乐游戏活动中有一定自主性，孩子可以根据自己的理解和能够表现的动作自由发挥，由此培养孩子的自主性、能动性和创造性。

四、音乐培育匠心的价值

如前所述，音乐具有积极的育人价值。正因为如此，古今中外都把音乐作为培养人的重要途径和手段。中国古代的"六艺"[①]和西方古代的"七艺"[②]中都有"乐"，即音乐，可见中西方都早已认识到音乐的教育价值，并把它作为基本的教育方式和内容。

在中国占据主导文化地位的儒家把音乐教育列入育人的主要内容，并提出"乐以治性，成性亦修身""兴于诗，立于礼，成于乐"[③]的理念。孟子指出，"仁言不如仁声之入人深也"。在孟子看来，音乐凭借独特的韵律净化升华了倾听它的心灵，平和了人的惰性[④]。中国自西周以来把"六艺"作为培养人的重要内容和方法。其中排在第二位的就是"乐"。中国早期的音乐著作《乐记》指出，乐是人情不能免，明确告诉人们音乐给人带来愉悦的感受是生活中必不可少的。有人认为，表达情感是音乐的基本性质，音乐是诠释情感的一种艺术[⑤]，从氏族社会集体歌舞到各民族现存的集体歌舞，音乐都体现出促进人的发展的功能。中国古代音乐史上第一部音乐著作《诗经》反映了音乐与人发展的关系，蕴含了"乐以歌德""乐以安德"的思想。正因为如此，明代的刘濂称之为"乐经"。

在西方，古希腊的"七艺"被作为自由人应具备的素养，其中就包括"音乐"。柏拉图认为，音乐是可以把灵魂引向终极真善美的学问。他还提出"以音乐陶冶情操，以体操锻炼身体"，重视音乐的心理锻造作用即育心作用。这之后，音乐的净化心灵作用，作为学科区别的依据逐渐为西方社会所认同，把音乐作为育心的重要途径和内容。

---

① 六艺是指人应具备"礼、乐、射、御、书、数"六种知识技能，是培养人的教育基本内容。

② 七艺是西方古代的教育内容，是"三科""四学"的合称。"三科"指的是文法、修辞、辩证法。"四学"指的是算数、几何、天文、音乐。"七艺"源于古希腊，到公元4世纪时，成为西方社会公认的学校的课程。

③ 王敏. 音乐教学设计：朝向儿童核心素养 [J]. 北方音乐，2019，39(19)：153+161.

④ 魏景荣，李世清. 论背景音乐独特的思想政治教育优势 [J]. 教育与职业，2012(30)：59-60.

⑤ 李炳全. 中国文化视界下的音乐心理治疗探源 [J]. 江苏师范大学学报 (哲学社会科学版)，2017，43(02)：137-142.

上述分析表明，无论是中国的"六艺"，还是西方的"七艺"都包含音乐。这说明，音乐的育人尤其是育心作用是被世界公认的。育心是学前教育的根本任务，通过音乐教育可以让学前儿童积累生活经验，音乐的魅力可以丰富学前儿童的心理世界，其中也包括匠心。可见音乐对学前儿童匠心的培养作用是显而易见的。

第三节　培养学前儿童匠心的儿歌教育

一、儿歌与学前儿童的心理发展

学前教育的一个根本任务是培养学前儿童具有并逐步养成适应个体终身发展和社会发展的，包括匠心在内的心理素养。在培养这些心理素养时，儿歌是一个重要途径和素材。对学前儿童来说，儿歌主要指优秀幼儿歌曲，这些优秀儿歌在学前教育尤其是培养学前儿童匠心中发挥着十分积极且有效的作用。有研究表明，儿歌对幼儿身心发展有积极影响[1]，对学前儿童的智力、情感、审美、机体发展等具有积极价值[2]。

育心是学前教育的根本任务，要顺利完成这一任务，离不开儿歌的作用。这是因为，儿歌是一种特殊的艺术样式，其中包含优美的诗歌、有趣的故事，以及动听的韵律，它不仅是儿童了解认识世界、进行情感交流的工具，还是儿童表达情感的重要方式，它可以在不知不觉中以潜移默化的方式促进学前儿童的人格、情感、审美能力等发展。如前所述，学前期是个体的自我意识形成的关键期，是人格形成的基础阶段。在这个阶段给予他们适当的儿歌教育对他们的身心发展的影响是巨大的。但遗憾的是，现在很多家长和幼儿教师都不太明白这一点，重演唱能力训练而轻艺术素养的培养，重教会孩子唱歌而轻心理品质的培养[3]，致使儿歌促进学前儿童的身心发展的作用未得以充分发挥。为消除这种现象，有必要对学前儿歌教育的内容、方法、途径进行研究，以便构建科学的培养匠心的学前儿歌教育模式，充分发

---

① 王艺霏，翟曼宁．儿歌对幼儿发展的重要作用 [J]．当代音乐，2019(11)：77–78.
② 毛敏．音乐教育对幼儿身心发展影响探究 [J]．北方音乐，2019，39(23)：225–226.
③ 杨昭辉．学前教育专业儿歌教学的思考 [J]．北方音乐，2014(06)：109–110.

挥儿歌在培养学前儿童的匠心中的作用。

二、儿歌与儿歌主题

(一) 儿歌蕴含的文化价值

如前所述，艺术作品的价值在于其精神性，而精神性主要体现在人文精神和人文价值上。儿歌作为一种艺术形式也是如此。学前儿童音乐教育是学前儿童音乐教育价值观的承载体，具有唤醒、激发、整合人格的力量。作为学前儿童音乐教育的一个组成部分，儿歌适合儿童的认知特点和发展需求，具有学前儿童音乐教育所具有的价值或作用。当然，由于儿歌是一种独特的音乐形式，它除了具有一般的音乐教育的作用外，还具有自己独特的价值。

一方面，儿歌具有文化性和传统性，是特定的文化产物，其中必然蕴含传统文化思想、文化精神、文化价值、人文追求和文化心理品质；另一方面，儿歌也具有时代性，新创作的儿歌会不断吸收时代先进的思想，反映时代发展潮流，传播时代精神和积极的价值观念。例如，当代我国学前教育中的许多儿歌都蕴含和表达着社会主义核心价值观。所有这些都说明，儿歌既可以起到传承、弘扬和发展优秀传统文化的作用，又可以起到宣扬当代社会的主流价值观、社会规范、时代精神等作用。这就告诉我们，学前儿歌教育要取得良好的教育效果，应当将传统文化与时代发展相融合，依据时代发展需要和社会发展需要赋予儿歌以新内涵，在传承优秀传统文化思想的同时，积极接纳适合社会发展的新内容，同时，依据社会发展需要积极地创作反映当代文化和人文精神的儿歌。

(二) 儿歌的主题与种类

学前儿歌是面向学前儿童创作的歌曲，具有充满童趣、易懂易记、贴近幼儿生活等特点。依据学前儿歌的主题内容及情感表达，可将它分为以下三种类型。

1. 以生活为主题的儿歌

此类儿歌旨在帮助学前儿童了解生活、学会生活、热爱生活、创造生活。

这类儿歌的创作以生活经验为基础和中心。学习以生活为主题的儿歌不仅可以培养学前儿童的音乐情感，还能提高他们对日常生活的认知和对生活的积极情感。以《二十四节气歌之小寒》为例，该儿歌向学前儿童传递节气小寒的时间，让孩子们明白小寒是在冬至后，小寒时的自然环境特点是降温、大风且干燥。通过简单易懂的歌词，帮助学前儿童感受小寒时北方与南方的不同习俗，如南方吃糯米团，北方打雪仗。除此之外，该歌曲还能激发学前儿童传承二十四节气的优秀风俗的兴趣。

又如，取材于一种玩具的儿歌《不倒翁》，如果对其进行恰当设计，既可以培养学前儿童的注意力、观察力、思维力，又可以培养孩子"跌倒了，勇敢爬起来"的心理韧性、勇敢品质、不畏惧失败的精神等，同时还可以激发孩子的好奇心，培养孩子的主动探究精神，促使孩子探究不倒翁的原理。如果让孩子进行表演的话，还可以锻炼孩子的身体柔韧性。

再如，取材于日常生活的儿歌《我的好妈妈》，如果设计恰当，可以使孩子们体谅妈妈工作的艰辛，学会对妈妈关心与爱护，从而增进良好的亲子关系。如果能够再进一步延伸，可以培养孩子正确的劳动态度，体验家长对家庭的付出和对自己的疼爱。

南莫镇中心幼儿园以安全教育为主题开展了儿歌创编、诵读、亲子表演活动，让家长和学前儿童共同创编儿歌不仅能加强安全教育的力度，还能拉近幼儿家长和幼儿园的距离。在这样的儿歌教育中，家长们以让孩子们熟知安全教育的重要性为目的，着眼于学前儿童的心理素养的培养，儿歌在培养孩子的心理素养中发挥出了重要作用。

2. 以地域文化为主题的儿歌

以地域文化为主题的儿歌主要讲述某地域的文化特色，学前教师或家长等常与学前儿童亲密接触的群体对学前儿童进行此类儿童教育，以帮助学前儿童在潜移默化中了解一些本地域的特色或习惯，帮助学前儿童了解本地域文化等内容，使其获得本地域的文化心理品性和本地人的积极心理特质。中华民族是由多个民族组成的大家庭，各族都有自己的地域文化特色，如果让学前儿童死记硬背熟记这些民族习俗、地域特色，幼儿容易产生倦怠，而通过此类主题的儿歌让学前儿童在潜移默化中了解并尊重地域特有文化，相对来说就容易很多。

一般而言，我国各地都有各具地域文化特色的儿歌^①，这些儿歌都反映了当地的风土人情、风俗习惯、文化价值观念、为人处世的基本方式、言语表达方式等。这些具有地域文化特色的儿歌富含地区或者民族思想和道德情感的文化元素，人文和地域气息非常浓厚，极具学前教育价值，在促进学前儿童的道德情感发展、行为习惯培养、语言水平提升、区域文化认同等方面有重要的意义^②。例如，广东有三大文化圈——广府文化、潮汕文化、客家文化，各文化圈都有自己独具特色的儿歌，其中广府儿歌能增强儿童对岭南文化的认同感、实现粤语方言的传承，帮助儿童了解岭南的历史发展^③。再如，长沙的儿歌是老长沙生活原生态的体现，反映了长沙当地人的日常生活和风俗习惯，具有浓郁的长沙地方特色，是长沙人儿时游戏娱乐的重要工具或方式^{④⑤}。如果学前教师在教育过程中能对这些儿歌进行科学的选择，根据学前教育实际进行科学的改编与创新，那么它们就一定能在促进学前儿童文化中发挥十分重要的作用。甘肃省南部舟曲县的学前教师们把本地优秀文化融入儿歌中，根据舟曲民间生活创编了有浓郁地方特色的儿歌，使学前儿童在学习儿歌的过程中有意无意地受到当地独特的民间民俗文化的熏陶，通过优秀文化的熏陶达到培养学前儿童积极的心理素养的目的。

儿歌《月光光》是一首广东传统粤语儿歌，节奏简单明了，教师可以通过这首儿歌，在幼儿的一日活动中渗透广东文化及生活等方面的常识。通过歌词的渗透使学前儿童明白广东的地域文化等特点，对广府文化产生浓厚兴趣。

3. 以道德教育为主题的儿歌

对学前儿童开展道德教育，必须依据学前儿童的身心发展特点。由于学前儿童的道德认知发展水平处于初级阶段，因此对他们开展道德教育时，不能过于抽象。皮亚杰依据人的道德认知发展水平，将个体的品德发展分为

---

① 李玉鸽. 襄阳民间儿歌地域文化特色论析 [J]. 襄阳职业技术学院学报，2018.17（03）：9–12.

② 闫若娴. 民间童谣在幼儿园课程中的传承 [J]. 北方音乐，2017，37(03)：114.

③ 徐艳贞，何志慧. 粤语童谣在幼儿园课程中的传承与发展 [J]. 语文教育，2015，(35)：67–68.

④ 陈宇颖. 长沙童谣及其地域文化特色 [J]. 汉字文化（教学卷），2015(04)：

⑤ 邹文佳. 长沙童谣在幼儿园音乐活动中的应用研究——以长沙市 A 幼儿园为例 [D]. 长沙：湖南师范大学，2019.

自我中心阶段或前道德阶段（2～5岁）、他律道德阶段或权威阶段（6～8岁）、初步自律道德阶段（9～10岁）和自律道德阶段或公正阶段（10岁以后）四个阶段，学前期处于第一个阶段和第二个阶段的初期。这就告诉我们，学前儿童的道德认知发展水平非常低。科尔伯格（L.Kohlbeg,1927—1987年）的品德发展理论将个体的品德发展分为前习俗水平（0～9岁）、习俗水平、后习俗水平三个阶段，其中学前期处于前习俗水平。它又可以细分为惩罚与服从定向阶段和相对主义阶段。惩罚与服从定向阶段的儿童还没有真正的道德概念，因此他们通常根据行为的后果来判断行为的好坏以及好坏的程度，他们服从权威或规则只是为了避免惩罚，认为受成人赞扬的行为就是好的，受成人惩罚的行为就是坏的。相对主义阶段的儿童以自己的需要为中心，其道德价值判断取决于对自己需要的满足，他们不再把规则看成是绝对的、固定不变的，评定行为的好坏主要看是否符合自己的利益。

依据上述皮亚杰和科尔伯格的品德发展理论，在对学前儿童开展道德教育时，就不能采用简单的说教方式，而应采用生动形象、富有趣味的方式和内容，儿歌恰恰满足这样的要求。

儿歌不仅简单易懂、朗朗上口、贴近儿童的生活，深受儿童的喜爱，而且更重要的是它还蕴含丰富的情感内涵，能拨动儿童的心弦，净化他们的心灵，达到润物细无声的效果。因此，它是比较恰当的开展道德教育的有效途径或方式。学前教师如果能够科学地选择、组织、利用儿歌进行道德教育，把学前儿童喜闻乐见、简明易懂的儿歌作为教育内容和途径，就会使学前儿童在有趣、有味、有理和不知不觉的潜移默化中形成和发展道德品质，涌现生命灵性[①]。以儿歌《懂礼貌》为例，这是一首教学前儿童学会问好、说再见、做错事学会道歉、在别人帮助自己时知道道谢的儿歌。在学习这首儿歌的过程中，学前儿童逐渐学会许多文明行为，形成良好的行为习惯。

在开展儿歌道德教育时，如果能够把儿歌与游戏相结合，把儿歌课程变成游戏的形式，效果就会更好。儿歌所具有的韵律和谐、节奏明快、生动活泼等特点，决定了它能够与游戏很好地结合，这种结合能够引起幼儿的美

---

① 任雄燕. 以儿歌为载体，激活《道德与法治》课堂 [J]. 儿童大世界（教学研究），2019，（05）.

感、愉悦感，激发学前儿童对道德学习的积极性[①]。

三、儿歌对学前儿童匠心素养培养的积极作用

相较于其他年龄阶段的儿童，对学前儿童开展儿歌教育，更能满足他们的情感需要，更能促进他们的语言发展、认知发展、情绪情感发展和道德品质发展。

（一）对学前儿童语言发展的作用

语言是思维的工具，是人们日常生活中最常用的沟通工具和手段，语言能力的高低，不仅制约着人们思维水平的高低，也影响人的人际关系的质量，进而影响人的生活幸福和事业成功。在很多情况下，语言是一个有力的武器和力量，正因为如此，李玫瑾等许多专家都把语言能力作为人非常重要的素养，认为这是在早期教育中必须培养起来的素养[②]。由于儿歌是有一定节奏和旋律的艺术语言，更具有感染性、趣味性，更容易引起学前儿童的兴趣，因此是促进学前儿童语言素养发展的十分有效的途径或方式。

语言和音乐有异质同构的特点，它们都有声音因素：如高低、强弱、快慢。研究表明，反复用音乐安抚语言系统有障碍的幼儿能够帮助其克服语言障碍。艺术性语言在优秀的儿歌中随处可见，有教育意义的儿歌往往又是优美的诗歌。唱诵儿歌，可扩大幼儿词汇量，增强他们对语言的理解和应用，养成良好的口语表达习惯。在儿歌教学中，优美的旋律还会为学前儿童营造一个想唱、敢唱、会唱的环境，进而培养其唱歌、说话的兴趣，从而促进其语言的发展。既然儿歌能够促使学前儿童语言发展，当然也就有促成学前儿童核心素养培养的作用。

（二）对学前儿童认知发展水平的作用

学前期是感知觉和动作思维、形象思维、想象等认知发展最快的阶段，在这一阶段进行干预，可以促进学前儿童的认知发展。儿歌是一种感知觉艺

---

① 沈峥.以童谣游戏助力幼儿道德教育 [EB/OL].[2020-06-20].https://www.xzbu.conm/1/view-5731004.htm.

② 搜狐网.李玫瑾：让孩子受益一生的"四种能力"，最好在12岁之前学会 [EB/OL].[2020-10-16] https://www.sohu.com/a/425098771_120894202.

术，是一种具有一定逻辑结构的包含一定理性思维和想象力的易被学前儿童接受的趣味形式，因此，在教学中有目的地引导学前儿童进行感知，能促进他们的感知能力发展。儿歌的学习离不开对歌曲表象的记忆、认知和再创造，通过不断的学习，学前儿童的记忆能力会得到发展。儿歌的创作者依据"寓教于乐"的准则，创编的歌词大多包含丰富的科学文化知识以及积极向上的人生观，可以使幼儿在愉快的歌曲学习中增长知识，提升认知水平。以地域文化为主题的儿歌学习可以加强学前儿童对不同地域文化的认知，在耳濡目染中提高学前儿童的认知水平，帮助学前儿童建立起对本土文化的归属感和对外来文化的尊重，促使他们的文化智力、文化认同力、文化鉴赏力等协调发展。

(三) 对学前儿童情绪情感发展的作用

儿歌最明显的特点是以情动人，以情感人，它与所有的音乐一样是一种激发情感、引起共鸣的艺术形式，通过"以情动人"来达到移情化性的目的[1]。有研究表明，演唱情感丰富的儿歌，能让幼儿自然真实地感受到音乐中所蕴含的积极的情感，进而受到健康向上情绪的熏陶[2]。儿歌也给学前儿童提供感受、理解、体验、诠释情感的机会，让学前儿童懂得厌恶假恶丑而追求真善美，提高其情感体验的多样性和深刻性，促进学前儿童的情商、逆商等包含匠心在内的各种心理素养的提升。

(四) 对学前儿童道德教育的作用

儿歌因其趣味性、韵律性等在潜移默化中对幼儿起到道德教化作用。儿歌大多都蕴含有趣的故事或发人深省的道理，能够将日常行为规范、社会规则、为人处世的准则等自然融入学前儿童的认知中，让学前儿童在不知不觉中形成规范意识、责任意识、诚实守信等良好的心理品质。由于中国的儿歌大都蕴含中华民族传统美德，传唱这些儿歌，可以培养学前儿童的尊老爱幼、孝敬父母、互敬互爱、助人为乐、团结协作等集体主义精神，以及爱家爱国、爱岗敬业等中华优秀心理品质。

---

① 李炳全. 中国文化视界下的音乐心理治疗探源 [J]. 江苏师范大学学报 (哲学社会科学版)，2017，43 (02): 137–142.

② 毛敏. 音乐教育对幼儿身心发展影响探究 [J]. 北方音乐，2019，39 (23): 225–226.

四、匠心素养隐喻下的中西方儿歌比较

(一) 中国儿歌《蜗牛与黄鹂鸟》的心理素养隐喻

中国的儿歌具有独特的中国文化心理特质和道德教化功能，能够在培养儿童对中华民族精神中发挥极其重要的作用。例如，《蜗牛与黄鹂鸟》中有强烈对比的两个角色：蜗牛与黄鹂鸟。作者通过对蜗牛坚持不懈背着壳爬上树的描写，来赞美蜗牛按照自己的特点合理安排活动，对奋斗目标的不懈追求，遇到困难想办法克服的自强不息精神，遇到他人讥讽时不忘初心的定力和驭心力等素养；通过对黄鹂鸟的描写，批判一些人存在的骄傲自大，对他人讥讽嘲笑等不恰当行为。

(二) 西方儿歌《欢乐颂》的心理素养隐喻

《欢乐颂》里有浓厚的宗教色彩，包含着上帝的信仰，对自由、平等的追求。其中"圣母"这个角色的核心素养隐喻的是对博爱的向往，歌颂自由和快乐。创作者通过它呼吁人类团结，为维护世界和平做贡献，反映了西方人民对自由、博爱等的心理诉求。

(三) 中西方歌曲心理素养隐喻的比较

上述分析表明，中西方的儿歌的心理蕴含存在一定的文化差异，各自体现出自己的文化特色。中国的儿歌通常是通过优美的旋律设计一个生动形象的小故事，用故事展现中国优秀文化心理品质，诸如诚实守信、吃苦耐劳等优秀品质，强调反之于己，提升自己的内在素养或心理境界。西方的儿歌体现了西方文化重反思和理性的文化特色，反映出对自由的向往、对和平的渴望、注重自我展现等西方文化心理特征。中西方的儿歌对学前儿童来说都有教育意义，教师应根据所要培养的匠心，对它们进行恰当的选择、改编和利用。

五、当前学前儿童教育中存在的主要问题与对策

尽管学前儿歌教育在培养学前儿童的心理素养中发挥着多方面的作用，但由于我国现如今的学前教育对儿歌利用存在一些偏差，致使儿歌在培养学前儿童的心理素养和行为品质中的价值未得到充分发挥。为此，必须采取有效措施解决这些问题。

(一)重视技巧训练而忽略情感培养的问题及对策

在我国现今的幼儿园儿歌教学中，较为普遍地存在一种重技能而却忽视情感教育的现象。有研究表明，现阶段大部分音乐教学活动中只有简单地教幼儿唱歌跳舞的技能或技巧，并没有把培养情商、逆商、自强不息精神等作为必不可少的教育内容[1]。

事实上，儿歌教育不只是仅仅唱歌那么简单，儿歌教育真正要培养的是儿歌中所蕴含和表达的心理品质。但许多学前教师却反复让学前儿童练习歌曲里的每一段节奏，企图让学前儿童掌握音乐技巧，殊不知这违反了学前儿童的身心发展规律。导致这一问题的主要原因是学前教师培养学前儿童积极的心理品质的意识不强、用儿歌培养学前儿童的心理品质的方法欠缺、教育理念不恰当。为解决这一问题，有必要改进学前教师的教育理念，端正他们的儿歌教育态度，丰富和深化他们的儿歌教育知识，培养和提升他们的儿歌教育的技能和能力，提升学前教师的儿歌教育意识、儿歌教育方法以及科学开展儿歌教育的积极性、主动性和责任意识。

(二)学前儿童对陌生表象的儿歌不感兴趣及对策

现今学前儿歌教育中还存在儿歌所蕴含的表象对幼儿而言比较陌生的情况，无法使他们产生形象上的共鸣，激不起他们学儿歌的兴趣。如前所述，学前儿童处于前运算阶段，这一阶段幼儿形象思维发展迅速，儿童会运用符号的象征功能和替代作用重构大脑中的感觉运动体验。这就要求学前儿童所接触到的儿歌必须贴近他们生活，符合学前儿童的表象储备，只有这样才能引起学前儿童的兴趣。有研究表明，儿歌教学的课前分析很重要，音乐

---

[1] 周菊芬.幼儿园音乐教育核心素养的实践分析[J].学周刊，2020(07)：168-169.

应该立足儿童储备的经验，从儿童的角度去看音乐，儿童所储备的表象会让他们对歌词、旋律等产生情感共鸣，进而产生兴趣。例如，在教学儿歌《萤火虫》的时候，对于那些对萤火虫了解比较少的学前儿童进行起来比较困难，但对于对萤火虫非常了解的学前儿童则能够引发他们的浓厚兴趣，更容易培养出他们的心理品质，这是因为他们有经验准备①。也有一些教师选用的传统儿歌所反映的社会现实对于现在的学前儿童而言非常陌生，致使他们因没有相应的经验准备而上课积极性不高。如《一分钱》对于现在的学前儿童来说太陌生，会造成幼儿对儿歌的理解障碍。这是因为随着社会的发展，现在大部分的人都用手机支付，很多学前儿童都没接触过现金，而且现在市面上不怎么流行一分钱，许多小朋友只知道一块钱，所以这种题材的儿歌儿童在学习的时候会有一定的难度。

针对这一问题，为把儿歌教育开展好，有必要设计先行组织者，增加学前儿童的经验和表象储备。"先行组织"是戴维·保罗奥苏贝尔（David Pawl Ausubel，1918—2008 年）提出的有效教学原则，是指先于学习任务呈现的一种引导性材料，它比学习任务本身有较高的抽象性、概括性和综合水平，并且能够清晰地与幼儿认知结构中的原有观念和新任务关联起来。也就是说，"组织者"在学习者已有的知识与需要学习的新内容之间架设一道桥梁，使学习者能更有效地学习新材料。先行组织者在儿童学习较陌生的新知识，缺乏必要的背景知识准备时，对儿童的学习可以起到明显的促进作用，有助于儿童理解不熟悉的教材内容。在学前儿歌教育中，学前儿童缺乏儿歌所唱的内容的表象时，教师可使用先行组织者策略。

对于一些以往的与学前儿童的现实生活存在一定的差异的传统儿歌，如上文提到的《一分钱》，学前教师应与时俱进，根据学前儿童生活的现实情况加以适当改编。儿歌通过反映现实生活中的人、事、物来向学前儿童传达积极向上的情感。传统的儿歌虽然由于时代发展而与学前儿童的现实生活有一定的差距，但它们的旋律，所涵盖的教育内容、教育意义并未过时落后。只要学前教师根据学前儿童的现实生活和心理发展水平加以适当改编就可以发挥传统儿歌的作用。而要做到恰当改编，要求学前教师了解学前儿童的实际，依据学前儿童的身心发展规律创设各种条件帮助学前儿童积攒生活

① 王敏. 音乐教学设计：朝向儿童核心素养 [J]. 北方音乐，2019，39(19)：153+161.

经验。丰富的生活经验有助于儿童理解传统优秀儿歌。另外，学前教师也可采用体验式教学模式，让学前儿童在体验的过程中积累丰富的经验。

(三) 学前儿童家长对儿歌教学的干预及对策

儿歌是适合学前儿童群体的一种艺术形式，越来越受到家长的青睐，一些家长甚至把自己的音乐梦寄托在孩子身上。但受一些不恰当的观念的影响，许多家长以能唱会跳作为评价儿歌成效的标准。逢年过节许多家长会互相攀比，让自己的孩子进行歌唱表演，只要孩子能记住歌词、动作顺畅就可以得到家长们的赞扬。受家长的影响，学前儿童在学习儿歌时也只注重记住歌词和动作，并没有对儿歌背后隐藏的故事或者道理感兴趣，这就难以促进学前儿童心理素养的培养。由于一些家长根据自己的认识理解，对学前教育进行不恰当的干预，致使一些学前教师为了迎合家长的要求只好把精力放在如何让学前儿童记住歌词、动作协调上，从而使儿歌的教育作用尤其是培养良好心理品质的价值未能充分发挥出来。

针对这一问题，应建立家园合作的育人模式。家园合作是促进学前儿童身心发展的有效途径（前已有述，此不赘言），进行学前儿歌教育也是如此。在这一模式中，学前教师要发挥主导作用，积极主动地加强和家长的沟通、联系与合作，引导家长更新观念，树立科学的育儿观，采取有效措施或方法发挥儿歌在培养学前儿童包括匠心在内的心理素养的价值或作用。

第四节　培养学前儿童匠心的舞蹈教育模式

舞蹈是按一定的节奏转动身体并表演各种姿势的艺术形式，同时也是一种培养或锻造人的良好心理素养的途径和方式。

一、舞蹈实质的字源探析

"舞"的本义是"乐"，从舛（chuǎn），两足相背，义指"快乐地活动手足"。甲骨文的"舞"字是一人双手持物在跳舞，好像是"手持树枝翩翩起舞的人形"。金文的"舞"字人手所持物形稍变、腿下加脚。从"舞"字的本义来看，舞蹈包含以下几方面的意思。

(一) 舞蹈是身体与心灵的舞动

人的身体是"舞"的主体和工具，是人通过自己的身体所创作出来的艺术形式。对于舞蹈而言，人的身体是基础或材质，就好比是文学的基础是语言，音乐的基础是色彩与线条。因此可以说，"舞"本身就是一种形体表现或训练的手段和工具。由于人体是精神与物质的统一，因此，舞蹈既是身体的律动，更是精神的舞动。

(二) 舞蹈的符号是身体动作或姿态

舞蹈是通过身体的动作或姿态来表征或展现的，身体的动作或姿态是舞蹈的符号，是舞蹈的本体，离开身体，就谈不上什么舞蹈。舞蹈的本义是挥动双手，跳动双脚，即手舞足蹈。除此之外，还包括扭动身体，摆动头颅。实际上舞蹈就是整个身体的协调运动，是身体所展现的音乐律动。

(三) 舞蹈是心灵的展现

如前文所述，舞的本义是乐。多方考证表明，舞蹈和音乐同源，因此常把二者合称为"舞乐"，有舞必有乐，有乐必有舞相伴，即乐必舞之，舞必乐之。尽管后来音乐发展成为一种独立的艺术形式，但一般舞蹈都有音乐相配。古时乐、舞、巫同源，巫兼具乐、舞、医数职，巫的本义是用舞蹈召唤神灵的人，其字形像人舞动两袖。他们既作为医生治疗人的疾患，也通过音乐舞蹈等形式感染人，安抚人的精神，使人心理宁静、安详、愉悦等。"音乐、舞蹈在早期人类社会具有治疗疾病的实用功能"[①]。这些分析表明，舞蹈与音乐一样，其本质属性在于其心理性或精神性。精神既是音乐之魂，也是舞蹈之魂。尽管舞蹈是通过物质的身体来表现的，但它表现的是人的心灵或精神，展现的是人的审美诉求与精神追求，是人的内在生命力的外化表现。"舞蹈，艺术的一种，是以经过提炼、组织、美化了的人体动作为主要艺术表现手段，着重表现语言文字或其他艺术表现手段所难以表现的人们的内在

---

① 许兆昌. "樂"字本义及早期樂与藥的关系 [J]. 史学月刊, 2006(11): 22.

深层的精神世界"[①]。倘若舞蹈没有了精神，就好像人失去灵魂，毫无生命的价值或意义。纵观古今中外，具有强大生命力的经久不衰的舞蹈都是有深邃的精神内涵、强烈的精神感召力的艺术作品。

二、用于心灵锻造的舞蹈

用舞蹈来锻造人的心灵即培养人具有良好的心理品质主要有以下几种方式或途径。

(一) 用恰当的舞蹈化人

选用恰当的舞蹈化人实质上是发挥舞蹈的熏陶感染作用，移情化性。如前所述，优秀的舞蹈艺术作品具有极大的精神感召力，给人以心灵震撼，从而促进人的精神境界的提升。例如，《千手观音》具有极强的精神感染力，给予观众宁静、安详、慈爱与博大的心灵触动，使观众在观看过程中以及观看之后内心生成"真、善、美"的感受，净化其心灵，唤起观众对至真的渴求，对至善的敬仰。其编导张继刚指出："高质量的艺术作品应当具有积极而永恒的引导意义。"[②]而引导意义的本质则是对人们精神的关照。既然舞蹈有移情化性作用，而舞蹈又是学前教育的重要内容和方式，因此，在学前舞蹈教育中，应积极选择适合幼儿的舞蹈来润化他们的心灵，培养他们的积极心理品质。

(二) 用舞蹈锻造人

选用恰当的舞蹈化人主要是让幼儿观看具有感染力的舞蹈以作用于其心灵，而用舞蹈锻造人则主要是通过让个体练习舞蹈以锻造其舞蹈中所蕴含的精神特质。现今的舞蹈心理治疗和心灵舞法主要就是这种形式的舞蹈心理训练和治疗。

在学前舞蹈教育中，要充分发挥舞蹈的锻造作用，需要依据学前儿童的身心发展水平，选择、创编、改编适合学前儿童的舞蹈作品，激发他们的舞蹈兴趣，激励他们跳舞的积极性、主动性，在跳舞过程中培养他们的积极心理品质。

---

① 隆荫培，徐尔充.舞蹈艺术概论 [M].上海：上海音乐出版社，1997：9.
② 周端平，张韵.《千手观音》：百姓精神世界的甘霖 [J].养生大世界，2005(6)：43.

(三) 用舞蹈疏导情感

舞蹈可以作为情感疏导、表现或宣泄的方式或途径。人们可以通过舞蹈，把自己的不良情绪恰当地表达或宣泄出来，从而缓解甚至治愈心理问题。现代的许多人通过跳广场舞等方式放松心情，从而产生积极心态，感受到生活的乐趣，实际上就是舞蹈的锻造、疏导作用的体现。

在学前舞蹈教育中，也要充分利用舞蹈的这一功能，缓解、疏导幼儿的不良情绪，培养他们的积极情感，培养和提升他们的情商。

(四) 舞蹈叙事

舞蹈叙事实际上是用舞蹈把个体内在的心理活动表达或展现出来，通过表达或展现，对人的心理世界进行分析与重构，并在此基础上找到培养或锻造强大心灵的方法或途径。这一作用与舞蹈叙事疗法没有本质区别。

舞蹈叙事疗法实际上是用恰当编排的舞蹈把内心的经验故事化、结构化或系统化，就如戏曲、歌剧那样。由于舞蹈是心灵的身体表现，能够更好地作用于人的心灵，因此，用舞蹈叙事比一般言语叙事具有更大的优势或效用。用舞蹈叙事，不仅能够帮助人们改善心理问题，甚至还有可能创造出伟大的舞蹈作品。基于此，在学前舞蹈教育中，可依据学前儿童的心理特点，把舞蹈叙事疗法改造为培养学前儿童包含匠心在内的积极心理品质的方法，用舞蹈叙事的方式锻造学前儿童的心灵，培养他们强大的心灵力量。在运用舞蹈叙事方法时，应积极主动地挖掘发生在幼儿身上的、引起他们心灵震撼的事件，依据学前儿童的身心发展水平把这些事件创编为舞蹈作品，让幼儿用系列舞蹈的方式把它们表现出来。

(五) 舞蹈与音乐相结合

舞蹈和音乐本来就是同孪双生，它们的协调配合可以发挥出各自单独发挥不出的作用，因此，在用舞蹈培养学前儿童的包含匠心在内的积极心理品质时，应注重多种艺术形式的结合，形成整体效应。现代学前教育中所采用的音乐律动的方式，就是一种比较恰当的舞蹈与音乐的结合形式。

三、培养匠心的学前舞蹈教育

(一) 舞蹈内容应适合学前儿童的身心发展水平

学前舞蹈教育与所有教育一样要适应学前儿童的身心发展水平。

首先，依据学前儿童的身心发展水平，舞蹈动作既是学前儿童能够表现出来的，适合学前儿童运动能力的发展特点；又有一定难度，需要孩子们通过一定的努力才能做出来。这实际上是教育教学中的"跳一跳能摘到果子"理念的体现。这样做有如下积极之处。第一，激发学前儿童的兴趣。通常，人们对很容易做出的动作兴趣不大，只有有一定难度的动作才会引起人们的兴趣。第二，促进学前儿童的运动能力的发展。学前儿童容易做的动作对他们的运动能力促进作用不大，有一定难度的动作才能促进他们的运动能力和技能的发展。第三，培养学前儿童战胜自我、战胜困难的勇气、信心、不服输的精神等积极心理品质。有一定难度的动作会让孩子们有作难体验，容易激发孩子们的斗志和积极拼搏进取的精神。

其次，学前舞蹈教育要像一切教育教学一样，解决学前儿童身心发展过程中的心理冲突或矛盾（自主对羞怯，主动对内疚），促进他们的身心发展。依据前文论述的学前儿童的身心发展特点，学前期儿童正处于主动性、独立性、探究兴趣、创新性、运动能力尤其是精细运动能力等形成与发展时期，因此，舞蹈教育应有助于这些身心素养的发展。

(二) 舞蹈内容应贴近学前儿童生活

由于学前儿童处于自主探索世界的初期，他们能够注意到的都是自己身边发生的事情，如日常生活中的发生的事情、日常生活中能够观察到的动物的行为等，他们也对这些事情感兴趣。因此，学前舞蹈教育中的舞蹈要取材于学前儿童的日常生活，这样才能引发学前儿童的兴趣，激发他们学习、编排、练习舞蹈的积极性，培养他们热爱生活、创造生活的情趣。

拓展阅读材料 5-4："快乐洗衣"教学设计

【设计依据】

1. 学前儿童的自主性、主动性开始发展，喜欢做一些力所能及的事。

2. 学前儿童因为好奇心，对日常生活中的一些事情开始感兴趣，希望自己能胜任日常生活中的一些力所能及的工作。

3. 学前儿童具有表现欲望。

【设计意图】

1. 培养学前儿童的自主性、主动性。

2. 培养学前儿童善于观察的习惯和喜爱劳动的习惯。

3. 培养学前儿童的模仿能力并提升其创作素养。

【教学目标】

1. 认知目标：让学前儿童认识到日常生活中劳动的价值，日常活动可以转变为舞蹈形式。

2. 情感目标：培养学前儿童对日常劳动的热爱，对劳动的乐观主义情感，在舞蹈中获得对劳动的积极体验。

3. 能力目标：通过创编、表演，培养学前儿童的劳动技能，编排舞蹈的创作素养，喜欢并善于观察的能力。

【教学重难点】

重点：对歌曲中所蕴含的心理活动的体验，对日常行为或活动的提炼。

难点：培养学生热爱劳动的积极态度和自己的事情自己做的良好习惯与自强不息精神。

【教学准备】

1. 洗衣机洗衣流程视频、视频播放器、投影仪。

2. 衣服道具。

3. 幼儿已有用洗衣机洗衣的经验。

【教学过程】

1. 问题导入，激发兴趣

教师提出问题：小朋友们，我们穿的衣服会不会脏呢？衣服脏了好不好看呢？不好看该怎么办呢？通过孩子们对问题的回答，把孩子的注意力引到洗衣服上。

老师再进一步通过问题（小朋友们有没有看到过妈妈是怎样洗衣服的？有没有洗过衣服？）引入教学主题。

教师：那我们今天就把洗衣服的过程编成舞蹈好不好？我们一起在舞蹈中学会洗衣服好不好？

2. 观看视频，初步感受

播放洗衣过程视频，调动幼儿已有的经验，引导幼儿讲述并用动作来表示洗衣机的工作流程。把衣服放进洗衣机→放水后衣服漂起来，向两个方向转动进行洗衣→朝一个方向转动进行甩干→洗衣结束，甩干后的衣服缠在一起，贴于边上。

3. 创作动作，合成舞蹈

（1）刚才小朋友们在视频中看到了些什么？从视频中小朋友们是否明白爸爸妈妈是如何用洗衣机洗衣服的？

（2）教师借助图片，引导孩子们把整个洗衣过程用动作逐一表现出来（分解动作：衣服一件一件地放；衣服慢慢漂起来了；洗衣服，先朝一个方向转，再朝反方向转，衣服在洗衣机中跳舞；脱水甩干；洗衣结束，衣服贴住洗衣机壁）。

（3）教师引导孩子把一个个动作串起来，用动作完整再现洗衣过程。

（4）老师播放音乐，老师随着音乐缓慢示范动作，孩子们观看老师的示范，并尝试模仿老师的动作。

（5）幼儿跟随视频练习。教师着重讲解一些较难的动作尤其是衣服洗好后缠绕在一起的动作。

（6）播放音乐，请孩子们仔细听，想象音乐中哪些声音可以对应前面大家所提到的情景和所做的动作。

（7）孩子们分组相互观摩示范，在观摩示范中引导孩子们发现问题，对动作进一步改编。

（8）老师与孩子们一起练习。

4. 角色扮演，强化体验

（1）一些孩子扮演洗衣的父母，一些孩子围成圆圈扮演洗衣机，教师通过身体动作、语言来指挥幼儿玩洗衣机的游戏。

（2）请幼儿穿上大衬衫，罩住自己的头，听音乐做游戏。重点指导：洗衣结束时，"衣服"都要做出自己贴在"洗衣机壁上"的造型。

5. 拓展延伸

刚才大家跳了用洗衣机洗衣服的舞蹈，那小朋友们能不能把我们用手洗手绢、洗袜子等活动编成舞蹈呢？通过问题老师引导孩子们编排手工洗手绢、袜子等舞蹈，通过舞蹈带给孩子们快乐，进一步引导孩子们学会在日常生活中做一些自己能做的事情，培养孩子们对劳动的热爱和自己的事情自己做的习惯。

6. 结束总结

今天我们编排了洗衣舞，大家也跳了自己编排的洗衣舞，那小朋友们觉得洗衣开心不开心呢？大家有没有从中学会洗衣服呢？那大家在以后是不是应该自己能洗的东西自己洗？自己能做的事情自己做呢？

在引导孩子们做出积极回答的基础上，老师再进一步引导孩子们对日常生活进行观察，把生活中的事情编排成舞蹈。

上述"快乐洗衣"的舞蹈编排取材于孩子们的日常生活，通过这样的舞蹈教育，可以培养学前儿童的热爱生活、热爱劳动的品行和积极的劳动态度；通过引导学前儿童创编舞蹈，可以培养他们的想象力、创造性等匠心品质。

（三）舞蹈应蕴含匠心

培养匠心的舞蹈必须蕴含匠心品质，如情商、逆商、专注、精益求精等，唯有这样，才能通过舞蹈教育培养学前儿童的匠心品质。因此，学前舞蹈应当围绕匠心品质主题来进行设计，创设能够培养匠心的舞蹈动作。例如，设计一些困难的动作或情境，培养学前儿童的抗挫折心理素养；创编一些能够体现出挫折或失败的动作情境以及表现出战胜困难或失败的动作，让学前儿童在表现这些动作的过程中获得积极的心理体验。

（四）舞蹈应有一定的目的性、实用性

学前舞蹈设计要有一定的目的性，舞蹈动作围绕解决某种问题或完成某种任务来设计编排。这样才能通过舞蹈教育培养孩子们解决问题或完成任

务的素养，也能激发学前儿童创编、表演舞蹈的兴趣。比如，编排洗衣、晨起洗漱、做饭吃饭等舞蹈，孩子们对这些活动既熟悉又陌生，由此可以激发孩子们的兴趣，并培养形成他们良好的生活习惯。

参考文献

一、期刊

[1] 白学军，姚海娟．高低创造性思维水平者的认知抑制能力：行为和生理的证据 [J].心理学报，2018，50(11)：1197-1211.

[2] 邓玉婷，马塘生，李颖雯，等.的匠心视域下的名匠特质探析 [J].教育教学论坛，2020(14)：93-98.

[3] 常瑞华，王苗苗，相青，等．人格对工作满意度的影响：心流的中介效应和调节效应 [J].中国健康心理学杂志，2016，24(03)：393-396.

[4] 杜连森．转向背后：对德日两国"工匠精神"的文化审视及借鉴 [J].中国职业技术教育，2016(21)：13-17.

[5] 范以锦．传媒人的底线与尊严 [J]，中国新闻周刊，2010(9)：44-45.

[6] 费定舟，马言民．完美主义真的"完美"吗？——完美主义综述 [J].中国临床心理学杂志，2017，25(03)：566-571.

[7] 冯达文，Chi Zhen.重评中国古典哲学的宇宙论 [J].孔学堂，2015，2(04)，68-77+208-220.

[8] 郭继民．科学家的品质、开拓的境界及可能的责任 [J].江南大学学报(人文社会科学版)，2016，15(02)：27-32.

[9] 黄庆，张梓暖，蒋春燕．有激情的员工更能创新吗——基于认知视角的调节中介模型 [J/OL].科技进步与对策.2019，(12)：1-7.

[10] 姜学华．浅谈儿歌教学对幼儿身心健康的影响 [J].科技创业家，2014(01)：138.

[11] 李炳全．中医学传统心理治疗思想与理念探析 [J].医学与哲学，2008，29(6)．

[12] 李炳全．中西方心理治疗思想之比较 [J].医学与哲学，2007，28(8).

[13] 李炳全 . 文化心理学视域中的教学模式探析，天中学刊，2010(1)：13-15.

[14] 李炳全 . 幸福与尊严的心理和谐之源 [J]，肇庆学院学报，2010(6).

[15] 李炳全 . 儿童观的演变与教育理念的变革，青岛大学师范院学报，2010(03)：27-32.

[16] 李炳全 . 心理学中的文化论与进化论之争 [J]，自然辩证法通讯，2011，33(4).

[17] 李炳全 . 文化心理学的教学思想剖析——一种文化主义的教学思想 [J]，教育导刊，2012(02).

[18] 李炳全 . 论理论心理学方法 [J]. 江苏师范大学学报 (哲学社会科学版).2013，39(06)：136-140.

[19] 李炳全 . 文化心理学的心理发展观探析 [J]. 苏州大学学报 (教育科学版)，2014.2(02)：19-27.

[20] 李炳全 . 中国文化视界下的音乐心理治疗探源 [J]. 江苏师范大学学报 (哲学社会科学版)2017，43(2)：137-142.

[21] 李炳全，胡海建 . 文化心理学论有效教学的条件 [J]，肇庆学院学报，2011，(04).

[22] 李炳全，周莹，梁琰，等 . 中国文化心理学视界下的音乐实质探究 [J]. 心理学探新 .2017，37(1)：8-11.

[23] 李炳全，张品芳 . 基于彼得原理的领导者特质探析——成功领导者特质的人物分析法研究 [J]. 技术经济与管理研究，2012 (09)：44-48.

[24] 李学翠，郝红翠 . 游戏人：幼儿教师教学角色的重新定位及其精准归位 [J]. 教育理论与实践，2019，37(29)：28-30.

[25] 李克强 . 李克强总理在今年政府工作报告中聚焦：创新引领发展培育工匠精神 [J]. 中国培训，2017(07)：4.

[26] 李梦，侯兵，徐悠然 . 漫游背景下淮扬饮食文化的匠心精神及其旅游价值 [J]. 美食研究，2019，36(01)：27-32.

[27] 李小鲁 . 对工匠精神庸俗化和表浅化理解的批判及正读 [J]. 当代职业教育，2016(05)：4-5.

[28] 李忆华，刘慧玲.科学家成功的人文动因 [J].卫生职业教育，2007，25（15）：150-152.

[29] 林桂榛.论音乐教育的和谐立人旨趣 [J].美与时代（下）[J].2012，（4）：13-16.

[30] 林桂榛，王虹霞."樂"字字形、字义综考——《释"樂"》系列考论之二 [J].音乐与表演，2014（3）：68-78.

[31] 刘承宜，胡少娟，李晓云，等.定量差异及其在体育科学中的应用 [J].体育学刊，2016，23（01）：11-17.

[32] 刘承宜，朱玲，李方晖，等.自相似常数和定量差异及其在体育科学中的应用 [J].体育学刊，2017，24（06）：72-78.

[33] 刘传广.哲学的智慧 [J].民主与科学，2007，（3）.

[34] 刘镜，赵晓康，马书玲，等.我国知识型员工创新能力感知的多维度量表开发 [J/OL].科技进步与对策：1-7[2019-04-27].

[35] 毛敏.音乐教育对幼儿身心发展影响探究 [J].北方音乐，2019，39（23）：225-226.

[36] 倪伟.假装游戏与儿童发展：观点、争论与展望 [J].南京师大学报（社会科学版），2014（05）：111-118.

[37] 牛健，王哲."两弹一星"功勋科学家的人文素养探析 [J].科技创业月刊，2014，27（11）：155-156.

[38] 祁占勇，任雪园.扎根理论视域下工匠核心素养的理论模型与实践逻辑 [J].教育研究，2018，39（03）：70-76.

[39] 青木，李珍，丁雨晴，屠丽美.德国"工匠精神"怎么学"慢工细活"不浮躁 [J].决策探索（下半月），2016（03）：69-70.

[40] 任俊，施静，马甜语.Flow 研究概述 [J].心理科学进展，2009，17（1）：210-217.

[41] 单虹泽.论中国哲学体用关系的发展历程 [J].衡水学院学报，2018，20（4）：100-105.

[42] 邵伟德，葛梦园，李启迪.夸美纽斯的婴幼儿身体教育思想及其启示 [J].幼儿教育，2013（36）：51-54.

[43] 石妍.幼儿园区域游戏的探索和思考 [J].基础教育研究，2019（8）：

86-87.

[44] 宋伟，李硕．浅谈艺术创作与艺术灵感 [J].艺术教育，2018（21）：57-58.

[45] 孙颖，廖星．国内外完美主义研究综述 [J].沧州师范专科学校学报，2010，26（03）：78-80.

[46] 唐伟胜．叙事研究中的认知取向 [J].天津外国语学院学报，2005，12（1）：35-40.

[47] 田晔．音乐旋律中的情感铸炼 [J].交响——西安音乐学院学报，2010.29（1）.92-95.

[48] 王登峰，崔红．中国人人格七因素量表（QZPS-SF）的信度与效度 [J].心理科学，2005（04）：944-945+925.

[49] 王浩宇．奇幻世界的童稚匠心——解读动画电影《熊出没·变形记》[J].电影评介，2018，584（6）：95-97.

[50] 王虹霞，林桂榛．音乐的概念、音乐的功能与血气心知 [J].人民音乐，2011（6）：66-69.

[51] 王家云，李福华．"游戏人"：卓越幼儿教师心灵成长的人格诉求 [J].教师教育研究，2014，26（5）：18-21.

[52] 王金娜．论教育的游戏精神 [J].宁波大学学报（教育科学版），2013，35（4）：38-42.

[53] 王连山．论细节的艺术魅力 [J].辽宁大学学报（哲学社会科学版），1984（4）：92-96.

[54] 王敏．音乐教学设计：朝向儿童核心素养 [J].北方音乐，2019，39（19）：153+161.

[55] 王青．"大众文化"对文化的解构——法兰克福学派大众文化批判理论新解读 [J].齐鲁学刊，2013（2）：77-81.

[56] 王泉泉，魏铭，刘霞．核心素养框架下科学素养的内涵与结构 [J].北京师范大学学报（社会科学版），2019（02）：52-58.

[57] 王素莲，赵弈超．R&D投资、企业家冒险倾向与企业创新绩效——基于不同产权性质上市公司的实证研究 [J].经济与管理，2018，32（06）：45-50.

[58] 王秀臣.论"乐"与"诗"的早期形态演变 [J].阅江学刊,2013(4):107-112.

[59] 王艺霏,翟曼宁.儿歌对幼儿发展的重要作用 [J].当代音乐,2019(11):77-78.

[60] 王宜鹏,夏如波."游戏人"理论与"游戏课程观"[J].当代教育科学,2010(15):23-26.

[61] 魏景荣,李世清.论背景音乐独特的思想政治教育优势 [J].教育与职业,2012(30):59-60.

[62] 习近平.在湖北省考察新冠肺炎疫情防控工作时的讲话 [J].求是,2020(7).[EB/OL][2020-03-31] http://news.china.com.cn/2020-03/31/content_75882216.htm.

[63] 肖群忠,刘永春.工匠精神及其当代价值 [J].湖南社会科学,2015(06):6-10.

[64] 谢娜,王臻,赵金龙.12 项坚毅量表(12-Item Grit Scale)的中文修订 [J].中国健康心理学杂志,2017,25(06):893-896.

[65] 许兆昌."樂"字本义及早期樂与藥的关系 [J].史学月刊,2006(11):20-24.

[66] 盐野米松,张韵薇译.职人气质是日本人的国民性 [J].中华手工,2016(4):36-39.

[67] 杨昭辉.学前教育专业儿歌教学的思考 [J].北方音乐,2014(06):109-110.

[68] 杨业华,于雨晴.论大学生敬业价值观的培育和践行 [J].思想教育研究,2015(02):82-86.

[69] 叶卫华.人格特质理论的探讨与运用 [J].江西社会科学,2004(10):200-202.

[70] 尹俊,裴学成,李冬昕.领导者的内隐成就动机、冒险倾向与企业国际化的关系 [J].南京师大学报(社会科学版),2013(02):53-59.

[71] 于永顺,刘雪清.情感——审美想像的动力 [J].沈阳师范大学学报(社会科学版),2003(05):58-61.

[72] 张岱年.中国传统文化的分析 [J]. 理论月刊 .1986(07)，34-39.

[73] 张岱年.《周易》与传统文化 [J]. 周易研究 .1991(01)，5-7.

[74] 张岱年.中国传统文化之我见 [J]. 人民论坛 .1998(06)，50.

[75] 张品芳，李炳全，郑彬涛.试论尊严内涵及其保护机制 [J]. 战略决策研究，2012，3(5) .

[76] 张孝评.德日"工匠精神"中国怎么学——坚持"慢工细活"不浮躁推崇"精益求精"加创新 [J]. 农机质量与监督，2016(05)：40-41+38.

[77] 张怡.儿童文学理论研究的"匠人匠心"——《儿童文学的中国想象——新世纪儿童文学艺术发展论》编辑手记 [J]. 出版广角，2019(03)：61-63.

[78] 钟秉林，王新凤.我国地方普通本科院校转型发展若干热点问题辨析 [J]. 教育研究，2016，37(04)：4-11.

[79] 周端平，张韵.《千手观音》：百姓精神世界的甘霖 [J]. 养生大世界，2005(6) .

[80] 周菊芬.幼儿园音乐教育核心素养的实践分析 [J]. 学周刊，2020(07)：168-169.

[81] 周欢珍."樂"义探源 [J]. 濮阳职业技术学院学报，2014.27(6)：83-87.

[82] ADAMS F. Embodied cognition[J]. Phenomenology and the Cognitive Sciences, 2010, 9(4): 619-628.

[83] COSTA M R, KIM S Y, BIOCCA F. Embodiment and embodied cognition[J]. Lecture Notes in Computer Science, 2013, 8021, 333-342.

[84] DUCKWORTH A L, Peterson C, Matthews M D, et al. Grit: Perseverance and passion for long-term goals.[J]. JOURNAL OF PERSONALITY AND SOCIAL PSYCHOLOGY, 2007, 92(6): 1087-1101.

[85] Drew Hendricks.七位敢于冒险并取得成功的首席执行官 [J]. 中国外资，2014(17)：52-53.

[86] HERHOLZ, S C, ZATORRE, R J Musical training as a framework for brain plasticity: behavior, function, and structure. Neuron.2012, 76(3): 486-502.

[87] Kasa M., Hassan Z. Antecedent and Consequences of Flow: Lessons for Developing Human Resources[J]. Procedia-Social and Behavioral Sciences, 2013, 97: 209-213.

[88] Li Bing-quan, Du Hai-xin. The Roots of Chinese Cultural Psychology that China Cope With COVID-19 Disease[J/OL]. Advances in Social Sciences Research Journal, 2020, 7(7): 872-881.

[89] Lucas G M , Gratch J , Cheng L , et al. When the Going Gets Tough: Grit Predicts Costly Perseverance[J]. Journal of Research in Personality, 2015, 59: 15-22.

[90] McClelland V. A., Bantock G.H. Studies in the history of educational theory Volume 2: The minds and the masses in 1760-1980[J]. British Educational Research Journal.1985: 311.

[91] Waal, F.B.M. Evolutionary Psychology: the Wheat or Chaff[J]. Current Directions in Psychological Science, 2002, 11(6): 187-191.

[92] 刘娜 . 基于叙事的幼儿生命教育实施之路 [J]. 网络导报·在线教育 .2012,（37）.5.[EB/OL][2015-06-17] https: //www.doc88.com/p-2377732295581.html.

[93] 刘渊，邱紫华 . 维柯 "诗性思维" 的美学启 [J]. 华中师范大学学报（人文社会科学版），2002，41(1): 86-92.

二、著作

[1] 阿雷恩·鲍尔德温，布莱恩·朗赫斯特，斯考特·麦克拉肯等 . 文化研究导论 [M]. 陶东风，译 . 高等教育出版社，2004.

[2] 布鲁纳 . 有意义的行为 [M]. 魏志敏译 . 长春：吉林人民出版社，2011.

[3] 车文博，叶浩生 . 中外心理学思想比较史：第三卷 [M]. 上海：上海教育出版社，2009.

[4] 陈琦，刘儒德 . 当代教育心理学 [M]. 北京：北京师范大学出版社，1997.

[5] 戴本博 . 外国教育史（中）[M]. 北京：人民教育出版社，1990.

[6] 范德赞登，克兰德尔，克兰德尔．人类发展．8 版 [M].俞国良，黄峥，樊召锋，译．北京：中国人民大学出版社，2011.

[7] 高觉敷，叶浩生．西方教育心理学发展史 [M].福州：福建教育出版社，1996.

[8] 郭本禹．当代心理学新进展 [M].济南：山东教育出版社，2003.

[9] 郭本禹．西方心理学史 [M].北京：人民卫生出版社，2007.

[10] 贾林祥．联结主义认知心理学 [M].上海：上海教育出版社 .2006.

[11] 简妮·爱丽丝·奥姆罗德．学习心理学 [M].江玲，李燕平，廖凤林，等，译．北京：中国人民大学出版社，2015.

[12] 夸美纽斯．大教学论 [M].北京：人民教育出版社，1984.

[13] 雷雳．发展心理学．3 版 [M].北京：中国人民大学出版社，2017.

[14] 李炳全．文化心理学 [M].上海：上海教育出版社，2007.

[15] 李炳全．认知心理学 [M].武汉：武汉大学出版社，2016.

[16] 李炳全．积极心理学：打开幸福与成功之门的金钥匙 [M].北京：科学出版社，2017.

[17] 李炳全．西方心理学史 [M].武汉：武汉大学出版社，2017.

[18] 李炳全．中国人的心理和行为解谜 [M].广州：广东教育出版社，2016.

[19] 李炳全．大学生就业创业成功之道 [M].北京：企业管理出版社，2021.

[20] 李炳全，杨威．大学生逆商培养理论与实践研究 [M].北京：中国书籍出版社，2019.

[21] 李炳全，张丽玲．人际关系心理学 [M].北京：科学出版社，2017.

[22] 李纯一．中国上古出土乐器综论 [M].北京：文物出版社，1996.

[23] 铃木秀子．走向成功的九种性格 [M].浙江人民出版社，2003.

[24] 隆荫培，徐尔充．舞蹈艺术概论 [M].上海：上海音乐出版社，1997.

[25] 罗伯特·麦基，托马斯·格雷斯．故事经济学 [M].天津：天津人民出版社，2018.

[26] [美]马斯洛．动机与人格 [M].许金声，等，译．北京：华夏出版社，1987.

[27]　培根 . 论天性 [M]. 北京：商务印书馆，1958.

[28]　彭聃龄 . 普通心理学 [M]. 北京：北京师范大学出版社，1988.

[29]　施良方 . 学习论 [M]. 北京：人民教育出版社，2000.

[30]　石中英 . 教育哲学导论 [M]. 北京：北京师范大学出版社，2004.

[31]　杨鑫辉：心理学通史：第 3 卷 [M]. 济南：山东教育出版社，2000.

[32]　王恩国 . 认知心理学 [M]. 北京：中国科学技术出版社 .2014.

[33]　维柯 . 新科学 [M]. 朱光潜，译 . 商务印书馆，1989.

[34]　沃尔特・米勒 . 这是我的错 [M]. 李征途，译 . 长春：吉林文史出版社，2004.

[35]　叶浩生 . 西方心理学的历史与体系 .2 版 [M]. 北京：人民教育出版社，2014.

[36]　英格尔斯 . 人的现代化 [M]，四川人民出版社，1985.

[37]　英格尔斯，史密斯 . 从传统人到现代人 [M]，中国人民大学出版社，1992.

[38]　詹姆斯 . 心理学简编：第 5 册 [M]. 北京：商务印书馆，1930.

[39]　张焕庭 . 西方资产阶级教育论著选读 [M]. 北京：人民教育出版社，1979.

[40]　中国社会科学院语言研究所词典编辑室 . 现代汉语词典 [M]. 北京：商务印书局，2002.

[41]　朱为鸿，李炳全 . 大学文化视域的书院制理论建构 [M]. 北京：高等教育出版社，2013.

[42]　朱文珺 . 家庭教育圣经：三岁看大七岁看老 [M]. 延边：延边大学出版社 .2012.

[43]　Boyd W, King E J. The history of western education[M], London: Adam & Charles Black.1975.

[44]　Cole, M. Cultural psychology[M]. The Belknap Press of Harvard University Press.1996.

[45]　Peng, K, Ames, D R, Knowles, ED. Culture and human inference: Perspectives from three tradition. In David Matsumoto（Ed.）. The handbook of culture & psychology[C], Oxford University Press, 2001

三、报纸

[1] 关于培育和践行社会主义核心价值观的意见 [N]. 人民日报，2013-12-24.

[2] 邵伟德，葛梦园 . 夸美纽斯：教育必须适应自然 [N]. 中国社会科学报，2013-11-06.

[3] 许路阳 . 解读高考"两种模式"：意在区分职教和高校招生 [N]. 新京报，2014-3-23.

四、学位论文

[1] 陈楚伟 . 满足科学家需求的心理机制浅析 [D]. 长沙：中南大学，2004.

[2] 陈德艳 . 国学启蒙教育对幼儿道德品质发展的作用及策略探究 [D]. 济南：山东师范大学，2011.

[3] 刘丽萍 . 幼儿民间故事教育研究——民间故事用与幼儿语言教育实践探索 [D]. 济南：山东师范大学，2009.

[4] 石成 . 后现代消费主义思潮下的慢设计研究 [D]. 长沙：湖南师范大学，2014.

[5] 王妍 . 日本社会"职人精神"培育研究 [D]. 天津：天津大学，2018.

[6] 陈伟钢 . 中国企业走出去战略领导力研究 [D]. 上海：上海交通大学，2014.

五、网络文献

[1] jy135网 . 我是大老师，你是小老师 [EB/OL].[2017–12–05]http：//www.jy135.com/jiaoyu/174205.html.

[2] MBA智库百科 . 结构 [EB/OL].[2017–01–06]https：//wiki.mbalib.com/wiki/%E7%BB%93%E6%9E%84.

[3] 360百科 . 发现法 .[EB/OL].[2016-06-24]https：//baike.so.com/doc/2181122-2307907.html.

[4] 360百科.费尽心思.[EB/OL].https：//baike.so.com/doc/7548411-7822504.html.

[5] 360百科.福禄贝尔.[EB/OL].[2020-07-26]https：//baike.so.com/doc/6136503-6349666.html.

[6] 360百科.奉献精神.[M].[2020-09-25]https：//baike.so.com/doc/5412108-5650233.html.

[7] 360百科.工匠精神.[EB/OL].[2020-05-09]https：//baike.so.com/doc/7022611-7245514.html.

[8] 360百科.课程.[EB/OL].[2019-07-22]https：//baike.so.com/doc/1393324-1473044.html.

[9] 360百科.卢梭.[EB/OL].[2020-09-24]https：//baike.so.com/doc/5394827-5631969.html.

[10] 360百科.玛利娅·蒙台梭利.[EB/OL].[2020-09-25]https：//baike.so.com/doc/5430258-5668513.html.

[11] 360百科.素质教育.[EB/OL].[2020-08-11]https：//baike.so.com/doc/5381204-5617514.html.

[12] 360百科.探究性学习.[EB/OL].[2020-09-25] https：//baike.so.com/doc/6283972-6497440.html.

[13] 360百科.体验教学.[EB/OL].[2018-06-15] https：//baike.so.com/doc/1818243-1923062.html.

[14] 360百科.体验式教学法.[EB/OL].[2020-09-24] https：//baike.so.com/doc/7963031-8252796.html.

[15] 360百科.显性课程.[EB/OL].[2015-10-27] https：//baike.so.com/doc/5822281-6035099.html.

[16] 360百科.学前教育.[EB/OL].[2019-07-12] https：//baike.so.com/doc/6222208-6435515.html.

[17] 360百科.隐性教育.[EB/OL].[2020-09-25] https：//baike.so.com/doc/3885977-4079117.html.

[18] 360百科.幼儿园教育指导纲要.[EB/OL].[2020-06-17] https：//baike.so.com/doc/5388464-5625039.html.

[19] 360百科.责任.[EB/OL].[2020-09-25].https: //baike.so.com/doc/688247-728589.html.

[20] 360百科.中国制造.2025[EB/OL].[2019-07-10]. https: //baike.so.com/doc/8385315-8703052.html.

[21] 360个人图书馆.斯坦福心理教授：压力面前除了逃避和死扛，你还有第三种选择[EB/OL].[2018-02-03]http: //www.360doc.com/content/18/0203/20/29531194_727501856.shtml.

[22] 360国学网.心思.[EB/OL].https: //guoxue.baike.so.com/query/view？title=%E5%BF%83%E6%80%9D&type=phrase.

[23] 360个人图书馆.培养幼儿良好个性促进幼儿心理健康[EB/OL].[2020-11-22]http: //www.unjs.com/fanwenwang/ziliao/304907.html.

[24] 360快盘.中英文对照：史蒂夫·乔布斯的十大励志名言[EB/OL].[2019-11-08] https: //www.360kuai.com/pc/988374fbef5ec975b？cota=3&kuai_so=1&sign=360_57c3bbd1&refer_scene=so_1.

[25] 360快资讯.乔布斯看养父：不是亲爹，胜似亲爹.[EB/OL].[2019-06-17] https: //www.360kuai.com/pc/99eb84c4ec5df2bc8？cota=3&kuai_so=1&sign=360_57c3bbd1&refer_scene=so_1

[26] 360问答.生活化有什么特征.[EB/OL].[2013-07-05] https: //wenda.so.com/q/1373019143062187？src=150&q=%E7%94%9F%E6%B4%BB%E5%8C%96.

[27] 360问答.我国学前教育的目标是什么？.[EB/OL].[2014-10-23] https: //wenda.so.com/q/1468015325723363.

[28] 360问答.学生主体性表现在哪些方面[EB/OL].[2019-09-18] https: //wenda.so.com/q/1513944411215637.

[29] 百度.养成自我管理的十大习惯[EB/OL].[2019-01-04] https: //baijiahao.baidu.com/s？id=1621691935723668117&wfr=spider&for=pc.

[30] 百度百科.第斯多惠.[EB/OL].[2020-03-13] https: //baike.baidu.com/item/阿道尔夫·第斯多惠/5356102？fromtitle=%E7%AC%AC%E6%96%AF%E5%A4%9A%E6%83%A0&fromid=1761463&fr=aladdin.

[31] 百度百科.福禄贝尔 [EB/OL].[2020-07-23]https: //baike.baidu.com/item/ 弗里德里希·威廉·奥古斯特·福禄贝尔 /10734600？fromtitle=%E7%A6%8F%E7%A6%84%E8%B4%9D%E5%B0%94&fromid=471515&fr=aladdin.

[32] 百度百科.国家中长期教育改革和发展规划纲要（2010-2020年）[EB/OL].[2020-04-01]. https: //baike.baidu.com/item/ 国家中长期教育改革和发展规划纲要 %EF%BC%882010-2020年 %EF%BC%89/7276044？fr=aladdin

[33] 百度百科.生活化教学 [EB/OL].[2016-01-23] https: //baike.baidu.com/item/ 生活化教学 /15743130？fr=aladdin.

[34] 百度百科.探究性学习 [EB/OL].[2020-05-08] https: //baike.baidu.com/item/ 探究性学习 /10765164？fr=aladdin.

[35] 百度百科.体验式教学法 [EB/OL].[2019-11-24] https: //baike.baidu.com/item/ 体验式教学法 /15556259？fr=aladdin.

[36] 百度百科.无条件积极关注 [EB/OL].[2018-04-20]. https: //baike.baidu.com/item/%E6%97%A0%E6%9D%A1%E4%BB%B6%E7%A7%AF%E6%9E%81%E5%85%B3%E6%80%80/22500873.

[37] 百度百科.显性教育 [EB/OL].[2020-06-25] https: //baike.baidu.com/item/ 显性教育 /50884843？fr=aladdin.

[38] 百度百科.学前教育 [EB/OL].[2020-09-08] https: //baike.baidu.com/item/ 学前教育 /1557451？fr=aladdin.

[39] 百度百科.自我管理（心理学名词）.[EB/OL].[2015-03-25] https: //baike.baidu.com/item/%E8%87%AA%E6%88%91%E7%AE%A1%E7%90%86/16983437？fr=aladdin.

[40] 百度百科.自我管理（管理学等领域用语）.[EB/OL].[2020-11-18] https: //baike.baidu.com/item/%E8%87%AA%E6%88%91%E7%AE%A1%E7%90%86/4185？fr=aladdin.

[41] 百度知道.什么是学生的主体性 [EB/OL].[2016-01-23] https: //zhidao.baidu.com/question/213334952.html.

[42] 贝拉 lulu.为什么我不给孩子选择蒙台梭利 [EB/OL].[2020-04-28]

https: //baijiahao.baidu.com/s？id=1665201902818440592&wfr=spi-der&for=pc.

[43] 词典网."乐".[EB/OL].[2013-09-17] http: //www.cidianwang.com/shuowenjiezi/le72.htm.2013-09-17.

[44] 豆瓣网.心理发展的关键期.[EB/OL].[2006-12-26] https: //www.douban.com/group/topic/1350023/.

[45] 豆丁网.大学音乐教程——绪论 [EB/OL].http: //www.docin.com/p-475938769.html.

[46] 汉典."乐".[EB/OL].[2013-09-13] http: //www.zdic.net/z/1c/sw/6A02.htm..

[47] 好搜.自我意识.http: //baike.haosou.com/doc/5034701-5261215.html.创建日期：2012-10-19

[48] 好搜.自我认知.http: //baike.haosou.com/doc/5451246-5689617.html.创建日期：2013-05-31.最近更新：2015-08-03.

[49] 光明网.什么是"工匠精神".[EB/OL].[2018-08-30] https: //dang-jian.gmw.cn/2018-08-30/content_30879356.htm.

[50] 华经情报网.2018年中国幼儿园数量、在园幼儿人数及师资配置情况分析「图」[EB/OL].[2019-06-21] https: //www.sohu.com/a/322117984_120113054.

[51] 家长帮.三岁看大的证据 [EB/OL].[2017-07-10] http: //www.jzb.com/bbs/thread-133111-1-1.html.

[52] 简书网.我们为什么喜欢听故事？ [EB/OL].[2018-08-30] https: //www.jianshu.com/p/ed44e139cb46.

[53] 教育部基础教育司.幼儿园教育指导纲要（试行）[M].南京：江苏教育出版社，2002：31-32.

[54] 金锄头网.显性教育和隐性教育.[EB/OL].[2019-10-19] https: //www.jinchutou.com/p-107427302.html.

[55] 快资讯.中班音乐教案《小小粉刷匠》[EB/OL].[2019-10-27] https: //www.360kuai.com/pc/9fdd1e0b13c6a09b6？cota=4&kuai_so=1&tj_url=so_rec&sign=360_57c3bbd1&refer_scene=so_1.

[56] 林雪玲 . 以"启发诗性思维"为导向的新诗教学设计及其实作成果分析 [EB/OL].[2013-07-11] http: //www.docin.com/p-676546486.html

[57] 妈妈帮 . "三岁看大,七岁看老"原来是这个意思,千万不要误解了! .[EB/OL].[2017-07-10]https: //www.mmbang.com/bang/609/24371873.

[58] 美篇网 . 哈佛大学教授解读——中国人的信仰和民族精神 [EB/OL].[2017-12-16] https: //www.meipian.cn/zhmqo7t.

[59] 美篇网 . 幼儿园课程游戏化优秀教学活动案例 [EB/OL].[2019-11-14] https: //www.meipian.cn/2imtsq2a.

[60] 人民网 . 人民日报新知新觉:大力弘扬工匠精神 [EB/OL].[2018-08-07] http: //opinion.people.com.cn/n1/2017/0807/c1003-29452612.html.

[61] 世颜心理 . 一本有趣的书 [EB/OL]. http: //www.xinli001.com/site/note/7774397/[2014-12-16].

[62] 搜狐财经 . 工业时代的"匠心":器物有魂魄,匠人自谦恭 [EB/OL].[2015-07-20]. https: //business.sohu.com/20150720/n417113439.shtml.

[63] 搜狐网 . 唯有匠心,方能至善 [EB/OL].[2017-05-31] https: //www.sohu.com/a/144749461_651565.

[64] 搜狐网 . 中国幼儿园教职工配备及结构分析(2019 年数据) [EB/OL]. https: //www.sohu.com/a/394875796_120119221.

[65] 搜狐网 . 2018 年中国幼儿园数量、在园幼儿人数及师资配备情况分析 [EB/OL].https: //www.sohu.com/a/322117984_120113054)

[66] 搜狐网 . 2020 年中国幼儿园教育发展现状入学率不断提升民办幼儿园占比不断扩 .[EB/OL].https: //www.sohu.com/a/378033919_120560166.

[67] 搜狐网 . 一位清华新生的父亲,给儿子写了一封信……[EB/OL].[2018-08-27]http: //www.sohu.com/a/250369964_574698.

[68] 搜狐网 . 中国如今有多强大?英国专家研究 20 年:中国人将团结印在骨子里 [OB/OL].[2019-12-05] https: //www.sohu.com/a/358452087_120269993.

[69] 搜狐网 . 李玫瑾:让孩子受益一生的"四种能力",最好在 12 岁之前学会 .[EB/OL].[2020-10-16] https: //www.sohu.com/a/425098771_120894202.

[70] 搜狐网 . 新版《幼儿园教育规程》[EB/OL].[2018-11-06] https: //

www.sohu.com/a/273600726_768344.

[71] 太平洋亲子网.大班科学〈奇妙的静电〉活动反思 [EB/OL].[2017-08-01] https: //edu.pcbaby.com.cn/365/3659312.html.

[72] 太平洋亲子网.幼儿园教学反思：幼儿园大班教育反思 [EB/OL].[2017-03-22] https: //edu.pcbaby.com.cn/345/3452584.html.

[73] 太平洋亲子网.幼儿园教学反思：小班音乐游戏《网小鱼》教后反思.[EB/OL].[2015-04-17] https: //edu.pcbaby.com.cn/223/2237352.html

[74] 网易订阅.压力面前除了逃避和死扛，你还有什么选择.[EB/OL].[2018-07-15]http: //dy.163.com/v2/article/detail/DMO8V3QS051484AP.html.

[75] 西陆网.中国奇兵杀入战场.[2020-04-18].http: //www.xilu.com/20200418/1000010001128266_3.html.

[76] 习近平.培育和弘扬社会主义核心价值观必须立足中华优秀传统文化 [EB/OL].[2014-02-24]http: //www.fjnet.com/whys/whysnr/201402/t20140226_217962.htm.

[77] 习近平.在中共中央政治局第十三次集体学习时的讲话［EB/OL］.http: //www.gov.cn/ldhd/2014-02/25/content_2621669.htm,2014.02.25/2018.07.28.

[78] 新东方网.李玫瑾：这四个能力孩子受益一生，12 岁前必须学会 [EB/OL].[2020-09-10]. http: //xiaoxue.xdf.cn/202009/11106216.html.

[79] 新华网.倡导"工匠精神"重塑"做事文化" [EB/OL].[2016-03-29] http://www.xinhuanet.com//politics/2016-03/29/c_128843979.htm.

[80] 新华网.中共中央办公厅国务院办公厅印发《关于实施中华优秀传统文化传承发展工程的意见》[EB/OL].[2017-01-25] http: //www.xinhuanet.com//politics/2017-01/25/c_1120383155.htm.

[81] 新浪博客.儿童为什么喜欢听故事？.[EB/OL].[2014-05-05] http://blog.sina.com.cn/s/blog_816c005a0101ucu3.html.

[82] 新浪博客.从音调的抑扬顿挫中看对方心理 [EB/Ol].[2008-11-11] http: //blog.sina.com.cn/s/blog_4e2065f90100c28p.html..

[83] 新浪亲子网.为什么说"3岁看大，7岁看老".[EB/OL].[2019-07-20]baby.sina.com.cn/edu/09/2311/0934150898.shtml.

[84] 心理减压俱乐部.为什么小孩子喜欢听故事，即使这个故事他已经听了无数遍？.[EB/OL].[2015-11-05] https: //www.douban.com/note/523517054.

[85] 幼教网.培养幼儿良好个性促进幼儿心理健康 [EB/OL].[2018-07-06] http: //www.youjiao.com/e/20180706/5b3f2299c17ae.shtml.

[86] 幼师宝典网.家园共育 | 家园沟通案例分析及应对措施.[EB/OL].[2020-07-07] https: //www.youshibaodian.com/a/cbf8a8a2b5044c578f5f-cadbf27f5554.html.

[87] 优文网.幼儿园教学反思的案例.[EB/OL].[2019-01-01] http: //www.unjs.com/fanwenwang/ziliao/304907.html.

[88] 知乎网.「蒙特梭利」育儿法适合中国家长吗，为什么？ [EB/OL].[2017-07-25] https: //www.zhihu.com/question/19557301.

[89] 知乎网.心理学中的「无条件积极关注」是什么，具体应用有哪些？[EB/OL].[2019-03-15]. https: //www.zhihu.com/tardis/landing/360/ans/722828999 ？ query=%E6%97%A0%E6%9D%A1%E4%B-B%B6%E5%85%B3%E6%80%80&guid=9270F4ACAF71074CB-C8259717A04833A.1592445188673.

[90] 中国高校网.《中共中央关于教育体制改革的决定》[EB/OL].[2020-08-12]http: //www.huaue.com/fg/fg14.htm.

[91] 中国共产党新闻网.论"工匠精神" [EB/OL].[2017-05-25] http: //theory.people.com.cn/n1/2017/0525/c143843-29299459.html.

[92] 中国共产党新闻网.新知新觉：在新时代大力弘扬工匠精神 [EB/OL].[2020-04-20] http: //theory.people.com.cn/n1/2020/0420/c40531-31679527.html.

[93] 中国时政网.胡锦涛十八大报告（全文）[EB/OL].[2010-07-29]http: //news.china.com.cn/politics/2012-11/20/content_27165856_7.htm.

[94] 中国政府网.2016年5月11日李克强主持召开国务院常务会议时所做作的讲话.[EB/OL].[2016-05-11]. http: //www.gov.cn/

guowuyuan/2016-05/11/content_5072324.htm.

[95] 中国政府网.2016年5月18日李克强主持召开国务院常务会议时所做作的讲话.[EB/OL].[2016-05-11] http://www.gov.cn/premier/2016-05/18/content_5074482.htm.

[96] 中国政府网.国家中长期教育改革和发展规划纲要（2010-2020年）[EB/OL].[2010-07-29]http://www.gov.cn/jrzg/2010-07-29/content_1667143.htm.

[97] 中国政府网."工匠精神"入选年度流行语看看总理这一年怎么解读 [EB/OL].[2016-12-16] http://www.gov.cn/xinwen/2016-12/16/content_5149075.htm.

[98] 中国政府网.习近平：决胜全面建成小康社会夺取新时代中国特色社会主义伟大胜利——在中国共产党第十九次全国代表大会上的报告.[EB/OL].[2017-10-27] http://www.gov.cn/zhuanti/2017-10/27/content_5234876.htm.

[99] 中国政府网.中共中央关于教育体制改革的决定 [EB/OL].[2020-07-07] http://old.moe.gov.cn/publicfiles/business/htmlfiles/moe/moe_177/200407/2482.html.

[100] 中国政府网.中华人民共和国义务教育法 [EB/OL].[2019-01-07] http://www.npc.gov.cn/npc/c30834/201901/21b0be5b97e54c5088bff17903853a0d.shtml.

[101] 中国政府网.完善中华优秀传统文化教育指导纲要 [EB/OL].[2014-04-01] http://www.gov.cn/xinwen/2014-04/01/content_2651154.htm.

[102] 中华人民共和国教育部网.国家中长期教育改革和发展规划纲要（2010-2020 年）.[EB/OL].[2010-07-29]. http://www.moe.gov.cn/srcsite/A01/s7048/201007/t20100729_171904.html？gs_ws=tqq_6358796677144434007.

[103] 中华人民共和国教育部网.教育部办公厅关于开展幼儿园"小学化"专项治理工作的通知 [EB/OL].[2018-07-05] http://www.moe.gov.cn/srcsite/A06/s3327/201807/t20180713_342997.html.

[104] 中共中央国务院.新时代公民道德建设实施纲要 [EB/OL].[2019-10-27]http://www.gov.cn/zhengce/2019-10/27/content_5445556.htm.

[105] 中共中央办公厅，国务院办公厅.关于实施中华优秀传统文化传承发展工程的意见 [EB/OL].[2017-01-25]http: //www.gov.cn/zhengce/2017-01-25/content_5163472.htm.

六、古籍

[1] 刘昫.旧唐书 [EB/OL]. [2021-07-08]. h https://www.shicimingju.com/book/jiutangshu.html.

[2] 戴圣.礼记·乐记 [EB/OL]. [2021-07-08]. https://www.gushiwen.cn/guwen/liji.aspx.

[3] 李学勤.礼记正义·卷三十七 [EB/OL]. [2021-04-15].(汉)郑玄注,(唐)孔颖达疏. http://www.hygx.org/ebook/book/214.

[4] 读书网.论衡校释·定贤篇 [EB/OL]. [2015-01-15]. http://www.dushu.com/showbook/101144/1037210.html.

[5] 孟子.孟子 [EB/OL]. [2021-07-05]. https://so.gushiwen.cn/guwen/book_11.aspx.

[6] 孔子.论语 [2021-03-21]. https://www.gushiwen.cn/guwen/lunyu.aspx.

[7] 康有为.上清帝第六书(应诏统筹全局折) [EB/OL]. [2014-02-12]. https://www.doc88.com/p-1317109169052.html?r=1.

[8] 司马迁.史记·乐书 [EB/OL]. [2021-06-10]. https://www.shicimingju.com/book/shiji.html.

[9] 荀子.荀子 [EB/OL]. [2021-07-08].http://www.guoxue.com/?book=xunzi.

七、其他

[1] 陈燕.音"药"疗法 [J].校园心理，2009(05)：350.

[2] 朱杰，朱文，李鼎生.乐者，药也——音乐与中医药的不解缘 [J].南京中医药大学学报(社会科学版),2006,7(3)：135-137.

[3] 徐光兴.君子乐：中国古典音乐心理分析 [M].合肥：安徽人民出版社，2014.

[4] 司马迁.史记 [K].上海：上海古籍出版社，2015.

[5] 礼记正义 [K] 郑玄注，孔颖达疏，王文锦审定．北京：北京大学出版社，2015.

[6] 张勐萌，江敏．大学音乐教程 [M]．北京：清华大学出版社，2011.

[7] 荀子 [K]．安小兰译注．北京：中华书局，2007.

[8] LI BING-QUAN.What To Teach: The Content of Preschool Educatiain the Horizon of the Cultivation of Craftsman's Psyches[J/OL]. Internationd Journal of Arts,Humaities and Social studies,2021,3（01）: 12-18.

[9] LI BING-QUAN.The Significance of the Cultivation of Craftsman's Psyches in the Preschool Stage[J/OL].SSRG Interational Jarnal of Humanities and social science,2011,8(01):8-15.

[10] LI BING-QUAN,YANG WEI.What does "seeing one's grow-up from his three-years-old,seeing the old from his seven-years-old"tell us[J/OL].International Jorrral of Later Researth in Humanities and social, 2021,4(01):41-47.